STEFAN KLEIN

A FÓRMULA DA FELICIDADE

Como as recentes descobertas das neurociências podem ajudar você a produzir emoções positivas, harmonia e bem-estar

SEXTANTE

tradução
Kristina Michahelles
preparo de originais
Valéria Inez Prest
revisão
Antônio dos Prazeres
Sérgio Bellinello Soares
projeto gráfico e diagramação
Futura
capa
Miriam Lerner
fotolitos
R R Donnelley
impressão e acabamento
Cromosete Gráfica e Editora Ltda.

CIP-BRASIL CATALOGAÇÃO-NA-FONTE
SINDICATO NACIONAL DOS EDITORES DE LIVROS, RJ

K72f
Klein, Stefan
A fórmula da felicidade
/ Stefan Klein; tradução de Kristina Michahelles. – Rio de Janeiro: Sextante, 2005.

Tradução de: Die Glücksformel
ISBN 85-7542-163-8

1. Felicidade. I. Título

05-0623 CDD 158.1
CDU 159.94

Editora Sextante (GMT Editores Ltda.)
Rua Voluntários da Pátria, 45 – Gr. 1.404 – Botafogo
22270-000 – Rio de Janeiro – RJ
Tel.: (21) 2286-9944 – Fax: (21) 2286-9244
E-mail: atendimento@esextante.com.br
www.sextante.com.br

SUMÁRIO

INTRODUÇÃO
Podemos aprender a ser felizes

A felicidade tem um significado diferente para cada um de nós. Há quem se imagine correndo descalço sobre a relva úmida do orvalho da manhã e quem seja feliz por ter um bebê nos braços. Outras pessoas a encontram no sexo, na compra de uma roupa assinada por um estilista famoso, no prato preferido ou na *Serenata n.º 13* de Mozart. Para um monge zen, felicidade é esquecer-se de si mesmo até que a mente mergulhe completamente no vazio.

Afinal, que sensação é essa? "É como se você de repente engolisse um pedacinho de sol ao entardecer", foi como a poetisa Katherine Mansfield descreveu esse instante de êxtase. Todos nós perseguimos a felicidade, mas ela surge quando menos esperamos, e logo em seguida desaparece, mal terminamos de degustá-la. De tão fugidia, parece impossível examiná-la de perto e descobrir suas regras.

Em 2000, visitei na Califórnia o neurologista Vilayanur Ramachandran, de origem indiana. Genial e excêntrico ao mesmo tempo, ele causou furor com a teoria da existência de um "módulo divino" no cérebro. Além disso, usando um recurso aparentemente simples, conseguiu a façanha de curar a "dor fantasma" que pacientes diziam sentir nos membros que haviam amputado. Para isso, Ramachandran fazia com que eles se olhassem em uma elaborada seqüência de espelhos.[1] A revista americana *Newsweek* o incluiu na lista das cem personalidades mais influentes do século. Conversamos sobre o fato de que o ser humano se conhece muito mal. Enquanto falávamos, Ramachandran perambulava em seu escritório entre modelos de cérebros, telescópios (ele é astrônomo nas horas vagas) e estatuetas de divindades indianas. Subitamente, exclamou no seu inglês melodioso com sotaque indiano: "*And we don't even know what happiness is!*" ("E nem mesmo sabemos o que é a felicidade!")

Foi o ponto de partida para este livro. Eu quis investigar esse enigma. Sem dúvida, meu objetivo estava em parte relacionado à própria busca pelas sensações gratificantes, à esperança de que a felicidade pode ser encontrada se soubermos onde procurá-la. O outro motivo foi a curiosidade, um traço profissional característico de cientistas e jornalistas, como eu.

Quanto mais eu mergulhava no assunto, quanto mais lia, quanto mais conversava com pesquisadores e sábios do Ocidente e do Oriente e mesmo com pessoas comuns, mais se delineava diante de mim uma descoberta espantosa: Ramachandran estava errado. Já sabemos muitas coisas sobre a felicidade. O problema é que esses conhecimentos estão longe do nosso alcance, dispersos em uma infinidade de documentos científicos, muitos dos quais de difícil acesso ou até inéditos. Ninguém havia assumido ainda a tarefa de reuni-los em um conjunto coerente, para que qualquer pessoa fosse capaz de compreendê-los e utilizá-los. É exatamente isso o que espero conseguir com este livro.

Talvez alguém fique admirado ao descobrir que é possível pesquisar cientificamente a felicidade, esse sentimento complexo e que às vezes não parece ser deste mundo. No entanto, já estamos acostumados ao interesse em se pesquisar a infelicidade. Os psicólogos clínicos vêm estudando os sentimentos negativos há muito tempo. A partir das duas últimas décadas, os neurologistas passaram a se ocupar cada vez mais de estados de ânimo como a raiva, a angústia e a depressão. Suas descobertas beneficiaram pacientes e toda uma indústria que vende comprimidos contra a depressão. Mas ninguém corria atrás da felicidade.

Isso mudou nos últimos anos. Os especialistas na fisiologia do cérebro começaram a pesquisar também os sentimentos positivos. Eles conseguiram progressos impressionantes em um tempo mínimo. O que hoje se faz nos laboratórios parece ficção científica. Novas técnicas computadorizadas de geração de imagens permitem observar o cérebro "ao vivo" durante os atos de pensar e sentir. Tornam visível a alegria surgindo na cabeça quando pensamos em uma pessoa querida. E a biologia molecular revela o que acontece nesse instante dentro dos dez bilhões de neurônios que temos. Experimentos psicológicos, por sua vez, demonstram de que maneira essas alterações de ânimo determinam o nosso comportamento. Assim, as diferentes formas do conhecimento se juntam, tornando possível entender como se formam os sentimentos positivos.

Agora podemos tentar responder a perguntas que sempre intrigaram a humanidade: será a felicidade algo mais do que o contrário da infelicidade?

Nós a recebemos como herança genética? A irritação passa depois que temos um acesso de raiva? Podemos prolongar os momentos felizes? Dinheiro traz felicidade? É possível amarmos uma única pessoa a vida inteira? O que é a felicidade plena?

Duas descobertas relativamente recentes são fundamentais para responder a essas questões. Uma delas diz respeito às partes do cérebro que produzem as sensações de bem-estar. Na verdade, existem circuitos cerebrais para a alegria, o desejo e a euforia, ou seja, temos um sistema que cria felicidade. Da mesma forma que possuímos o aparelho fonador, que nos permite falar, fomos programados para ter sentimentos agradáveis. Essa descoberta será tão marcante para entender o ser humano como o foram, no século XX, as teorias freudianas sobre o inconsciente.

A outra revelação, ainda mais surpreendente, é que o cérebro continua a se desenvolver durante a idade adulta. Não faz muito tempo, os cientistas acreditavam que esse órgão terminava de se formar, mais ou menos como os ossos, até o fim da puberdade. Mas acontece exatamente o contrário: cada vez que aprendemos algo, os circuitos cerebrais se modificam e novas conexões surgem na rede de neurônios. Hoje, equipamentos especiais nos permitem observar diretamente o que ocorre sob a caixa craniana. Quando você acabar de ler este livro, seu cérebro estará diferente.

Mais do que as idéias, são as emoções que induzem esse tipo de reorganização. Em outras palavras: o ser humano pode treinar para ser feliz. Somos capazes de exercitar a nossa tendência natural para os sentimentos positivos da mesma forma como conseguimos aprender uma língua estrangeira.

Ultimamente, fascinados pelas descobertas das pesquisas genéticas, tendemos a buscar nos fatores hereditários todas as explicações para as peculiaridades do nosso modo de ser. Mas assim corremos o risco de esquecer que os dons naturais só se desenvolvem quando interagem com o nosso estilo de vida. Ser feliz depende dos genes, mas também depende muito do meio ambiente, da cultura em que vivemos. Por isso, este livro não se limita a mostrar como a felicidade é produzida no cérebro; ele trata igualmente das influências culturais e das circunstâncias cotidianas que desencadeiam esses processos.

Os idiomas ocidentais não conseguem abranger toda a variedade de sentimentos positivos que poderiam expressar. Nesse aspecto, impressionam os resultados de um estudo comparativo realizado com estudantes americanos e moradores de uma cidade na Índia. Os componentes de ambos os grupos assistiram a um vídeo mudo em que dois artistas reproduziam a mímica da dança tradicional indiana. Todos os voluntários do experimento receberam também uma lista em que os significados dos gestos apareciam relacionados fora de ordem – surpresa alegre, missão cumprida e leve excitação. A lista dos indianos foi elaborada com expressões curtas que descreviam os gestos com exatidão.[2] Para os jovens americanos, no entanto, os pesquisadores precisaram redigir longos trechos para transmitir exatamente os mesmos significados. Os dois grupos alcançaram um grau idêntico de acerto nas interpretações, mas os participantes ocidentais não dispunham de um vocabulário adequado para descrevê-las. Da mesma forma, às vezes nos faltam palavras para expressar os matizes da nossa própria felicidade. Evidentemente, nossos cérebros são capazes de sentir essas emoções, porém a cultura ocidental dedica pouca atenção a elas.

Pagamos caro por menosprezar o prazer. Um em cada cinco alemães tem pelo menos um transtorno psíquico durante a vida – estados de angústia e depressão são os mais freqüentes. Em 2001, um em cada dez alemães apresentou uma depressão que se arrastou por várias semanas.[3] Como resultado desses distúrbios, milhares de pessoas cometem suicídio todos os anos. Em outras partes do mundo, a taxa de suicídio é bem mais baixa.[4]

A freqüência de depressões graves está crescendo rapidamente em quase todos os países industrializados. Essa doença acomete cada vez mais crianças, adolescentes e jovens. Nessas fases da vida, as chances de surgimento de uma grave crise depressiva é três vezes maior do que há apenas dez anos.[5] Os males psíquicos estão se disseminando em várias partes do mundo.[6] Em vinte anos, a depressão entre as mulheres causará mais danos do que qualquer outra doença física ou psíquica; no caso dos homens, só será superada pelos problemas cardiovasculares.[7] A depressão ameaça tornar-se uma epidemia no século XXI.

Nem toda pessoa que está infeliz sofre de um distúrbio psíquico. Ainda assim há uma relação muito mais estreita entre os estados persistentes de desânimo e a depressão do que se supunha anteriormente. Ambos são conseqüências de processos cerebrais bastante parecidos. A ordem, portanto, é enfrentarmos essa situação. O caráter epidêmico da depressão mostra que andamos muito carentes de uma cultura da felicidade.

"A felicidade é a transição do espírito para um estado mais perfeito, enquanto a dor é a transição para um estágio inferior", disse o filósofo holandês do século XVII Baruch Spinoza.

E a alegria não tem efeito apenas sobre a mente, mas principalmente sobre o corpo – a infelicidade o destrói, a felicidade o regenera e o revigora. Pesquisas recentes lançam uma nova luz sobre as relações entre o corpo e a mente que os cientistas haviam ignorado até agora. A angústia e o desânimo são um perigo para a saúde porque significam estresse, e este aumenta o risco da morte por infarto e embolias, por exemplo. Quem, por outro lado, aprendeu a controlar os estados de ânimo negativos e a viver com intensidade os momentos alegres está cuidando do próprio corpo. A satisfação combate o estresse e os prejuízos que ele causa à saúde. Fortalece até mesmo o sistema imunológico.

Os sentimentos positivos também têm a propriedade de estimular a nossa capacidade intelectual. No cérebro, pensamentos e sentimentos são como as duas faces da mesma moeda. Pessoas felizes são mais criativas. De acordo com muitos estudos, elas resolvem os problemas melhor e mais rápido.[8] A felicidade promove a inteligência, e isso não por alguns momentos, mas de modo permanente. Sentimentos positivos multiplicam as conexões entre os neurônios. A alegria aprimora as faculdades mentais.

Por último, as pessoas felizes são também mais amáveis, atenciosas e dispostas a enxergar o bem em seus semelhantes. Engajam-se mais no bem-estar comum e, nos processos de negociação, conseguem fazer com que todos os envolvidos sejam tratados de maneira justa.[9]

Portanto, a felicidade é um objetivo de vida e ao mesmo tempo um caminho para uma existência melhor. Os sentimentos negativos nos limitam, enquanto os sentimentos positivos ampliam nossas possibilidades. Felicidade é vitalidade.

Só quem sabe o que é a felicidade pode encontrá-la. O objetivo deste livro é levá-lo a uma viagem em busca dos sentimentos agradáveis. Você descobrirá várias dicas de como aplicar as novas descobertas da ciência para viver de forma mais feliz. Apesar disso, o propósito deste trabalho não é dar conselhos de modo convencional – ele pretende apenas explicar os porquês e não fornecer receitas. Afinal, a felicidade de cada pessoa é única, assim como a sua personalidade. Todos nós vivenciamos a alegria e o prazer de maneiras semelhantes porque nossos cérebros foram construídos segundo o mesmo projeto. Mas diferimos uns dos outros em relação às causas que desencadeiam esses sentimentos ou sensações. Por isso os conselhos genéricos não ajudam. No fim das contas, cada um deve encontrar a sua própria fórmula da felicidade. Este livro transmite os conhecimentos à maneira de um guia de viagem, mostrando os possíveis itinerários.

A questão é saber como cada indivíduo e cada sociedade podem adquirir a cultura da felicidade. Há mais de dois mil anos os sábios já diziam que é possível aumentar o nível de felicidade. À luz das revelações recentes das neurociências e de suas importantes descobertas sobre a nossa maneira de viver e pensar, não há mais dúvidas: é possível aprender a ser feliz.

PARTE 1 | O QUE É A FELICIDADE?

Capítulo 1 | O mistério do sorriso

Em 1967, um jovem de São Francisco partiu em busca de algum povo aborígine que vivesse tão isolado que parecesse pertencer a outro planeta. Existiriam ainda pessoas que jamais tivessem recebido um visitante estrangeiro, que não conhecessem nenhuma escrita, muito menos imagens de TV? Paul Ekman tinha uma única certeza: a de que não lhe restava muito tempo – talvez somente uns poucos anos antes que sinais de telégrafo, estradas ou aviões alcançassem também essas remotas aldeias nas selvas virgens.

Naquele tempo, Papua-Nova Guiné era considerada um fim de mundo – uma ilha que tinha a fama de ser habitada por caçadores de cabeças e canibais. Mas o jovem pesquisador, então com 33 anos de idade, desconhecia o medo. Partiu sozinho rumo à Idade da Pedra. Na verdade, seu interesse não era tanto por costumes exóticos. Sua intenção não era a de enriquecer as bibliotecas antropológicas com novas descobertas. Ele queria pesquisar algo comum a todos os seres humanos: o mistério do sorriso.[1]

Ninguém demonstrou grande entusiasmo pelo projeto. Não havia muito mais a descobrir sobre a mímica facial, alertaram alguns colegas. A mãe sorri para o seu bebê, o bebê a imita e devolve o sorriso – era simples a gênese das emoções, pensava-se então. Afinal, há mais de trinta anos, quando Ekman partiu, ninguém ousava desmentir a tese de que o homem vem ao mundo como uma espécie de folha em branco, uma *tabula rasa*. Considerava-se que uma criança era como um recipiente vazio no qual os pais e o ambiente vertiam os conhecimentos e os comportamentos. Imaginava-se que, da mesma forma, as expressões da fisionomia humana eram aprendidas na infância. Mas Ekman recusou-se a acreditar nisso. Para ele, os sentimentos podiam ser inatos. Será que não existe em nossos cérebros uma espécie de comando para o sorriso? Nesse caso, todas as pessoas do mundo teriam que mostrar a mesma expressão facial quando postas em situações similares. Algo assim já havia sido sugerido por Charles Darwin.[2]

Expressões faciais da Idade da Pedra

O jovem pesquisador viajou a pé pela Nova Guiné. Na mochila, carregava filmadoras, gravadores de som e quadros com fotos de várias pessoas. Um nativo lhe servia como guia. Depois de algumas semanas, chegaram a regiões então jamais pisadas por um homem branco. Era onde vivia um povo chamado *fores*, que apenas oito anos antes daquela data havia sido proibido de degustar os miolos de seus parentes falecidos. As mulheres usavam aventais de capim; os homens, tangas de casca de árvore. Viviam em tendas de galhos e capim e utilizavam ferramentas feitas de pedra entalhada. Receberam amavelmente o pesquisador e o seu acompanhante.

Ekman sentou-se no meio da pequena aldeia e desembrulhou o gravador. Nunca antes aquelas pessoas tinham visto uma caixa tão brilhante. Dentro dela duas esferas giravam sem que nada as empurrasse. E, de repente, os *fores* ouviram suas próprias vozes! As bocas se entreabriram, as sobrancelhas se elevaram ligeiramente, os olhos brilharam: eles estavam sorrindo. Aparentavam demonstrar entusiasmo com a surpresa. Por trás da roda de pessoas, o guia de Ekman filmava tudo: a primeira prova de que indivíduos do outro lado do mundo sorriem da mesma forma que nós.

A partir daí, os *fores* não saíram mais do lado de Ekman; o rodeavam antes mesmo de ele acordar, esperando, curiosos, a surpresa do dia. Algumas vezes ele partia com uma faca de borracha para cima das crianças, de modo que o seu ajudante pudesse filmar a expressões de susto. Certa vez, mostrou retratos de americanos alegres e tristes e pediu que o guia perguntasse qual das pessoas ali retratadas estava na expectativa da morte do filho. Os *fores* foram unânimes em apontar o rosto triste, indicando que compreendiam sem dificuldade o significado daquela expressão, ainda que jamais tivessem visto aquela face. Passadas algumas semanas, Ekman solicitou ao seu acompanhante que organizasse encontros inesperados entre nativos que se conheciam, isto é, as pessoas deveriam fingir que estavam encontrando um amigo por acaso. A câmera do pesquisador registrava então expressões alegres de surpresa.

Quando Ekman voltou para os Estados Unidos depois de quatro meses na selva e começou a selecionar as imagens, não tinha mais dúvidas: os rostos dos *fores* mostravam expressões semelhantes às de qualquer indivíduo ocidental. Os povos podem falar idiomas diferentes, mas a expressão facial de seus sentimentos se dá da mesma maneira – sejam nativos do planalto da Nova Guiné, sejam habitantes de São Francisco.

Para a ciência, essa foi uma revelação de grande impacto. Alguns cientistas se propuseram a refutar a tese de Ekman e partiram para pesquisar nas selvas virgens de Bornéu, entre os povos nômades no Irã e na longínqua Sibéria. No entanto, voltaram para casa com as mãos vazias. Todas as investigações revelaram que a cultura influencia muito pouco o diapasão das emoções humanas. É verdade que existem povos mais expressivos e outros mais reservados quanto à manifestação das emoções, mas todos exteriorizam alegria, aflição, medo e raiva de formas muito parecidas.

Com a sua descoberta, Ekman desfez dois equívocos com uma só tacada. Em primeiro lugar, seria difícil continuar afirmando que as crianças aprendem as emoções com as pessoas à sua volta. Se fosse assim, tal como "alegria" é *joy* em inglês e *gaosing* em chinês, encontraríamos tipos diferentes de sorriso entre os povos. Uma vez que a mímica facial é a mesma em todos os lugares, as emoções elementares e o modo como nós as manifestamos devem ser inatos.

Os cegos de nascimento sorriem espontaneamente, embora jamais tenham podido observar e copiar as expressões faciais de outras pessoas. Na realidade, esse fato por si só deveria ter despertado dúvidas entre todos que acreditavam que a alegria é algo aprendido. Afinal, Charles Darwin, em um tratado sobre a fisionomia humana, já propusera que se fizessem experimentos em um instituto para cegos. Mas essa obra do grande biólogo, pai da teoria evolucionista, logo caiu no esquecimento, e nenhum pesquisador adotou sua sugestão, cuja execução dependia apenas de um rápido bate-papo com um instrutor de cegos. Por isso, Paul Ekman teve que viajar até os mares do Sul. Decididamente, o mundo da ciência não está a salvo de preconceitos.[3]

A segunda linha de investigação inaugurada por Ekman com suas filmagens dos rictos faciais dos *fores* consistiu em demonstrar que os sentimentos podem ser objeto de pesquisa científica. Essa não foi uma descoberta desprezível. Afinal, quem se dedicava ao estudo das emoções no final dos anos 1960 era tido como um pesquisador de segunda categoria pela psicologia científica. A percepção, o raciocínio e o comportamento humano é que eram os temas da pesquisa considerada séria. Tentar entender sentimentos era então coisa de filósofos e poetas, uma vez que esses processos internos não despertam a curiosidade do observador. Mas Ekman demonstrou que o estudo experimental das vivências íntimas era possível.

O sorriso genuíno e o sorriso útil

Encorajado pelo sucesso, o jovem pesquisador montou todo um sistema para codificar as manifestações emocionais em números e tabelas. Para isso, decompôs a linguagem mímica em seus elementos mais simples – digamos, em átomos –, apropriadamente classificados e numerados. Ekman associou cada ricto a um número. Assim, 9 poderia significar "torcer o nariz" e 15 "apertar os lábios". Agora os pesquisadores tinham condições de reproduzir até mesmo as caretas mais debochadas.

Assim ele descobriu que há 19 maneiras diferentes de sorrir. Dezoito delas não são genuínas, mas mesmo assim nos são muito úteis: servem como máscara quando não queremos que outros saibam toda a verdade sobre nossos sentimentos. Existe um sorriso com o qual nos mostramos educadamente constrangidos ao ouvir uma piada de mau gosto; outro sorriso que esconde o medo; um sorriso falso quando somos forçados a participar de algo que não queremos. Nesses casos, quem geralmente entra em ação é o músculo zigomático (*musculus zygomaticus major*), que se estende do osso malar até o lábio superior, puxando para cima os cantos da boca. Outros agrupamentos musculares também participam dessa orquestração que define os diferentes tipos de sorrisos falsos. Esses sinais são indispensáveis à convivência humana. No entanto, eles não indicam alegria.

Só existe um tipo de sorriso genuíno. É aquele em que os cantos da boca se erguem, as pálpebras se apertam, aparecem rugas em torno do canto do olho e as partes superiores das maçãs do rosto se elevam ligeiramente. A expressão da verdadeira felicidade inclui ainda uma contração dos músculos orbiculares das pálpebras. Ekman denominou esse ricto facial de "sorriso de Duchenne" em homenagem ao fisiologista francês Guillaume-Benjamin

Duchenne, que em 1862 realizou um estudo pioneiro do *musculus orbicularis oculi*, que circunda o olho.

Com a ajuda de seu sistema de números para os rictos faciais, Ekman demonstrou que o sorriso de Duchenne é o único a exprimir a felicidade verdadeira. Quando o pesquisador exibia filmes divertidos para pessoas que se submetiam aos experimentos, elas de vez em quando estampavam espontaneamente esse tipo de sorriso – e nenhum outro. Quanto mais os voluntários deixavam à mostra pequenas rugas por causa do sorriso, mais inequivocamente declaravam que estavam gostando do filme. Mas, durante cenas amedrontadoras que mostravam vítimas de incêndio ou amputações, o sorriso de Duchenne desaparecia. Por isso, o movimento do músculo orbicular é um sinal da alegria verdadeira.[4]

"Doces movimentos das emoções da alma" – era assim que Duchenne chamava essas contrações. Ele também descobriu que se tratava de movimentos em boa parte involuntários – essa é a razão pela qual muitas vezes acabamos fazendo expressões tão lamentáveis quando o fotógrafo nos pede "sorria, por favor". Duchenne realizou outro procedimento para obter o sorriso de felicidade dos participantes do experimento. Ele introduziu fios elétricos bem finos nas bochechas dessas pessoas.[5] Uma corrente elétrica fraca era suficiente para exercitar os músculos orbiculares e provocar uma extraordinária expressão de êxtase. As fotos desses experimentos estão hoje no Museu de Arte Moderna de Nova York.

Apenas 10% das pessoas dominam seus músculos faciais o suficiente para produzir um sorriso de Duchenne de forma intencional e sem treinamento especial. Deve ser uma habilidade inata. A maioria de nós só é capaz de fazer isso com a ajuda de truques especiais – por exemplo, lembrando-nos de uma boa piada ou de uma situação especialmente agradável.

Até atores, e principalmente políticos, lutam contra esse problema. É muito difícil controlar adequadamente as reações faciais e dominar os sentimentos, como nos mostra qualquer novela de segunda categoria. Atores fracos não conseguem nos convencer das emoções que tentam representar. Entre os bons atores, no entanto, há aqueles que, graças a um bom treino, são capazes de manter o controle de seus músculos faciais. Foi dito, por exemplo, que Lawrence Olivier sabia exatamente como representar cada uma das emoções possíveis em toda a gama da expressividade humana. Mas até entre estrelas de Hollywood alguns jamais aprenderam a fazer isso. Não foi à toa que Steve McQueen e John Wayne adotaram como marca registrada aquela máscara impassível, chamada de *pokerface* (uma referência ao frio semblante que os jogadores de pôquer normalmente assumem).

A felicidade nasce no corpo

Acabamos de receber um elogio, alguém nos enviou flores ou então estamos nos deliciando com um bom prato. O prazer imediatamente se manifesta, e não apenas no rosto. Não importa a razão da felicidade: o corpo inteiro entra em um estado de excitação. Vale a pena prestarmos atenção nisso, pois muitas dessas alterações fisiológicas podem ser observadas por qualquer interessado.

Quando estamos felizes, o pulso acelera-se um pouco. Na maioria das pessoas, a diferença entre o estado normal e o estado de felicidade é de três a cinco pulsações a mais. A temperatura corporal eleva-se em um décimo de grau graças à melhora da circulação sangüínea. A excitação deixa a pele um pouco mais úmida. Os dedos tremem, mas de maneira mais suave do que o habitual. Só notaremos essa alteração se tentarmos passar uma linha no buraco da agulha, pois esse movimento é de apenas décimos de milímetro. Por outro lado, conseguimos identificar de onde vem a tremedeira: a tensão da musculatura dos ombros, dos braços e das mãos reflete-se nos micromovimentos dos dedos, efeito que os pesquisadores conseguiram medir com exatidão. Quando nos sentimos bem, os músculos relaxam e tornam-se mais flexíveis.[6] Além disso, ocorrem importantes transformações que não percebemos diretamente: a felicidade também altera o equilíbrio hormonal, como veremos adiante.

E muito antes que qualquer sinal do sorriso possa ser percebido por nós ou pelas pessoas em volta, também o nosso rosto já terá se modificado. O músculo zigomático, que puxa os cantos da boca para cima, estará levemente contraído. Da mesma forma, o músculo orbicular, que produz as pequenas rugas em torno dos olhos quando sorrimos, apresentará uma ligeira contração. Em compensação, o músculo corrugador, que eleva as sobrancelhas e produz as expressões de espanto, aversão, aflição e medo, ficará relaxado e estático.

Assim é a felicidade. Como ocorre com todos os sentimentos, ela se origina tanto no corpo quanto no cérebro. Isso acontece porque o bem-estar só é produzido quando o cérebro recebe os sinais adequados que vêm do coração, da pele e dos músculos e os interpreta corretamente. Se fôssemos apenas espíritos sem corpos, seríamos incapazes de ser felizes.

Essa idéia pode ser intrigante em um primeiro momento. Não há dúvida de que devemos muitas sensações de felicidade – por exemplo, aquelas que sentimos com uma boa comida e com o amor – aos prazeres físicos em sua forma pura. Mas o que acontece quando lembramos de uma noite divertida na companhia de amigos ou quando fruímos por antecipação a expectativa da viagem de férias? Afinal, em momentos como esses, a felicidade parece vir unicamente da força da imaginação. Em situações assim, estamos enganando a nós mesmos: os pensamentos, as lembranças, as esperanças, tudo isso nos permite viver emoções. É com base nesses sinais que o cérebro reconstrói a percepção do bem-estar físico. Tente ser feliz com os músculos retesados e o suor de medo brotando na testa!

A felicidade, portanto, nasce tanto do corpo – de braços, pernas, coração e pele – quanto das fantasias e dos desejos. Por isso, faríamos bem em levar o corpo muito mais a sério do que estamos acostumados a fazer.

A vida própria dos sentimentos positivos

Os sentimentos positivos estão vinculados ao corpo. Por isso é tão difícil sentirmos ou até mesmo aparentarmos felicidade voluntariamente. Esse fato perturbador se deve à arquitetura do próprio cérebro. O controle do organismo, e portanto do circuito das emoções, passa por vias nervosas sobre as quais a vontade exerce apenas uma influência. Para compreendermos isso, temos que examinar mais de perto como funciona o processamento de dados no organismo.

Os livros de anatomia geralmente mostram os tecidos nervosos do corpo como uma espécie de árvore de cabeça para baixo, cujas raízes estariam no cérebro. Nele começa o tronco, que é a medula espinhal, da qual partem os caminhos de transmissão de sinais, que, como galhos cada vez mais finos, chegam até os órgãos e membros. Em seu conjunto, todos esses caminhos dão a impressão de formar uma estrutura única.

Mas isso não é verdade. Na realidade, o sistema nervoso humano divide-se em duas partes que trabalham em grande medida de forma independente: o sistema nervoso voluntário (também chamado de somático) e o involuntário (vegetativo ou autônomo). O primeiro controla a maior parte dos músculos que movimenta os ossos. É ele, por exemplo, que leva as ordens quando tento dobrar meu dedo indicador para continuar digitando este texto. Tais comandos se originam no córtex cerebral, isto é, na cúpula cinzenta cheia de sulcos que se localiza sob a caixa craniana, na qual nascem desejos, fantasias e pensamentos. O sistema nervoso voluntário está diretamente ligado a essa parte do cérebro.

O sistema nervoso involuntário, por sua vez, é controlado a partir do hipotálamo, onde começam as células cinzentas, na altura da nuca. Ali estão os circuitos responsáveis pelas funções básicas do organismo, como o estado de vigília e o sono, as batidas do coração e a excitação dos órgãos genitais. Por isso, em poucos casos, as vias do sistema nervoso involuntário vão até os grandes músculos, mas atingem também os órgãos internos, os vasos sangüíneos e os minúsculos músculos da pele que eriçam os pêlos do corpo. É essa parte do sistema nervoso que nos faz enrubescer quando sentimos vergonha, que nos deixa de cabelo em pé nas situações de medo e também a que leva o coração a bater mais rápido quando estamos apaixonados.

Como se trata de um sistema nervoso involuntário, no máximo podemos exercer uma influência sobre ele, mas não temos como decidir ser felizes. Dele dependem não apenas o músculo orbicular, que entra em ação quando damos um sorriso genuíno, como também a batida cardíaca, o fluxo sangüíneo, a ação das glândulas sudoríferas e todas as reações inconscientes do corpo, que, ao serem percebidas pelo cérebro, produzem a sensação de bem-estar. Por esse motivo, é difícil modificarmos as emoções de forma direta. Precisamos usar um meio mais refinado.

Nosso corpo é mais inteligente do que nós

Na verdade, não seria prudente tentarmos influenciar o sistema nervoso involuntário com nossos desejos. Como ele regula os processos vitais do organismo, uma decisão errada poderia ter conseqüências desastrosas. Por isso, o cérebro foi programado de tal forma que não conseguimos, por exemplo, decidir interromper a respiração por um período mais longo ou mandar o coração parar de bater.

O sistema nervoso involuntário desenvolve a maior parte de suas funções em conjunto com transmissores químicos, os hormônios. Desse modo, o cérebro dispõe de dois caminhos para supervisionar o funcionamento do organismo. Além de sinais elétricos, ele envia ao sistema nervoso sinais químicos por meio desses transmissores. O cérebro conta também com uma glândula própria, a hipófise, que lança tais substâncias diretamente na corrente sangüínea. Isso é muito prático, pois permite que os circuitos cerebrais se comuniquem diretamente com os órgãos sem terem que passar pelas vias nervosas. Algumas partes do corpo, como os órgãos sexuais e os rins, respondem ao cérebro usando esse mesmo veículo químico. Com a colaboração dos hormônios, o cérebro controla os níveis vitais das diferentes substâncias no corpo e interfere quando necessário. É assim que o sistema nervoso involuntário e o sistema endócrino mantêm o organismo em perfeito funcionamento.

Esse programa automático de sobrevivência tem mais uma vantagem: evita que desperdicemos muita atenção com funções rotineiras da mente. Do contrário, teríamos que dedicar grande parte da atenção à supervisão das simples funções do organismo. Sobraria pouco tempo para outras coisas se, por exemplo, tivéssemos que ficar nos perguntando a todo momento se o nosso fígado está produzindo enzimas em número suficiente para baixar o nível do álcool ingerido na véspera.

Só percebemos alguma coisa quando o sistema se desequilibra. É nessas ocasiões que as reações do corpo nos forçam a agir. Quando cai o nível de glicose no sangue, a fome começa a nos incomodar. Se o álcool ingerido na noite anterior ainda não tiver sido eliminado, ficaremos de ressaca – um alerta para pegarmos mais leve da próxima vez.

Dessa forma, o controle do organismo funciona de maneira parecida com a interface de um computador. Os resultados dos complicados processos internos são transparentes para nós usuários, mas não nos importa o que o sistema operacional faz. Ele só se manifesta na tela do monitor para enviar mensagens de erro quando tropeça em problemas que não consegue solucionar sozinho. Muitas das sensações desagradáveis que experimentamos são exatamente isso: avisos de erro que o corpo nos envia.

Por essa razão, não apenas os processos fisiológicos rotineiros como também as próprias emoções estão protegidos da influência direta da vontade. Só conseguimos controlá-los indiretamente, cuidando bem de nós mesmos, ou seja, modificando o ambiente em que estamos, mudando nossos pensamentos ou nos lembrando de situações boas. Mas não podemos escolher se queremos ou não sentir medo em determinada situação. Vejamos o exemplo citado pelo psicólogo americano William James: estamos em uma floresta e um urso imenso se aproxima. O medo se instala antes mesmo que tenhamos tempo de pensar nesse sentimento. O coração dispara, a respiração se acelera: é a preparação do corpo para começar a correr. Os segundos que talvez nos fossem necessários para tomar essa decisão de forma consciente seriam suficientes para o urso nos deixar em pedaços, caso sua intenção fosse o ataque. Isso explica por que o corpo responde à ameaça antes mesmo de sentirmos medo.

De modo parecido, nos sentimos contentes assim que percebemos algo que possa nos beneficiar. São os pequenos momentos de felicidade. Quando estamos com fome e o cheiro de pãozinho fresco é captado pelo nosso olfato, ficamos com água na boca. Ao vermos um amigo se aproximar, um sorriso de boas-vindas se estampa em nosso rosto e no mesmo instante sentimos alegria pelo encontro imprevisto. Assim conseguimos experimentar as emoções, percebendo as reações involuntárias do corpo.

Cientistas descobrem a intuição

Isso quer dizer que as reações do corpo precedem as emoções como a onda que vai sempre diante da proa do navio? Um dos experimentos mais impressionantes a esse respeito foi feito por colaboradores do neurologista Antonio Damasio, nascido em Portugal e radicado nos Estados Unidos. O seu laboratório na Universidade de Iowa é considerado o mais avançado do mundo na pesquisa das emoções. Entre outras coisas, Damasio e sua esposa Hanna elaboraram o maior arquivo de imagens de cérebros com lesões. Eles já examinaram mais de 2.500 cabeças por meio da tomografia axial computadorizada, que permite a produção de imagens tridimensionais do cérebro. O casal de cientistas associa essas imagens do interior de cérebros doentes à história dos pacientes que sofrem de todo tipo de transtornos do raciocínio, da percepção e do comportamento. Assim, pesquisam mais aspectos do funcionamento da mente humana. Como seus arquivos são extraordinários, experimentos feitos no laboratório dos Damasio serão mencionados várias vezes neste livro.

Os cientistas de Iowa conseguiram demonstrar, usando meios relativamente simples, como a alegria e a contrariedade, o medo e a raiva se refletem em todo o organismo. Os voluntários foram convidados a participar de um jogo de azar e ligados a detectores de mentiras.[7] Esse jogo, atualmente conhecido como Teste de Cartas de Iowa, consiste em puxar cartas repetidamente de dois baralhos postos de cabeça para baixo. Um deles, com as cartas "boas", garante ganhos módicos alternados com pequenas perdas. O outro, o baralho "ruim", permite grandes ganhos, mas também leva a perdas gigantescas e muito freqüentes.

Em torno da décima rodada, os voluntários começaram a evitar o baralho ruim, e o detector de mentiras registrou um aumento da transpiração e das batidas cardíacas quando eles aproximavam a mão da pilha com as cartas de risco.[8] Apesar disso, os participantes nem sabiam por que agiam dessa maneira nem percebiam as reações de seu próprio corpo. Na qüinquagésima rodada, as pessoas começaram a mencionar conscientemente uma aversão instintiva ao baralho ruim. Mas necessitaram de pelo menos mais oitenta rodadas para conseguir explicar essa sensação e demonstrar que haviam entendido o princípio do jogo.

Portanto, a intuição existe. Ela é, por exemplo, a sensação estranha que às vezes sentimos no primeiro encontro com alguém que depois demonstrará ter antipatia por nós. Nem sempre conseguimos compreender premonições desse tipo, pois elas têm origem em emoções inconscientes. Ainda que isso nos passe despercebido, o que sentimos no primeiro encontro com o futuro inimigo é medo. Ele surge ao vermos no rosto da outra pessoa, em uma fração de segundo, uma expressão hostil que ela rapidamente dissimula.

A intuição segue trabalhando em nosso íntimo, não importa se nos damos conta disso ou não. No experimento em Iowa, alguns participantes menos inteligentes não entenderam o sistema do teste das cartas até o fim do jogo e ainda assim tomaram decisões acertadas. Nesse ponto, a crença popular está com a razão: mesmo que a ciência tenha postulado o contrário, a intuição funciona à margem das operações do raciocínio.

Mas essas revelações que nos chegam por meio das emoções não se alimentam de nenhum fenômeno supostamente sobrenatural, como algumas pessoas acreditam. A intuição está firmemente arraigada em nossos corpos. Nós a adquirimos através da experiência. Nas primeiras rodadas do jogo com os baralhos, os voluntários ainda não tinham uma idéia de qual era o melhor maço de cartas. Seus cérebros tiveram primeiro que aprender a antecipar o resultado. Um pressentimento aparece quando o resultado de uma avaliação – tal baralho é bom, tal baralho é ruim – é transmitido para o corpo e antes que chegue à consciência.

O exemplo do suposto ataque do urso já havia nos mostrado que a intuição se antecipa ao pensamento consciente e também nos explicado por que isso ocorre: em casos de perigo, ela nos permite economizar um tempo precioso e aumenta nossas chances de sobrevivência. Muitas vezes, o corpo sabe mais do que a razão ou, como disse o filósofo francês Blaise Pascal: "O coração tem razões que a própria razão desconhece."[9]

Imagens do mundo interior

No teste de Iowa, os jogadores não estavam plenamente conscientes do medo que o baralho ruim lhes inspirava. Assim também ocorre na vida cotidiana: freqüentemente não tomamos consciência das emoções em toda a sua profundidade. Enrubescemos sem saber e só percebemos quando alguém chama a nossa atenção para isso. Nossos olhos brilham de entusiasmo e não sabemos sequer por que estamos tão felizes.

Nesses momentos fica evidente que emoções e sentimentos são coisas bem diferentes, embora passem por sinônimos na linguagem do dia-a-dia. Uma emoção é uma resposta automática do corpo a determinada situação – o brilho de desejo nos olhos, o enrubescer quando alguém descobre que estamos dando uma desculpa esfarrapada, etc. O sentimento, por sua vez, é aquilo que vivenciamos quando percebemos a emoção de forma consciente. Assim, ela passa a se chamar alegria ou vergonha, por exemplo.[10]

Emoções, portanto, são inconscientes, enquanto os sentimentos são conscientes. A maioria de nós percebe as emoções como sentimentos, razão pela qual normalmente não diferenciamos as duas coisas. Mesmo assim, várias emoções podem permanecer escondidas de nós – por exemplo, quando enrubescemos e ninguém nos diz nada sobre isso.

Como então uma emoção se transforma em sentimento? Por meio de aparelhos, os cientistas do grupo de Antonio Damasio conseguiram visualizar processos que ocorrem no cérebro em situações decisivas. Eles pediram aos voluntários que se submetiam aos testes que revivessem momentos muito felizes e outros muito tristes de suas vidas, como o reencontro com uma pessoa querida e a morte dos pais. Em alguns experimentos, os pesquisadores controlavam as pessoas com o detector de mentiras e escolhiam aquelas que manifestavam as reações mais intensas. Em seguida, faziam com que se deitassem em um tomógrafo de emissões de pósitrons

(PET). Nesse equipamento, que ocupa toda uma sala, a pessoa fica enclausurada em um tubo de metal e amarrada com um cinto para que as imagens "não saiam de foco" – o que não é exatamente uma situação confortável que estimule viagens da imaginação. Usando uma cânula, eles injetavam no braço do voluntário uma solução com dextrose com baixa radioatividade, que serve como contraste. Apesar disso, os participantes mergulhavam tão profundamente em suas memórias que esqueciam toda a parafernália à sua volta. Alguns até começavam a chorar dentro do tomógrafo. Enquanto isso, Damasio e seus colegas podiam acompanhar pelo monitor quais estruturas do cérebro eram ativadas quando alguém tinha um sentimento forte.[11]

Essas imagens, divulgadas pelos cientistas em 2000, causaram grande sensação por dois motivos. Em primeiro lugar, revelaram com uma exatidão inédita o que acontece no cérebro em situações de alegria e tristeza, irritação e raiva. De fato, o tomógrafo torna visível o tipo de sentimento que altera o nosso estado de ânimo em cada momento. Por outro lado, elas ofereceram os indícios mais fortes demonstrados até então para o fato de que as reações do corpo realmente precedem os sentimentos. Nos monitores, ficavam iluminadas exatamente as regiões que o cérebro utiliza para formar um mapa do próprio corpo: embaixo, o hipotálamo, que controla toda a atividade vegetativa do organismo; no meio, determinadas partes do cerebelo e do diencéfalo, que processam todos esses; em cima, partes do encéfalo (região que abrange o córtex e o cerebelo, entre outros), que sintetizam todas essas informações em uma única imagem e a relacionam com as percepções, pensamentos e fantasias.[12] Portanto, só temos consciência de uma emoção depois que ela passa por todo esse processo cerebral (ver ilustração na página 30).

Todos os sentimentos, incluindo a felicidade, requerem que o cérebro receba sinais do corpo e seja capaz de processá-los. Mesmo nos momentos de maior êxtase, quando acreditamos estar flutuando em esferas sublimes, os sentimentos de euforia nascem da percepção de um conjunto de estímulos gerados no interior do próprio organismo. Por isso, disse Damasio, o espírito se faz carne no sentido literal da palavra. A mente não se localiza unicamente no cérebro, uma vez que é literalmente corpórea. Um espírito sem a matéria não seria capaz de sentir alegria ou tristeza. Mas, segundo o cientista, quem experimentou as reações corporais suficientemente consegue até simulá-las inconscientemente. Assim como a fantasia consegue produzir uma imagem mental, o hipotálamo é capaz de simular impulsos que, na realidade, nem está recebendo. Damasio acredita que dessa maneira o organismo economiza energia em situações menos importantes – por exemplo, deixando de acelerar o pulso e de pôr em andamento todo o programa de emoções positivas quando a satisfação não é muito significativa. Mesmo assim, percebemos uma excitação agradável nesse momento, mas sem que o organismo consuma grande quantidade de energia. Também se acredita que é esse mecanismo que preserva a vida afetiva dos tetraplégicos após o acidente.[13]

Os sentimentos no cérebro (ver ilustração na página ao lado). *À direita*: O cérebro é como um prédio de vários andares. Os alicerces correspondem ao tronco cerebral, que recebe os sinais do organismo. Ele começa na medula e termina no mesencéfalo. Sobre este último se situa o diencéfalo, que se encarrega da excitação, controlando o organismo pela liberação de hormônios através da glândula hipófise. Na cúpula superior aloja-se o córtex, que comanda todas as outras regiões do cérebro. Suas funções são a percepção sensorial, o raciocínio e todas as atribuições da consciência.

À esquerda: As imagens da tomografia mostram o surgimento da felicidade e da infelicidade no cérebro. A cada sentimento corresponde um padrão peculiar da atividade cerebral. Algumas partes do cérebro participam desses dois estados. Os dados enviados pelo organismo são recebidos pelo tronco cerebral. Em seguida, entra em ação sobretudo o mesencéfalo, como podemos notar pela coloração mais escura que ele adquire. O cerebelo – em formato de mochila e localizado na parte posterior – processa os impulsos que vêm do tronco cerebral e transmite as ordens aos músculos – por exemplo, o comando de sorrir quando estamos alegres. O diencéfalo entra em ação para desencadear a excitação emocional. No córtex se ativam especialmente as circunvoluções situadas atrás dos olhos, o chamado lóbulo frontal, que transforma as emoções em planos e ações concretas.

(Fonte: Damasio, 2000.)

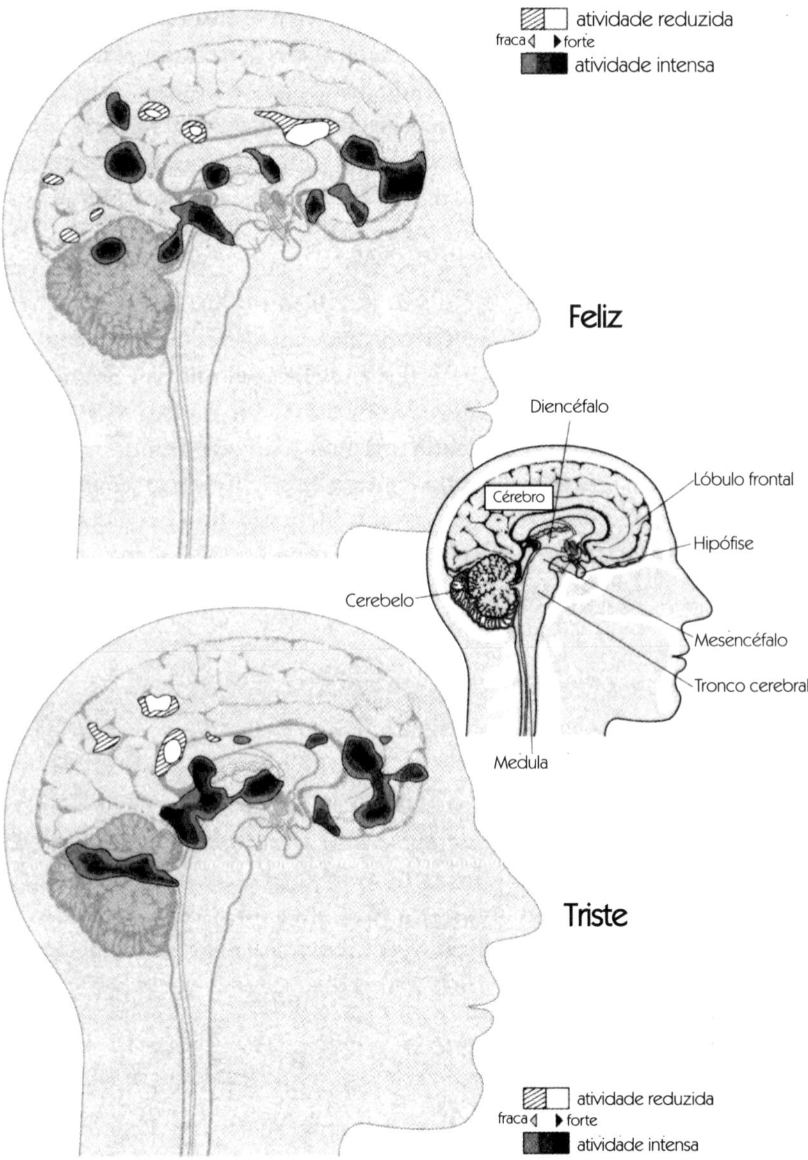
atividade reduzida
fraca forte
atividade intensa
Feliz
Diencéfalo
Cérebro
Lóbulo frontal
Hipófise
Cerebelo
Mesencéfalo
Tronco cerebral
Medula
Triste
atividade reduzida
fraca forte
atividade intensa

Sorrir traz felicidade?

A sabedoria popular diz que basta um sorriso para deixar uma pessoa ranzinza de bom humor. Robert Baden-Powell, o fundador do escotismo, chegava a aconselhar os jovens escoteiros a sorrir quando estivessem com medo ou diante de uma situação desagradável. Assim, o mundo lhes pareceria mais amável.[14]

Será que realmente conseguimos criar sentimentos de felicidade com a ajuda dos músculos faciais? Paul Ekman tentou responder a essa pergunta e conseguiu explicar cientificamente que o sorriso traz felicidade. Se os sentimentos se originam de estados físicos, há lógica em concluir que, exercendo uma influência direta sobre o corpo, podemos mudar muitas disposições de ânimo. Mas infelizmente esse caminho para a alegria não se mostrou tão fácil como propõe a crença popular, pois nem todo sorriso cumpre o seu objetivo. A expressão bem-educada que nos esforçamos em fazer ao pedir um aumento de salário talvez até esconda a insegurança de modo eficiente, mas ela não causa euforia, pois estamos apenas fingindo conscientemente o bom humor. Para termos no rosto o sorriso genuíno de Duchenne, não basta elevarmos os cantos da boca: precisamos sorrir com os olhos, fazendo com que as ruguinhas da alegria apareçam. Somente a combinação desses dois fatores induz a um bem-estar verdadeiro.

Uma vez que esses movimentos faciais escapam ao nosso controle, Ekman ensinou aos participantes do experimento a treinar os músculos orbiculares. Mas ele não lhes disse qual era a finalidade do exercício. Assim, mostrou-lhes que os sinais da alegria não andam em rua de mão única: quanto mais os voluntários conseguiam melhorar o seu domínio sobre os músculos orbiculares, mais sentiam um bom humor que nem eles conseguiam explicar. O pesquisador não se deu por satisfeito e também registrou os fluxos cerebrais dos participantes enquanto eles davam o sorriso genuíno.[15] E, de fato, esses fluxos se revelaram idênticos aos que Ekman previamente registrara ao induzi-los ao bom humor de forma natural, contando-lhes umas boas piadas. Sorrir traz felicidade – mas só o sorriso verdadeiro consegue fazer isso. O cérebro não se deixa enganar facilmente.

Capítulo 2 | Os sentimentos positivos como bússola

Por que temos sentimentos? As emoções controlam o organismo, mas elas poderiam se manter em segundo plano como acontece com os reflexos. Quando o médico bate na nossa rótula com o martelinho, a perna pula sem que sintamos muita coisa. Diversas máquinas também regulam seus complicados processos internos, no entanto nunca se viu um robô soldador dar pulos de alegria ou ficar banhado em lágrimas.

Existem até pessoas que não sentem nada. Uma delas foi paciente do neurologista Antonio Damasio. Elliot, nome pelo qual ficou conhecido,[1] era um advogado bem-sucedido, bom marido e pai, até que um tumor de grandes proporções destruiu a parte frontal de seu cérebro acima da fossa nasal. O tumor, um meningeoma, foi retirado, mas Elliot nunca mais voltou a ser o mesmo.

De manhã, era preciso forçá-lo a sair da cama como se faz com uma criança que resiste a ir à escola. No trabalho, ele não conseguia mais administrar o tempo. Perdia-se em detalhes insignificantes. Em vez de classificar rapidamente os papéis que estavam sobre a sua mesa, ficava horas pensando sobre quais parâmetros seriam mais adequados para organizá-los. Elliot não sabia mais decidir. Já não possuía a capacidade de distinguir entre o que é essencial e o que é acessório.

Começou a sua decadência. Foi demitido. Lançou-se em novos interesses profissionais e aventuras comerciais com sócios cada vez menos confiáveis. Embora tivesse grande experiência nos negócios, acabou perdendo todos os bens e faliu. Seu casamento foi por água abaixo e um segundo relacionamento fracassou em pouco tempo. Por fim, Elliot, que tinha então menos de quarenta anos, teve que aceitar a invalidez permanente e passou a viver sob a tutela dos irmãos.

Apesar de tudo isso, Damasio descobriu que a grande inteligência de Elliot sobreviveu aos danos no cérebro. Seus reflexos também funcionavam normalmente – quando alguém o assustava, por exemplo, ele mostrava as reações normais de medo e defesa. Os médicos não encontraram nenhum outro sintoma de transtorno. Elliot era sociável, atencioso, às vezes até mesmo criativo, mas sempre frio. Nunca perdia a calma e jamais demonstrava qualquer manifestação emocional. Ele próprio contava a tragédia de sua vida de maneira tão distanciada que parecia que a havia lido em algum lugar. Assim, após a aplicação de vários testes, Damasio constatou que o seu paciente era um homem sem sentimentos. Às vezes, suas emoções inconscientes ainda vinham à tona, porém Elliot havia perdido o contato com sua própria emotividade.

Quando os assistentes de Damasio mostraram a Elliot imagens de pessoas fugindo de incêndios e de uma grande inundação, ele comentou friamente que *sabia* que se tratava de cenas realmente lamentáveis, mas que não conseguia sentir nada. O mesmo acontecia quando via fotos de seus irmãos ou escutava as músicas que eram suas preferidas antes da doença: expressava-se com a mesma indiferença de um computador.

Os computadores servem para fazer sempre a mesma coisa, mas não conseguem se adaptar a situações novas. Era exatamente o que ocorria com Elliot. Embora sua inteligência continuasse a supri-lo de todos os dados necessários para tomar uma decisão – por exemplo, sobre a maneira de ordenar os processos sobre a mesa –, ele não era mais capaz de decidir, pois não conseguia atribuir valor às informações. A lógica aponta várias possibilidades e descarta as variáveis absurdas. Mas a razão não tem serventia quando se trata de escolher entre duas variáveis que objetivamente apresentam uma utilidade idêntica. Se não existir uma preferência, a mente continuará analisando todas as conseqüências possíveis da decisão até o fim. Obviamente esse processo é bastante longo (o que acabou custando o emprego a Elliot), além de não ser útil, uma vez que não podemos prever muita coisa na vida. Por isso, o raciocínio precisa da ajuda de outras faculdades mentais.

Os sentimentos nos tornam mais flexíveis

São os sentimentos que podem oferecer essa ajuda. Quando a cabeça forma longas seqüências de prós e contras, o coração há muito tempo já decidiu se gostamos ou não de algo, sem razões aparentes. Julgamentos feitos com base no sentimento não se alimentam de conclusões lógicas, e sim de duas fontes que nascem no passado. Em primeiro lugar, a programação genética determina nossa intuição. Não apreciamos alimentos amargos. É assim que o corpo nos defende da ingestão de venenos. Geralmente temos uma prevenção instintiva contra aquilo que põe a nossa vida em perigo.

Por outro lado, os sentimentos baseiam-se em experiências pessoais prévias. Elas são armazenadas nos sistemas emocionais do cérebro de forma mais densa e permanente do que as impressões gravadas na consciência. Assim como uma imagem diz mais do que mil palavras, uma emoção diz mais do que mil pensamentos. Quem vê um cigarro aceso se aproximando de sua mão não precisa pensar muito sobre as conseqüências possíveis de um toque. Gato escaldado tem medo de água fria.

É bom escutar os sentimentos. Mas nem sempre é aconselhável segui-los cegamente. Responder de forma emocional a uma repreensão do chefe já foi motivo para acabar com muitas carreiras promissoras. Além disso, nem toda pessoa que nos agrada com palavras bonitas merece a nossa confiança. As emoções surgiram no curso da evolução para que os seres vivos pudessem resolver com rapidez questões relativamente simples. Servem como ferramenta para decidir se devemos fugir de uma cobra ou revidar um ataque. Como vimos, são as emoções que oferecem aos seres humanos e outras criaturas uma resposta que muitas vezes pode salvar vidas.

Mas os problemas que precisamos resolver no cotidiano são, em sua maioria, ainda mais complexos. Uma resposta rápida baseada apenas em emoções pode piorar as dificuldades que existem na convivência humana. Um acesso de raiva incontrolável é capaz de afastar um adversário, porém também pode destruir uma relação. Enquanto os animais têm que obedecer ao que dizem suas emoções, nós somos capazes de decidir contra os nossos sentimentos. Dessa forma, aumentamos as possibilidades de reagir de modo mais adequado.

Contudo, essa liberdade de seguir ou não as emoções só fica ao nosso alcance quando estamos conscientes dos nossos impulsos: os sentimentos racionalmente percebidos nos tornam mais flexíveis. Quando notamos que a raiva nos invade, temos a opção de reprimir o tremor da voz e falar conscientemente mais baixo, o que costuma ser mais eficiente do que gritar e perder a cabeça. Ao sentirmos o medo chegar, apesar da tremedeira nos joelhos, podemos reagir e fazer exatamente aquilo que tememos, se o que nos importa é viver uma nova experiência. Um cachorro jamais pularia de pára-quedas porque seu medo é inconsciente. Ele é condenado a obedecer ao seu temor instintivo.

Uma vida sem tristezas não significa uma vida feliz

Na vida real, o Sr. Spock, o personagem desprovido de sentimentos em um épico da ficção científica, *Star Trek*, seria um caso para assistentes sociais. Digo isso porque mesmo quando tomamos uma decisão contrária ao chamamento de nossas emoções, a capacidade de sentir deve continuar inalterada para que possamos prever as conseqüências dos nossos atos. Os sentimentos são imprescindíveis para o êxito, e isso é verdadeiro até para as situações que poderiam ser resolvidas somente com o uso da razão.

Esse fato surpreendente foi demonstrado pelo paciente Elliot quando os pesquisadores o submeteram ao Teste de Cartas de Iowa.[2] Ele precisava decidir se escolheria cartas do baralho que com freqüência lhe dariam ganhos de cinqüenta dólares e raramente perdas de cem dólares ou se preferiria o outro maço, que proporcionava ganhos de cem dólares e perdas de até mil dólares.

Depois de poucas rodadas, as pessoas sadias passam a escolher somente as cartas do primeiro baralho. Mas Elliot, desprovido de sentimentos, continuou tentando a sorte com o maço mais perigoso. Quando faliu depois de algumas jogadas, tentou obter um empréstimo com a pessoa que conduzia o experimento.

Surpreendentemente, Elliot, com sua grande inteligência, compreendeu rapidamente o mecanismo do jogo, mas não conseguiu usar esse conhecimento em seu próprio benefício. No entanto, nesse tipo de jogo as regras são conhecidas, diferentemente do ato de ordenar uma documentação jurídica, em que há várias possibilidades diferentes de igual valor. Entendido o jogo, o saldo em dinheiro pode ser estatisticamente previsto realizando-se uma conta muito simples. Depois de poucas rodadas, até mesmo um computador programado para maximizar o lucro escolheria o baralho que proporcionava pequenos ganhos. Elliot, no entanto, optou por arruinar-se, e esses resultados mostraram com clareza o motivo de seu fracasso na vida real.

Ele queria ganhar de qualquer maneira, segundo suas próprias palavras. E esse desejo foi fatal. Começou a tentar cada chance possível para obter um grande lucro. Em situações como essa, o cérebro não atribui valores com base em uma avaliação racional, e sim emocional. Para isso entram em ação os lóbulos frontais, que, no caso dele, haviam sido destruídos pelo tumor. É nessas áreas que a mente antecipa os resultados das diversas probabilidades e, para decidir, analisa como nos sentiríamos em uma ou outra situação.

Mas, no caso de Elliot, essa faculdade mental não existia mais. Ele nem chegou a desenvolver o que seria uma normal aversão instintiva às cartas de alto risco, mesmo depois de perder quantias elevadas. Embora soubesse que o fato de voltar a utilizar o mesmo baralho podia significar grandes prejuízos, não via razão para seguir essa intuição e tomar uma decisão a respeito, pois não sentia medo nem raiva. Seu fracasso mostra que, sozinha, a razão não tem condições de guiar a nossa vida por rumos sensatos.

Predileção pela tragédia

A felicidade e a infelicidade, portanto, são mestres que a natureza usa para nos educar. Sentimos seus ensinamentos mais claramente em aspectos elementares da vida. Tudo de que precisamos para manter a nossa existência nos causa alegria: comer, beber, fazer sexo, formar amizades. E o prazer é tanto maior quanto maior tenha sido a carência anteriormente. Não há nada melhor do que o primeiro gole d'água numa garganta seca. Usando o prazer como isca, a natureza nos seduz a fazer aquilo que nos é mais útil.

Esse comando orientado pelos princípios do prazer e do desprazer tende, sobretudo, a manter o organismo no melhor ritmo de funcionamento possível. Por isso a dor quase sempre é mais forte do que outras reações. Para que não deixemos de lado esse sinal de que algo está nos prejudicando, ela seguirá nos atormentando até que façamos tudo o que estiver ao nosso alcance para resolver o problema. Infelizmente, às vezes, a dor permanece por mais tempo.

Geralmente os sentimentos negativos são percebidos de modo mais intenso do que os positivos. E as reações desagradáveis são desencadeadas com mais facilidade. É mais simples comover um espectador com um melodrama do que fazê-lo rir com uma comédia. Devemos esse traço desagradável de nossa natureza à biologia: quando se mostram imagens alegres e tristes às pessoas que se submetem a experimentos neuropsicológicos, elas involuntariamente reagem com mais força às últimas do que às primeiras, como provam os registros dos fluxos cerebrais.[3] O ser humano tem uma predileção pela tragédia.

Essa predisposição se manteve ao longo da evolução. Ao menor farfalhar das folhagens, medo, tristeza e raiva levavam nossos ancestrais a esquecer suas presas e buscar um abrigo. Até os dias de hoje, tememos mais o risco do que perseguimos a felicidade. As más notícias dão mais manchetes em jornais do que os bons acontecimentos. E perdas financeiras doem mais quando comparadas à alegria que sentimos por ganhos do mesmo valor. Se esse mecanismo for perturbado, pode acontecer o que ocorreu com Elliot.

Portanto, estamos mais diretamente conectados às experiências infelizes do que ao desfrute da felicidade. Sentimos mais rapidamente e mais depressa irritação e depressão do que alegria. Essa herança da evolução, ainda que seja imprescindível em situações críticas, explica muitas tragédias – grandes e pequenas. Nem é preciso pensar em dramas como o de Otelo, cujo acesso de ciúmes ultrapassou de tal maneira o amor que sentia por Desdêmona, sua mulher, que ele acabou por assassiná-la. Pense, por exemplo, numa pequena contrariedade em suas férias: o sol brilha no céu, uma leve brisa refresca a sua pele, a temperatura do mar está ótima e a comida excelente. Você está se entendendo às mil maravilhas com seu par. Mas em meio a esse idílio, em frente ao seu quarto no hotel, há uma obra em que um guindaste faz barulho desde a manhã até à noite. É a única nota destoante em toda essa alegria de férias, e mesmo assim você não consegue deixar de notá-la. A raiva ameaça acabar com seu bom humor nesses dias de lazer.

A felicidade não é um presente do acaso

A infelicidade, portanto, chega sozinha, enquanto a felicidade precisa ser conquistada. Se medo, raiva e tristeza são respostas para os perigos do mundo externo, a natureza fez os sentimentos agradáveis como uma forma de nos atrair para situações desejadas. Não são apenas os seres humanos que foram programados dessa maneira. Ratos de laboratório do sexo masculino, por exemplo, sempre voltam a procurar os locais na gaiola onde fizeram sexo pela primeira vez, em uma tentativa de repetir a dose.

Mas o que diferencia os seres humanos dos ratos é a capacidade de prever situações. Diferentemente dos animais, não precisamos ter vivenciado determinada situação para tirarmos conclusões corretas para o futuro. Imaginá-la talvez já seja o bastante. Empresários costumam evitar especulações de alto risco pelo puro medo da depressão causada por uma perda. No amor, fantasiar uma noite com a pessoa desejada é o suficiente para fazer o coração bater mais rápido.

A vivência e a expectativa da felicidade servem assim para controlar o comportamento. Nesse aspecto, a moderna pesquisa do cérebro confirma um princípio da filosofia antiga do qual nos distanciamos um pouco: enquanto muitas pessoas hoje compreendem a felicidade como algo aleatório, que nos é dado ou negado por circunstâncias externas, os pensadores da Grécia antiga a relacionavam a atitudes corretas. "Felicidade é conseqüência de uma atitude", escreveu Aristóteles. Segundo ele, a felicidade não é um presente do acaso ou dos deuses, e sim algo que chega àquele que usa suas possibilidades da melhor forma possível.[4] "Assim como o bom general encontra a melhor missão para suas tropas e como o bom sapateiro transforma o seu couro nos melhores sapatos", uma pessoa sábia deve fazer sempre o melhor possível de acordo com as suas possibilidades e as oportunidades que a vida lhe oferece. Eles acreditavam que nessa postura ativa diante da vida estaria o segredo da felicidade e da plenitude.

Os filósofos antigos tiraram duas conclusões dessa premissa. Primeiro, se a felicidade consiste na plena realização das possibilidades humanas, então devem existir regras de aplicação geral para alcançá-la, uma vez que os seres humanos são parecidos. Segundo, podemos aprender a ser felizes se obedecermos a essas normas. Não somos fantoches dos nossos humores nem do ambiente em que estamos.

Como nós entendemos a felicidade apenas como um estado agradável, não é muito fácil seguir esse raciocínio. Olhamos com inveja para as pessoas aparentemente sortudas que, sem nenhum merecimento, vivem momentos preciosos de euforia com muito mais freqüência do que nós. Quando pensamos assim, esquecemos o fato de que, por mais diferentes que esses indivíduos possam ser, eles são parecidos conosco no plano biológico e nas predisposições mentais. Isso ocorre porque tendemos a compreender a felicidade não como um processo, e sim como um mero prazer sem história e sem custos precedentes. Esse é um conceito que está totalmente fora da realidade.

A verdade é que, de acordo com todos os conhecimentos que temos hoje sobre o funcionamento da mente, as emoções positivas nunca surgem ao acaso. Aquilo que os pensadores antigos chamavam de "virtude" e de "realização plena das possibilidades humanas", a ciência moderna prefere classificar como "estado ideal do organismo" a ser atingido. O pensamento central da antiga filosofia acerca da felicidade, no entanto, continua valendo à luz da neurobiologia atual: os sentimentos positivos não são obra do destino. Podemos e devemos nos esforçar para alcançá-los.

Capítulo 3 | O sistema da felicidade

Quantas vezes não achamos que a felicidade se instalará instantaneamente assim que terminar a contrariedade que nos angustia em determinado momento? Quando aquele projeto que nos obriga a fazer serões no escritório finalmente chegar ao fim, quando aparecer a pessoa ideal que vai nos livrar de tantas e tão longas horas de solidão...

Por trás dessas expectativas está a hipótese de que uma vida sem sofrimentos converte-se automaticamente em felicidade. Por esse raciocínio, é feliz quem nunca sofreu. Parece lógico que felicidade e infelicidade excluam uma a outra, tal como crianças em uma gangorra, em que só uma delas pode estar no alto de cada vez.

Mas isso é um engano. Como sabemos hoje, sentimentos positivos e negativos são produzidos no cérebro por meio de sistemas diferentes. Para nos sentirmos bem, não basta estarmos livres do sofrimento. Trata-se de uma descoberta importante, pois ela dá origem a uma série de orientações para que possamos viver com mais felicidade. Antes, vamos fazer um pequeno exercício de lógica.

Felicidade não é o contrário de infelicidade

Imagine que você é um alpinista que se perdeu nas montanhas. Depois de algumas horas, encontrou o caminho de volta, mas já é tarde. Você sabe que não alcançará o vale antes do anoitecer. Uma ventania traz nuvens, e os primeiros pingos começam a cair. Nenhum abrigo à vista. O vento joga a chuva diretamente no seu rosto, a roupa gruda no seu corpo. Você está com frio, sente-se péssimo e está irritado com a sua própria desatenção que o fez perder tanto tempo. Resta-lhe continuar caminhando, apesar do frio, da chuva e da escuridão.

De repente, você avista uma pequena caverna e entra nela. Agora, está protegido do vento, o chão está seco. Você tira a garrafa térmica da mochila e toma um gole de chá, sente o calor se espalhando por todo o corpo. Relaxa e fica aliviado, sentindo bem-estar. Mas logo em seguida se lembra de quanto chão ainda há a percorrer. E a roupa molhada continua grudada no seu corpo. Mas você não acabou de sentir algo parecido com felicidade? Ou será que era felicidade e infelicidade ao mesmo tempo?

De fato, nesses momentos um caleidoscópio de sensações passa pela nossa cabeça – algumas agradáveis, outras desagradáveis, todas acontecendo simultaneamente. Sentimentos tristes não excluem sentimentos alegres.

É freqüente percebermos sentimentos tão ambíguos, mas muitas vezes não temos consciência das suas sutilezas. Quando, depois de um excelente desempenho no trabalho, recebemos um aumento de metade do valor que esperávamos, ficamos irritados por considerar que o nosso esforço não foi plenamente reconhecido. Ao mesmo tempo, sentimos satisfação pelo dinheirinho a mais. Assim a reação positiva da alegria se funde com a raiva, um sentimento negativo. Sentimos medo misturado com prazer ao assistir a um filme de terror, e não raro sentimos amor misturado com ódio. Qual o jovem pai ou a jovem mãe que jamais desejou mandar para o inferno os filhos idolatrados?

À primeira vista isso é paradoxal. Parece evidente que uma pessoa não pode estar feliz quando se considera infeliz. Mas o que ela quer dizer com "felicidade" e "infelicidade"? Quase sempre é possível definir melhor esses sentimentos. Quando reconhecemos o sentimento positivo como alegria e o negativo como raiva, essa contradição se resolve. Conseguimos entender muito bem que ambos podem se apresentar ao mesmo tempo.

Para compreender melhor a essência de tais ambivalências, é preciso pensar na percepção dos sentidos. Ao degustarmos ou cheirarmos algo, estamos habituados ao fato de que determinadas percepções só se excluem mutuamente na aparência. Muitas vezes é exatamente o aparente contraste que dá o toque especial a um alimento: chocolate amargo e comida oriental agridoce são bons exemplos. A multiplicidade de nuanças do paladar é infinita, disse Brillat-Savarin, o mestre da arte culinária francesa. Como seria pobre a culinária se tivesse que se limitar às cinco variedades básicas do paladar – doce, azedo, amargo, ácido e salgado – em sua forma pura! Da mesma maneira, quando se trata de sentimentos mais complexos, a arte de viver consiste em saber reconhecer a felicidade no infortúnio e a infelicidade na alegria.

Os circuitos do prazer e da dor

Prazer e dor não se excluem mutuamente. Não há no nosso organismo um centro gerador de sentimentos desagradáveis que uma vez trabalha mais, outra vez trabalha menos e que pára de funcionar totalmente nos momentos de felicidade máxima. Existem sistemas diferentes no cérebro para as reações boas e para as ruins. Em algumas situações, eles podem funcionar simultaneamente ou atuar um contra o outro.

A linguagem dos mediadores neuroquímicos emprega sinais diferentes para a expressão do prazer e do desprazer. Em situações de desejo, satisfação e atração sexual, os neurotransmissores dopamina, oxitocina e betaendorfina assumem um papel importante. O medo, o estresse e a depressão, no entanto, são comandados pela acetilcolina e por hormônios do estresse, como o cortisol.

É possível constatar que o prazer é gerado em nossa mente de uma maneira e o desprazer de outra. As imagens registradas pelo neurologista Antonio Damasio nos cérebros de pessoas felizes e tristes mostram que existem centros próprios para os sentimentos positivos e para aqueles menos agradáveis. Alguns desses centros estão sempre ativos, ainda que trabalhem com maior ou menor intensidade. Isso não surpreende, pois, além de experimentar alegria, tristeza, medo ou raiva, o cérebro encarrega-se de controlar as funções vegetativas.

Mas essas regiões entram em ação de forma bem diversa, dependendo do sentimento. Se felicidade e infelicidade fossem opostos, todas as áreas do cérebro que se iluminam nos momentos alegres deveriam ficar escuras durante os estados de depressão, e vice-versa. Mas não é o que ocorre. As imagens de cérebros felizes e infelizes não mostram padrões opostos, como uma foto e seu negativo. Na ilustração da página 63, as áreas claras correspondem às regiões de maior atividade; e as escuras, às de baixa atividade. Nas situações de alegria, por exemplo, somente a metade esquerda do cerebelo é ativada, mas nas ocasiões de raiva, tristeza e medo, os dois lados funcionam com igual intensidade. No entanto, no *gyrus cinguli* (giro cingulado), a estrutura em forma de arco na parte inferior do encéfalo, o lado direito aparece ativo em momentos felizes, enquanto a parte esquerda e posterior fica escura; nos momentos de tristeza, ambos os lados se iluminam na frente e escurecem na parte de trás.

Sempre que vivenciamos um sentimento, várias partes do cérebro entram em ação, como mostram as imagens do interior do crânio. Portanto, não existe um centro exclusivo para o prazer e outro para o desprazer – a atividade cerebral não é tão simples assim. O surgimento das emoções no cérebro pode ser comparado ao posicionamento de um time de futebol no campo: todos os jogadores têm sua função específica, mas nenhum deles consegue decidir a partida sozinho, assim como nenhuma área cerebral é capaz de desencadear individualmente uma emoção. Da mesma forma como cada emoção implica conexões distintas entre as regiões cerebrais, os jogadores também ocupam posições diferentes de acordo com as situações que vão surgindo durante a partida. Basta comparar uma cobrança de córner a um contra-ataque. As jogadas em direção ao gol dependem mais dos atacantes do que da defesa, e mesmo assim os atacantes precisam receber passes dos zagueiros. No fim das contas, para entendermos a estratégia do jogo, é necessário observarmos o conjunto, e não os movimentos individuais dos jogadores.

Infelicidade à direita, felicidade à esquerda

Muitas vezes ouvimos dizer que existe uma espécie de divisão entre o trabalho das duas metades do córtex cerebral. Isso acontece, mas não da forma simplista como é explicado pela mídia. Se examinarmos bem as atividades de ambas, veremos que não há um hemisfério responsável pelos sentimentos e outro encarregado do raciocínio – na verdade, os dois lados atuam no processo das emoções. Mas quando se trata de emoções negativas, o lado direito fica mais ativo, enquanto nos momentos de felicidade a atividade é mais intensa no lóbulo frontal esquerdo. Essa diferença se torna mais visível quando observamos imagens de felicidade e de medo. É como se tivéssemos uma parte do cérebro para a felicidade e outra para a infelicidade.[1]

Em alguns casos, certas lesões que só afetam um dos hemisférios cerebrais desestruturam o sistema emocional. As embolias, por exemplo, às vezes produzem efeitos imprevisíveis. Quando o acidente vascular cerebral ocorre na região anterior do lado esquerdo, os pacientes costumam cair em uma depressão profunda, indício de que os centros suscetíveis aos sentimentos positivos foram afetados. Um coágulo na parte anterior direita pode provocar o contrário: há quem fique em uma espécie de tranqüilidade permanente. Esse efeito não seria tão grave se não acarretasse ao mesmo tempo a perda do sentido da realidade, mas a pessoa simplesmente descarta tudo aquilo que não combina com a sua visão da vida, como se estivesse em um mundo cor-de-rosa.

Existem casos em que os doentes chegam ao extremo de negar até a própria deficiência. O neurologista Ramachandran descreveu uma dessas ocorrências.[2] Depois de sofrer uma embolia que afetou a parte anterior direita de seu cérebro, uma paciente, a quem ele deu o nome fictício de senhora Dodds, ficou com todo o lado esquerdo do corpo paralisado (as vias entre os lados do cérebro e os lados do corpo são cruzadas). Mas ela se recusou a admitir essa hemiplegia, ou melhor, nem a percebia. Quando Ramachandran lhe perguntou se sabia bater palmas, ela respondeu: "Claro." E deu um tapa no ar apenas com a mão direita, convencida de que estava batendo palmas. Aparentemente, em seu cérebro havia um mal funcionamento da região responsável por contrabalançar as apreciações excessivamente otimistas do hemisfério esquerdo e permitir que ela visse a realidade.

Uma revelação do laboratório de Antonio Damasio mostra com que precisão algumas partes do cérebro respondem somente ao que é agradável ou ao que é desagradável. Os pesquisadores da equipe desse neurologista descobriram até neurônios especiais, presentes apenas na parte frontal do hemisfério direito, que só reagem quando a pessoa enfrenta uma desgraça. Essas células "especializadas" reagem com grande rapidez, antecipando-se à percepção consciente do infortúnio. Em poucos centésimos de segundo decidem se determinada situação promete choro ou riso.[3]

Quando pessoas tímidas sentem medo antes de fazerem uma apresentação para uma platéia, a região frontal direita do seu cérebro entra em uma atividade frenética.[4] Em um experimento em que os pesquisadores umedeceram a língua de bebês com suco de limão, observou-se a intensificação das correntes cerebrais procedentes dessa região; por outro lado, as bebidas doces estimulavam sobretudo a metade esquerda do seu cérebro.[5] Portanto, provavelmente se trata de uma predisposição inata: o hemisfério esquerdo contribui mais para o surgimento dos sentimentos positivos, enquanto o direito estimula a ocorrência de sentimentos negativos. Isso acontece entre destros. Como o número de canhotos é menor, não se realizaram pesquisas desse tipo com eles. Por isso, desconhece-se como a predominância do hemisfério cerebral direito (e, com isso, da mão esquerda) influi no processamento dos sentimentos. Mas existem indícios de que há mais distúrbios emocionais entre os canhotos do que no resto da população.

O fato de percepções agradáveis e desagradáveis encontrarem-se divididas entre os dois hemisférios está relacionado com o processamento de dados na região frontal. Essa parte do cérebro serve como centro de comando para o comportamento, sobre o qual, como vimos, as emoções exercem grande influência. Os sentimentos positivos nos indicam o que devemos fazer, enquanto os sentimentos negativos nos advertem sobre o que precisamos evitar. Em suas decisões, o cérebro orienta-se, em primeiro lugar, pelas tendências inatas – por exemplo, a aversão a alimentos muito ácidos; em segundo lugar, pela experiência acumulada.

Por isso, os dois hemisférios cerebrais, cada qual com uma parte da memória utilizada nesse trabalho, estão constantemente ocupados em selecionar tudo o que acontece segundo o grau de sua utilidade para o organismo.[6] Assim surge uma espécie de banco de dados de nossas preferências e aversões. Organizar todas essas informações e trazê-las à memória é uma tarefa gigantesca. É por esse motivo que a região frontal do cérebro facilita o trabalho, dividindo-o: o lado direito responsabiliza-se principalmente pelas coisas ruins do mundo, enquanto o lado esquerdo encarrega-se do que é mais agradável na vida.

As suas próximas férias, portanto, ocuparão preferencialmente as células cinzentas do lado esquerdo do cérebro, ao passo que a multa que você acabou de receber dará trabalho aos neurônios presentes na metade direita desse órgão. A manifestação do sorriso genuíno, como demonstrou Paul Ekman, coincide com uma atividade maior da região frontal esquerda.[7]

A competição no interior do cérebro

Felicidade e infelicidade têm seus próprios circuitos e sua química especial. Mas isso não significa que emoções agradáveis e desagradáveis sejam independentes umas das outras. Podemos dar gritos de alegria ao mesmo tempo que estamos profundamente aflitos, no entanto o mais comum é tendermos a uma coisa ou outra. Isso acontece porque os sistemas cerebrais para percepções positivas e negativas são interligados, de modo que um sentimento positivo é até capaz de substituir, pelo menos momentaneamente, um estado ruim de ânimo, e vice-versa. Às vezes ficamos irritados com uma travessura das crianças, o que chega a estragar um dia que foi prazeroso. Da mesma forma, um pouco de alegria consegue dissipar um grande desânimo. Basta ver os rostos dos habitantes de uma cidade onde costuma chover muito quando o sol aparece pela primeira vez após muitas semanas de mau tempo.

A todo momento se travam no cérebro embates de poder entre reações contraditórias. Esse princípio está contido em todos os neurônios individualmente. Temos cem bilhões dessas minúsculas centrais de comando em nossa cabeça. Cada neurônio está ligado a outras células nervosas, e algumas delas emitem sinais que ativam o neurônio, enquanto outras enviam sinais que o inibem. Assim se estabelece uma competição entre os estímulos. Como um pequeno computador, o neurônio decide entre esses sinais contraditórios e repassa suas determinações para os demais.

Essa rivalidade não se desenvolve somente no plano microscópico dos neurônios. Quase todos os processos cerebrais são controlados por antagonismos similares – o jogo dos contrários. Assim também funcionam os circuitos emocionais: sentimentos positivos podem anular sensações negativas, e vice-versa.

Café com pão contra o estresse

Esse princípio de jogadores contra adversários nos oferece a oportunidade de acionar alavancas em dois lugares quando queremos influenciar o nosso humor. Usando meios diferentes conseguimos atingir o mesmo objetivo. Com razão, Montaigne, o nobre filósofo francês, iniciou seus *Ensaios* sobre a arte de viver seguindo este lema: *par divers moyens on arrive à pareille fin*, “por meios diferentes atingimos o mesmo fim”. É claro que nossas possibilidades de êxito aumentam quando somos capazes de combinar vários meios. E o que nos permite fazer isso é o conhecimento dos circuitos que controlam a mente.

Sofre muito quem enfrenta engarrafamentos diários a caminho do trabalho. É uma situação que envolve uma grande quantidade de aspectos que, por condicionamento biológico, deveriam nos incitar ao medo ou à fuga: a falta de espaço dentro do carro, o barulho dos motores, o temor do atraso e, pior ainda, a sensação de estar preso entre pára-choques. Automaticamente se desencadeia uma reação de estresse em nosso organismo. As conseqüências são raiva, impaciência, uma excitação que não pode ser aliviada e, quando finalmente se chega ao destino, exaustão.

O mais lógico obviamente seria evitar o caos do trânsito pela manhã, mas isso nem sempre é possível. Mas saber como se controlam as emoções nos dá outras possibilidades de preservar o bom humor, apesar do acúmulo de reações de estresse.

Por um lado, podemos suavizar os sentimentos negativos – por exemplo, utilizando o tempo no carro para ouvir CDs de músicas ou de um curso de língua estrangeira, o que contribui para amenizar a sensação de impotência diante da situação. A outra alternativa é tentar despertar sentimentos positivos. Uma forma de fazer isso seria criarmos o hábito de não mergulhar diretamente no trabalho, mas primeiro saborearmos um café com pão. A alegria antecipada por um segundo café da manhã já melhora o nosso humor dentro do carro, pois quando existe a expectativa de um evento agradável o cérebro emite antecipadamente neurotransmissores que nos fazem sentir prazer. E como os círculos de prazer e de estresse estão interligados, a expectativa positiva consegue agir diretamente contra a irritação.[8]

Mais adiante conheceremos outras formas de utilizar as funções neurofisiológicas da mente para obtermos mais bem-estar. Muitas delas, como o exemplo simples do motorista, baseiam-se em dois conceitos: em primeiro lugar, o do grau de liberdade normalmente automático de que dispomos para melhorar nossa percepção de uma situação, mesmo quando não somos capazes de influenciá-la diretamente. Em segundo lugar, podemos usar as vivências positivas para mudar os sentimentos negativos.

Devemos almejar o máximo possível de prazer ou o mínimo possível de sofrimento? Os filósofos da Antiguidade já se faziam essa pergunta.[9] À luz da ciência atual, trata-se de uma questão superada. Podemos ter as duas coisas.

Um botão para desligar as emoções negativas

Prazer e dor são eternos rivais. Os dois hemisférios cerebrais estão o tempo todo brigando pelo nosso estado de ânimo. A metade esquerda favorece os sentimentos positivos, provavelmente por ter uma influência moderadora sobre áreas do cérebro localizadas mais no interior do crânio. Da região frontal, uma conexão nervosa conduz até às amígdalas do rinencéfalo (ou amígdalas do cerebelo). Esses centros, que têm a forma de amêndoa (do grego *amygdala*, "amêndoa"), podem desencadear medo, raiva e nojo. Não se sabe ainda em detalhes de que maneira a região frontal esquerda do encéfalo age contra essas emoções. Na opinião de muitos neurofisiologistas, ela envia impulsos inibidores a esses centros. Segundo esses especialistas, a natureza criou uma espécie de circuito de resposta (feedback). A emoção negativa é o sinal de advertência: uma vez que o encéfalo confirma que a recebeu, ela deixa de ser necessária. Corpo e mente então voltam a se tranqüilizar.

Isso quer dizer que temos uma espécie de botão que desliga os sentimentos negativos. E mais: com um pouco de treino, é possível acioná-lo voluntariamente.[10]

O neurofisiologista Richard Davidson, da Universidade de Madison, no Wisconsin, tentou elucidar essas correlações ao longo de vários anos de pesquisa. Ele e seus assistentes mostraram aos participantes de um experimento diversas fotos que provocam emoções: corpos atraentes de homens e mulheres, mas também cirurgias cardíacas, pessoas pedindo socorro do telhado das casas durante uma inundação e vítimas de acidentes de carro completamente ensangüentadas. O cientista solicitou aos voluntários que, enquanto observavam as imagens, ora intensificassem, ora abrandassem suas emoções.

Para descobrir se eles estavam se saindo bem, Davidson os assustava subitamente com um ruído alto. Os que ainda estavam tensos por causa das fotos, sobressaltavam-se mais, e suas pálpebras tremiam – uma reação involuntária de susto. Enquanto eram filmados, 128 eletrodos em contato com os seus crânios registravam a atividade dos lóbulos frontais.

Quanto mais ativa a parte esquerda de seu cérebro, mais imperturbáveis se mostravam os participantes do experimento. Embora levassem um susto quando o barulho vinha logo após a exposição das fotos, um segundo depois eles já haviam compreendido que se tratava apenas de imagens, ou seja, que não existia razão para sentirem medo. A emoção passava; assim, quando Davidson fazia soar o ruído, nem reagiam mais.

Mas os voluntários que apresentavam o lado anterior direito mais ativo comportavam-se de modo diferente. Suas pálpebras continuavam a tremer vários segundos depois de eles verem uma imagem perturbadora. Eram incapazes de dominar a inquietação. Alguns deles sentiam uma emoção tão forte que chegavam até a chorar por causa das fotos.[11]

O controle das emoções, portanto, costuma variar dentro de uma margem de décimos de segundo. Se nesse tempo mínimo não for possível reconhecer que a situação não justifica um estado de alarme ou de tristeza, as emoções negativas podem passar a desenvolver uma dinâmica própria, como acontece quando se deixa rolar uma bola de neve que depois se transformará em avalanche. Afligida pela intensidade de seus sentimentos, a pessoa tem muito mais dificuldade para se acalmar e voltar a perceber a realidade de um modo claro.

Não adianta explodirmos de raiva

Extravasar a raiva de modo impetuoso é um mecanismo que interfere em muitas situações do cotidiano e nos cria dificuldades. Se, por exemplo, após um telefonema irritante, batemos o fone no gancho ou então empurramos a porta com força depois de ouvirmos algo que nos desagrada, não apenas prejudicamos a nós mesmos – uma vez que os possíveis mal-entendidos não são resolvidos – como também aumentamos desnecessariamente a agitação negativa, de modo que vamos permanecer muito mais tempo irritados.

O experimento de Davidson, no entanto, mostra que é perfeitamente possível controlar as emoções negativas no momento em que elas surgem. O único meio de fazermos isso é nos dispormos a percebê-las conscientemente, porém só por um instante; em seguida, devemos afastá-las e retomar o que estávamos fazendo. Para muitas pessoas, talvez isso pareça um desafio sobre-humano, mas é algo que podemos alcançar pelo treinamento.

É claro que esse tipo de controle dos sentimentos opõe-se a uma crença amplamente disseminada. É forte o conceito de que dar murros na mesa nos faz extravasar a raiva e de que precisamos derramar lágrimas para vencer a tristeza. Essa idéia se revelou simplesmente falsa e, muitas vezes, até contraproducente. Ela se baseia em uma concepção das emoções que tem origem no século XIX e que está tão ultrapassada quanto a teoria de que a Terra é um disco plano. Essa teoria compara o cérebro a uma panela de pressão em que os sentimentos negativos se comprimem como vapor e devem ser liberados por meio de uma válvula para evitar uma "explosão". "Chore tudo o que você puder", costumam aconselhar as amigas.

Claro que faz bem falar das emoções e dividir as experiências com alguém próximo; um sofrimento compartilhado costuma ser meio sofrimento. Mas ter um acesso de emoções negativas não leva a nada. Nenhum psicólogo jamais conseguiu identificar evidências da eficácia dessas supostas válvulas de segurança. Ao contrário: há uns quarenta anos, os primeiros estudos mostraram que ataques de raiva aumentam a ira e que as lágrimas nos afundam ainda mais na depressão.[12] A cabeça não é uma panela de pressão da qual podemos soltar o vapor. O cérebro é um sistema muito mais complexo do que somos capazes de descrever recorrendo a metáforas empregadas pela técnica do século XIX.

O alto-astral

Um dos segredos da felicidade está na possibilidade de controlarmos as emoções negativas. A forma como reagimos a coisas desagradáveis e a nossa disposição de ânimo são estreitamente relacionados. Ao examinar o estado psíquico dos voluntários, Davidson descobriu que a predominância do hemisfério direito ou esquerdo do cérebro reflete-se no dia-a-dia. Pessoas cuja metade direita do cérebro é mais ativa e que não têm muito controle sobre as suas emoções são mais introvertidas, pessimistas e, muitas vezes, também desconfiadas. Enxergam uma grande catástrofe no menor contratempo, são totalmente vulneráveis a depressões e se consideram infelizes.

Por outro lado, indivíduos que têm o hemisfério esquerdo do cérebro mais ativo estão quase sempre de bom humor. São autoconfiantes, otimistas e extrovertidos. A convivência com eles é fácil, pois parece que aprenderam desde o berço a ver o lado bom da vida.

Davidson exibiu cenas alegres e tristes para os voluntários – por exemplo, a de filhotes de macaco se divertindo com um banho e a de uma angustiante cirurgia de alto risco. Dependendo da polaridade de seus hemisférios cerebrais, as pessoas reagiam de forma diversa. Aquelas com maior atividade do lado direito sentiam mais aversão e medo diante das cenas desagradáveis do que as que apresentavam mais atividade do lado esquerdo; estas últimas, por sua vez, riam mais e tinham mais prazer com os vídeos engraçados.[13] Parece, portanto, que existe um temperamento básico do cérebro que determina a que estímulos reagimos com mais ou menos intensidade. Dependendo dessa disposição de ânimo, podemos viver em um mundo cor-de-rosa ou cinzento.

Isso se reflete tanto nas disposições psíquicas quanto na saúde do corpo. Davidson observou que as pessoas em que o hemisfério esquerdo do cérebro é predominante não apenas lidam melhor com situações negativas como também são mais resistentes a doenças. Em seu sangue há um número maior de linfócitos, que destrói bactérias e vírus. Essa influência sobre o sistema imunológico se revelou também quando os cientistas vacinaram os voluntários com doses fracas de vírus da gripe para testar as reações. Quanto maior a predominância da atividade do lado esquerdo do cérebro, melhor os participantes do experimento reagiam à vacina, como mostrou a recontagem de anticorpos depois de algumas semanas.[14]

Essas correlações, porém, ainda não foram amplamente estudadas e compreendidas, mas supõe-se que um controle mais efetivo dos sentimentos deflagre uma espécie de reação em cadeia. Como no caso de pessoas com predominância do lóbulo frontal esquerdo mais ativo, os sentimentos negativos aparecem bem menos e também não duram muito, seu corpo produz menos hormônios do estresse. Já ficou provado que os hormônios desse tipo, como o cortisol, podem enfraquecer o sistema imunológico.

Controlar os sentimentos negativos, portanto, significa aumentar a atividade da metade esquerda do cérebro, supõe Davidson. Quem se esforça para fazer isso vive de forma mais feliz, além de melhorar a própria saúde.

Existe o gene da felicidade?

Segundo os cálculos de Davidson, as predisposições para felicidade, infelicidade e indiferença são mais ou menos iguais na população humana. As pesquisas de opinião confirmam esse resultado. Em um terço dos voluntários, o neurofisiologista constatou a predominância da atividade cerebral à esquerda; em outro terço, a identificou no lado direito. O terço restante não mostrou nenhuma assimetria pronunciada. A repetição dessas medições nas mesmas pessoas alguns meses depois não registrou grandes alterações. Portanto, a prevalência de uma ou de outra metade do cérebro não depende das circunstâncias. É uma característica de cada indivíduo.

Foi demonstrado que a assimetria entre os dois hemisférios do cérebro já está presente nos recém-nascidos. Bebês de dez meses de idade examinados por Davidson apresentavam diferenças de temperamento de acordo com a distribuição de suas correntes cerebrais. Os que tinham o lado direito mais ativo começavam a chorar assim que a mãe os deixava. Aqueles com predominância da atividade cerebral na metade esquerda choravam menos ao ficarem sozinhos. Em outro grupo de bebês com mais semanas de vida, os que apresentavam a parte esquerda do cérebro mais ativa não choravam e tentavam descobrir seu espaço calmamente.[15]

De onde vem essa tendência para emoções positivas ou negativas? Como já se mostram evidentes enquanto ainda somos bebês, os padrões da atividade cerebral parecem ser pelo menos parcialmente inatos. Ser feliz é então uma característica hereditária? Existe um gene da felicidade?

Ninguém foi tão enfático na defesa do caráter hereditário da felicidade quanto David Lykken, professor emérito de Psicologia da Universidade de Minneapolis. "Possivelmente, todos os esforços de se tornar mais feliz são tão condenados ao fracasso quanto as tentativas de se deixar de ser baixinho", escreveu ele.[16] Lykken refere-se à maior pesquisa comparativa já feita, da qual participaram quase 1.500 pares de gêmeos adultos. Setecentos deles eram de gêmeos univitelinos, isto é, possuíam cromossomos idênticos. Sem que os irmãos soubessem de suas respectivas respostas, os gêmeos univitelinos freqüentemente respondiam às perguntas sobre o grau de satisfação com suas vidas de forma parecida. Lykken considerou esse fato um indício de que a felicidade pode ser um condicionamento genético.

O psicólogo foi um passo além. Em seu banco de dados dos gêmeos, todos do estado de Minnesota, estavam 69 pares de gêmeos univitelinos que haviam sido separados pouco depois do nascimento e criados por famílias diferentes. Será que eles também responderiam de forma parecida quando perguntados sobre sua felicidade? Nesse caso, a satisfação dificilmente poderia ser conseqüência da educação e de outras circunstâncias da vida.

Efetivamente, esses pares responderam como os gêmeos univitelinos que haviam sido criados juntos. Como eles possuíam a mesma carga genética, mas tinham crescido em ambientes distintos, Lykken concluiu que os genes devem influenciar "no mínimo, pela metade" a sensação de plenitude e a felicidade.[17] A mídia americana e européia, já fascinada pelas novidades da pesquisa genética, divulgou essa revelação com entusiasmo. Uma reação típica da imprensa foi a caricatura publicada na revista *The New Yorker*, em 1996, logo após as revelações de Lykken. Diante de um falso castelo medieval, em que havia um imenso jardim e um Rolls-Royce, um homem de meia-idade se queixa: "Dá vontade de chorar quando penso em quantos anos eu passei batalhando para ganhar dinheiro. Agora descobri que minha felicidade se deve aos genes!"

Podemos levar isso a sério? Independentemente do fato de o dinheiro trazer ou não felicidade, é evidente que os genes têm influência sobre a nossa índole e, portanto, sobre a propensão para a alegria ou para a tristeza. Está bem documentado, por exemplo, que as origens da depressão são parcialmente herdadas. Pessoas com parentes de primeiro grau que sofrem desse mal têm quatro vezes mais chances de o apresentarem em algum momento da vida. O mesmo vale para outros transtornos psíquicos, como a esquizofrenia. Essas anomalias decorrentes de predisposições hereditárias reduzem drasticamente a capacidade de ser feliz, segundo os critérios aplicados por Lykken. Nesse sentido, os genes seriam decisivos porque influem sobre o surgimento e a evolução de diversas doenças.

Os genes não determinam o destino

Mas fazer analogias entre tais casos mais extremos e o resto da população é algo arriscado, pois os genes não funcionam como uma rotina de computador, que repete sempre as mesmas instruções. A influência de determinado gene sobre o organismo depende em grande parte de suas interações com os estímulos do mundo exterior. Isso se justifica ainda mais pelo fato de que estamos nos referindo ao cérebro e ao sistema nervoso, nos quais, em última análise, se decide sobre felicidade e infelicidade.

O neurobiólogo Michael Meaney, da universidade canadense McGill, demonstrou em um experimento com ratos recém-nascidos como a primeira infância é importante para a maneira como as situações difíceis serão enfrentadas no futuro. Filhotes que haviam sido bastante lambidos e acarinhados pelas mães suportaram muito mais estresse na fase adulta do que aqueles que não tinham recebido muitos desses cuidados. Isso decorreu exclusivamente do tratamento que lhes fora dispensado durante a infância, e não dos genes. Esse fato ficou claro para Meaney quando ele trocou os bebês: as mães mais dedicadas foram encarregadas de cuidar dos filhotes das mães relapsas. Na idade adulta, esses ratos apresentaram uma saúde de ferro. Por outro lado, os filhotes das mães zelosas, que haviam passado aos precários cuidados das mães substitutas, tornaram-se no futuro animais predispostos a doenças, embora possuíssem uma disposição genética supostamente favorável.[18]

Genes, portanto, não equivalem ao destino. Diferentemente do que ocorre com ratos, as pessoas não são marcadas para sempre pela primeira infância. Foi o que o neurofisiologista Richard Davidson observou ao examinar crianças em idade escolar cujas correntes cerebrais ele medira dez anos antes, quando elas ainda eram bebês. Os antigos padrões de sua atividade cerebral haviam mudado. Muitas das crianças que anteriormente tinham apresentado a predominância da atividade cerebral no lóbulo frontal esquerdo a transferiram para o lado direito, e vice-versa. Isso mostra que o temperamento delas fora alterado pelas experiências que viveram no período entre os dois exames.[19]

Mesmo na idade adulta o cérebro ainda pode se modificar. Às vezes, o estímulo para isso vem do mundo exterior – há experiências capazes de mudar a nossa forma de encarar a vida. Mas o cérebro consegue coisas ainda mais fantásticas: ele é capaz de se reprogramar.

Esse treinamento psíquico talvez seja a única explicação plausível para o máximo de atividade do lado esquerdo do cérebro medido por Davidson em duas décadas de pesquisa. Ele obteve esse registro com o exame de um monge tibetano, trazido especialmente da Ásia, que dedicara mais de dez mil horas à meditaçao.

Capítulo 4 | O cérebro pode ser moldado

Você gosta de pimenta? Em caso afirmativo, provavelmente só aprecia algumas pitadinhas. Do ponto de vista do seu corpo, você está certo, porque a pimenta é "a única fruta comestível que devolve a mordida", como definiu o autor indiano Amal Naj.[1] A pimenta contém capsaicina, uma molécula nitrogenada que irrita as mucosas e ataca os receptores nervosos sensíveis ao calor. Por isso, sentimos uma dor que queima. Os antigos chineses costumavam usar esse condimento como arma contra inimigos. Hoje em dia, sprays contendo capsaicina são uma arma eficiente empregada pela polícia em alguns países. Para pessoas mais sensíveis, só o fato de se imaginarem mordendo uma pimenta forte já as faz sentir o ardor se espalhando pela língua e pela garganta.

No entanto, mais de um bilhão de pessoas adoram exatamente essa sensação. Como mexicanos, indianos e tailandeses usam não pitadas mas colheradas inteiras de pimenta na comida, esse é o condimento mais consumido do mundo. A pimenta é a alma da culinária de vários países, e comer sem sentir ardência na língua é algo impensável para muita gente. Esse tempero modifica a sensação gustativa, por isso os sabores de carnes e vegetais são sentidos de uma maneira diferente, isto é, melhor, na opinião dos apreciadores de pimenta.

"Tem gosto de papel", me disse certa vez um indiano depois de provar um prato de legumes condimentado de forma picante para um europeu, mas que, para ele, era absolutamente insípido. As pessoas desses países têm outros genes? Ou será que assassinaram seus receptores do paladar com doses maciças de pimenta e curry? Nem uma coisa nem outra. A capsaicina irrita suas mucosas exatamente como faz com as nossas. Os indianos suavizam o ardor acompanhando o prato com colheradas de iogurte fresco. Mas de fato há uma diferença que torna a ardência suportável. Não fica na boca e sim no cérebro. Quem gosta de pimenta aprendeu a apreciar a dor que assusta os outros – ela aprendeu a reprogramar as predileções enraizadas em seu cérebro.

Geralmente, as pessoas se acostumam ao sabor picante ainda na infância, na tenra idade de quatro a sete anos, ou mesmo antes. Na Índia, por exemplo, vi estupefato uma mãe enfiando um pedaço de cebola na boca de seu bebê para acalmá-lo. A criança, que antes chorava por causa do dente que nascia, logo se aquietou. Mas a adaptação a sabores diferentes ainda funciona na idade adulta. Até americanos que passaram a vida inteira ingerindo apenas a alimentação não muito picante dos Estados Unidos podem começar a apreciar pimenta. Isso foi provado cientificamente por pesquisadores da Universidade da Pensilvânia. Dependeu apenas de aumentar lentamente as quantidades de pimenta na comida e, principalmente, dos elogios antecipados do diretor do experimento ao sabor do prato que os voluntários iam provar. Inicialmente, eles só continuavam a comer porque não queriam passar vergonha diante de uma pessoa que lhes fora apresentada como uma autoridade culinária; no entanto, quanto mais se acostumavam ao gosto picante, mais apreciavam a comida.[2]

O fato de pessoas comerem pimenta voluntariamente é surpreendente, pois poucas coisas estão tão gravadas nos nossos cérebros quanto o prazer com determinados sabores e a aversão a outros. Adoramos o gosto doce, porém fazemos cara feia com comida excessivamente amarga. Compartilhamos essas predileções com ratos, gatos e macacos, pois elas são uma herança do processo evolucionário. Mas nenhum animal jamais tocará em qualquer alimento que irrite as mucosas. No México, os ratos preferem morrer de fome a comer restos de comida picante das lixeiras. Todos os experimentos em laboratório em que cientistas tentaram ensinar aos animais a não ter mais aversão a esse tipo de alimento acabaram fracassando.[3]

Os sentimentos humanos, no entanto, são muito mais flexíveis. Podemos aprender a ter prazer com coisas que por natureza nos são indiferentes ou que achamos detestáveis.

Em busca de novos sentimentos

Para que essa mudança de sentimentos ocorra, é necessário reprogramar a mente. Os circuitos cerebrais podem se modificar. Até recentemente, os cientistas não acreditavam que isso fosse possível. Eles entendiam o labirinto das células cinzentas e suas infinitas conexões como uma estrutura bastante complexa que se estabelecia em algum momento antes do nascimento ou pouco depois dele e quase não se alterava ao longo da vida. Mas essa idéia era falsa. Há poucos anos ficamos sabendo que, na verdade, o cérebro humano tem uma capacidade de transformação muito maior do que qualquer outro sistema criado pela natureza.

O ato de saborear pimenta pressupõe um aprendizado doloroso. Existem caminhos mais amenos para conquistar um pedacinho de felicidade – por exemplo, quando descobrimos cada vez mais nuanças no buquê de um vinho, quando começamos a conhecer melhor outra pessoa e iniciamos uma amizade ou quando nos habituamos a admirar diariamente a luz do amanhecer por alguns minutos antes de mergulharmos nos afazeres cotidianos.

Em cada uma dessas situações, aprendemos uma nova forma de vivenciar ou fazer alguma coisa. E mesmo que o início de uma amizade seja algo bem diferente de saborear um grande Bordeaux, os processos básicos no cérebro são os mesmos: uma de nossas faculdades mentais passou a funcionar de maneira diversa. Novas conexões se formaram na rede de neurônios.

As emoções são a resposta do organismo a um estímulo externo. Um ruído inesperado nos causa susto. Sentimos alegria quando encontramos uma pessoa querida. Portanto, existem dois caminhos se quisermos mudar a nossa vida emocional: podemos modificar os estímulos aos quais nos expomos ou então a maneira de percebê-los, ou seja, o modo como o cérebro reage a eles. Quem não quer sofrer com a dor da pimenta na boca pode passar a evitar esse condimento ou então aprender a sentir prazer com o ardor na língua.

O mundo criado pela mente

A arte de viver consiste em sugar o néctar de todas as flores, disse o poeta alemão Heinrich von Kleist.[4] Mas isso é apenas uma meia verdade, pois também deveríamos conseguir encontrar o máximo de prazer em todos os tipos de néctar.

O mundo, tal como o conhecemos, é criado nas nossas mentes. O cérebro processa as informações elementares transmitidas pelos órgãos sensoriais em um grande número de pequenos passos. Isso acontece nos processos mais simples da percepção. Ao assistirmos a um filme, esse órgão gera automaticamente a sensação de que os atores se movem, ainda que estejamos apenas vendo quadros sucessivos na tela. Quando comemos uma maçã, sentimos seu delicado sabor na língua, embora o olfato participe da formação desse gosto tanto quanto o paladar. Com um bom treino, podemos alterar pelo menos em parte as numerosas fases do processo de elaboração de dados que se dá entre o estímulo e a nossa reação. Por exemplo, somos capazes de refinar o olfato e o paladar ao ponto de diferenciarmos a safra de um vinho somente por meio do seu buquê. Mas também podemos aprender a cultivar o sangue-frio e não aceitar as provocações de um colega implicante. Tudo isso é fruto da capacidade de modificação do cérebro humano.

Somente na comparação com outros seres vivos é que descobrimos como o homem é extraordinário nesse aspecto. O neurologista alemão Gerhard Roth, de Bremen, optou por demonstrar com números como a percepção e as respostas do cérebro se aperfeiçoaram no curso da evolução. Por exemplo, os platelmintos, vermes que têm um dos sistemas nervosos mais simples da natureza, respondem com apenas um impulso a cada estímulo externo. Por isso seu comportamento é totalmente determinado pelo mundo exterior, assim como uma marionete sempre levanta o braço quando se puxa o fio correspondente. Já as salamandras, estudadas a fundo por Roth, reagem com alguns milhares de impulsos cerebrais a cada estímulo externo. Note-se que o cérebro da espécie de salamandra pesquisada por ele tem o tamanho da cabeça de um alfinete. Ou seja, esses animais já não são comandados unicamente pelo meio externo, mas obedecem também aos comandos de uma certa "vida interior", por mais simples que ela seja. Dessa forma, Roth nem sempre pôde prever como as salamandras responderiam a um estímulo. Às vezes, os animais tentavam pegar um inseto, apesar de terem acabado de comer. Em outras situações, recusavam um alimento mesmo depois de terem passado vários dias em jejum. No nosso caso, que temos um sistema nervoso muito mais complexo, para cada estímulo externo há vários milhões de impulsos, estima Roth. Nosso cérebro é um órgão que se ocupa basicamente de si próprio. Em grande parte, as emoções são "feitas em casa".[5]

A maioria dos métodos mais eficientes da psicoterapia está baseada nesse conceito. A terapia comportamental, por exemplo, está centrada em ensinar aos pacientes a responder a certas situações com emoções diferentes. Os que possuem uma timidez doentia conseguem aprender a não ter mais medo de ir a uma festa. Quem tem fobia de aranha pode vir a ser capaz de assistir impassível ao passeio de uma tarântula em seu braço. O objetivo da psicoterapia geralmente é ensinar ao paciente a dominar as emoções negativas que impõem sérias limitações à sua vida. Assim, muitas pessoas conseguem sair do vale de seus sofrimentos psíquicos. Métodos semelhantes são utilizados para fortalecer os sentimentos positivos, ajudando-nos a atravessar esse vale com mais facilidade.

Faça o teste: o seu mau humor matinal melhorou porque você passou a extrair mais e mais prazer das cores do amanhecer ou você percebe as cores no céu de forma mais intensa exatamente porque está mais bem-humorado? As duas coisas estão certas. No cérebro – e, por isso, na nossa vivência – causa e efeito raramente estão separados. Em geral não vale a pena perguntar quem veio primeiro, o ovo ou a galinha. Como vimos, a maior parte dos circuitos cerebrais está tão interligada que quase todos os eventos retornam a eles mesmos, isto é, formam o que os especialistas chamam de alça de retroalimentação (feedback). Quando utilizamos esses mecanismos de forma correta, criamos um círculo eficaz que modifica progressivamente o cérebro, e assim aprendemos a ter sentimentos positivos.

O exercício dos filósofos

A infelicidade pode ser controlada, enquanto ser feliz é algo que podemos aprender. Como ocorre com quase todas as boas idéias, por trás dessa afirmação também há um raciocínio antigo. Os filósofos gregos chamavam de *askesis* ("ascese") a tentativa de dominar os sentimentos por meio do autocontrole. Hoje em dia, a palavra ascetismo tem um significado deturpado de renúncia a todos os bens materiais e de supressão das tendências naturais da sensibilidade por meio da mortificação. Isso nos traz à mente imagens de penitentes e de pessoas que se autoflagelam. Mas essas são práticas medievais. Em grego antigo, ascese significava simplesmente exercício. "Tudo é fruto do treino", disse Periandro, filósofo pré-socrático do século VII a.C., considerado um dos sete sábios da Grécia.

Os filósofos que vieram depois dirigiram verdadeiras escolas da felicidade para plantar os frutos de suas reflexões nas mentes dos discípulos. Para esses mestres não havia separação entre a ciência e a arte de viver, como ocorre em nosso tempo. Enquanto hoje em dia a filosofia é considerada um caminho mais teórico para o conhecimento, os antigos acreditavam que a finalidade do conhecimento consistia na prática de sua aplicação. "A filosofia compreende duas partes", disse o filósofo Ariston de Quios, da escola dos estóicos. "Quem já compreendeu o que é preciso fazer e o que é preciso evitar ainda não é sábio, e não o será [...] enquanto seu espírito não tiver se identificado completamente com aquilo que reconhece como verdadeiro ou falso."[6]

O objetivo desses ensinamentos era formar o caráter dos discípulos para que eles conseguissem viver de forma mais equilibrada e feliz. O treino consistia em repetir determinadas experiências. Os mestres conheciam um verdadeiro arsenal de exercícios para transmitir as suas regras da felicidade. Chamavam de "terapêuticos" os procedimentos com os quais queriam ajudar a razão a vencer sentimentos como ganância, inveja e pavor da morte. Algumas vezes eram feitas representações da natureza destruidora das paixões, bem como da necessidade de se libertarem delas espiritualmente.

Também realizavam-se exercícios de "sensibilização" com o objetivo de abrir a mente para os sentimentos positivos. Epicuro aconselhava seus seguidores a não adiar nada que lhes pudesse proporcionar alegria, pois nunca se sabe o que pode acontecer no dia seguinte. Também nesse caso os mestres confiavam mais no poder do hábito do que apenas em suas palavras. Pediam que os discípulos se perguntassem todas as noites, antes de dormir, se tinham passado o dia de acordo com o lema *carpe diem* ("aproveite o dia").[7]

Nos exercícios mentais, finalmente, os discípulos deviam sempre se imaginar em uma posição fora de suas próprias vidas, a fim de relativizar preocupações e sofrimentos e perceber como essas questões ficavam pequenas quando vistas de longe. No "jardim de Epicuro", como também era conhecida a escola a céu aberto fundada por esse filósofo, eles costumavam imaginar a serenidade que seu mestre mostraria diante de determinadas situações. As neurociências atuais confirmam o valor desses métodos de treino mental, pois as representações imaginárias são capazes de moldar o cérebro quase na mesma medida que vivências verdadeiras.[8]

Em *Metamorfoses*, o poeta Ovídio chega a propor um exercício espiritual que consiste em uma viagem ao espaço:

Gosto de caminhar entre as estrelas lá no alto; gosto, depois de abandonar a Terra e suas regiões apartadas, de ser transportado em uma nuvem e apoiar-me nos ombros do forte Atlas, para deles contemplar os homens que andam errantes e privados da razão, e assim exortar os medrosos que temem a morte...[9]

Criando novas conexões no cérebro

Mais de mil anos depois, o fisiologista Ivan Pavlov iniciou uma série de experimentos no hospital da Universidade de São Petersburgo. Ele observara que todo dia na hora do almoço os cães começavam a salivar assim que o viam chegar ao laboratório com seu costumeiro jaleco branco. Qualquer outra pessoa teria se dado por satisfeita com a suposição de que os animais se alegravam porque sabiam que ele estava lhes trazendo comida. Pesquisador apaixonado, no entanto, Pavlov não se deu por satisfeito.

Ele começou a pôr um metrônomo para funcionar antes de colocar a carne moída diante dos focinhos dos animais. Simultaneamente, colhia a saliva e os sucos gástricos dos cães. Dessa maneira, determinava exatamente o momento em que os cães começavam a ficar com fome. Depois de um tempo, os animais passaram a salivar assim que escutavam o tique-taque do metrônomo e antes mesmo de terem visto a carne. De forma controlada, Pavlov tinha conseguido modificar a reação natural de apetite, e foi assim que ele descobriu as bases do processo de aprendizado.

Esses experimentos lhe valeram o Prêmio Nobel de 1904 e fizeram de seus cães os animais de laboratório mais famosos da história. O mérito desse fisiologista foi o de ter sido um dos primeiros a fundamentar a psicologia em uma base de experimentos e dados reproduzíveis. Naquele tempo, ainda era impossível a observação direta dos fenômenos que ocorriam nos cérebros dos cães quando se comportavam daquela maneira.

Assim, passaram-se muitas décadas até que surgisse uma explicação para os processos do aprendizado. Primeiro, a ciência tinha que obter acesso às menores unidades do cérebro, os neurônios. Para que o nosso comportamento ou as nossas emoções mudem, é preciso que o cérebro se reprograme. E essas alterações se originam nos neurônios.

Cada uma das células cinzentas no cérebro é um computador em tamanho microscópico, e cada neurônio se comunica com outros neurônios, cujos sinais processa e retransmite para até mil outras células. Comparados

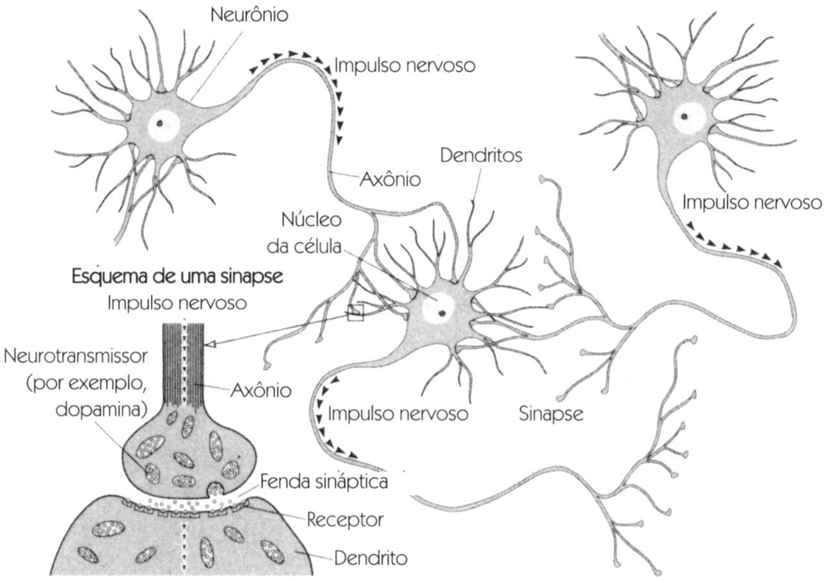

Como o cérebro aprende. O cérebro contém cem bilhões de neurônios, e cada um deles é como um pequeno computador. Através de uma rede de prolongamentos nervosos (os dendritos), o neurônio recebe impulsos de outras células cinzentas. Esses impulsos são processados em seu interior e o resultado é enviado para a saída, os axônios, que se comunicam com outros neurônios. O contato entre dois neurônios realiza-se por meio da sinapse, ou fenda sináptica (desenho em tamanho maior à esquerda na ilustração). Quando um impulso nervoso é recebido, são liberados nesse local os neurotransmissores, como a "molécula do prazer", a dopamina. Do outro lado da fenda há receptores adequados para essas substâncias. Eles recebem o sinal químico e desencadeiam um novo impulso nervoso. Sempre que aprendemos algo, os neurônios se transformam e se reorganizam. Ocorrem mudanças nos processos no interior da célula e também na forma dos neurônios. Em alguns lugares, os dendritos desaparecem, enquanto em outros locais novos dendritos se formam. Dessa maneira, os neurônios vão se modificando continuamente, como plantas em um jardim.

com os neurônios, nossos computadores são máquinas burras: se tivessem uma capacidade semelhante à deles, seriam tão capazes de se adaptar quanto os animais domésticos, e talvez fossem teimosos também. Conseguiriam descobrir as preferências e as aversões de seu usuário e se adaptariam a elas.

Mas como é que essas células minúsculas, invisíveis a olho nu, têm essa capacidade? Elas seguem o lema "cada um com seu par". Cada neurônio se adapta aos seus vizinhos – para ser mais exato, aos sinais que recebe deles. As células cinzentas não emitem sinais em um fluxo regular, e sim em forma de rajadas. Quando dois neurônios funcionam de modo sincronizado, a conexão entre eles, chamada de sinapse, é reforçada.

Foi exatamente isso que aconteceu nos cérebros dos cães de Pavlov. Como o metrônomo era posto para funcionar na hora em que eles iam ser alimentados, os dois grupos de neurônios que respondiam aos sinais "carne" e "tique-taque" entravam em ação simultaneamente. Quanto mais essa sincronia se repetia, mais se fortaleciam as conexões. Depois de um tempo, elas ficaram tão solidamente estabelecidas que os neurônios que começavam a funcionar em reação ao tique-taque acionavam ao mesmo tempo os neurônios que desencadeiam os diferentes processos fisiológicos da alimentação – um processo parecido com o da peça de dominó que derruba as outras em cadeia.

No cérebro, portanto, os similares se juntam. Do ponto de vista biológico, esse princípio faz muito sentido. A ele devemos o fato de evitarmos muitas queimaduras quando estamos na cozinha. Uma ou duas experiências dolorosas na infância foram suficientes para criar em nossos cérebros uma conexão bastante sólida e indelével entre "fogão" e "queima".

A criação desse tipo de associação é chamada de "aprendizado de Hebb", em homenagem ao psicólogo canadense Donald Hebb. Foi ele que, em 1949, formulou a hipótese de que os fundamentos da capacidade de aprender deviam estar relacionados aos neurônios. Todo aprendizado funciona segundo esse princípio; não importa se estamos enriquecendo o nosso vocabulário, treinando os passos de uma nova dança ou degustando uma fruta exótica cujo sabor desconhecíamos anteriormente. São várias centenas de conexões que estão se reorganizando em nosso cérebro.

Assistindo ao crescimento dos nervos

Quando você terminar de ler este livro, seu cérebro estará diferente. Essa conclusão é fundamentada em numerosos experimentos neurofisiológicos nos quais foram medidas as trocas dos sinais elétricos emitidos pelas células nervosas. E ainda há mais: hoje em dia, a modificação do tecido cerebral pode ser observada diretamente. O autor dessa façanha realizada em 1999 foi o neurobiólogo Tobias Bonhoeffer, de Munique. Com a ajuda de um microscópio de última geração, ele observou o crescimento de neurônios vivos e registrou o processo em vídeo.[10] Por não ser possível fazer esse experimento com um cérebro inteiro, Bonhoeffer retirou amostras de neurônios de um rato de laboratório, extraindo-as da região responsável pela memória mais antiga. Essas células foram mantidas vivas em uma solução durante alguns dias. O pesquisador coloriu alguns neurônios com uma tintura fluorescente e os ligou a condutores elétricos da espessura de um fio de cabelo. Enviando impulsos simultâneos a um par de neurônios, ele simulava a recepção natural dos estímulos associados, assim como no exemplo "fogão" e "queima". Não chegava a se passar meia hora para que começassem a se estabelecer contatos entre os prolongamentos dos neurônios, os dendritos. É dessa maneira que se formam as novas associações entre as centrais de conexão no cérebro.[11]

Além de apresentarem registros espetaculares das modificações que ocorrem no cérebro, os vídeos de Bonhoeffer mostram os processos essenciais. Em primeiro lugar, a repetição. Ela tem um papel importante, pois quanto mais os neurônios são estimulados, mais a conexão se torna sólida e duradoura. Somos capazes de memorizar um número de telefone com mais facilidade quando o usamos mais vezes. No aprendizado de novas reações emocionais acontece o mesmo. Depois que as conexões surgem, é a repetição que as mantém ativas e contribui para a sua preservação.

Em segundo lugar, aprender é um ato automático. Os neurônios estudados por Bonhoeffer não recebiam nenhum comando relacionado a algo que fosse necessário aprender, pois o pesquisador os havia retirado do conjunto do cérebro. Mesmo assim surgiam novas conexões, simplesmente porque as células recebiam estímulos coincidentes. Queiramos ou não, tudo o que percebemos, sentimos ou pensamos modifica o cérebro.

O caso da vaga roubada

Assim como as ruguinhas em volta dos olhos ficam gravadas no rosto de pessoas que riem freqüentemente, os sentimentos deixam marcas no cérebro. O efeito das emoções que vivenciamos reiteradamente, como alegria e tristeza, pode ser comparado ao de uma gota d'água que desce de uma vertente montanha abaixo. A queda de uma única gota não deixa conseqüências, mas a repetição de várias gotas acaba por abrir na rocha o leito de um riacho, que, com o tempo, se transforma em um rio que depois flui através de um vale. Tanto as pessoas risonhas quanto as mal-humoradas podem ser assim por hábito. Esse é o fundamento neurobiológico, e por isso é aconselhável cultivarmos as emoções positivas e controlarmos as negativas.

Reações impulsivas também se consolidam no cérebro por meio do "aprendizado de Hebb" e seguem o mesmo processo filmado pelo neurobiólogo Bonhoeffer. Um exemplo simples: ter um acesso de raiva e começar a xingar o motorista do carro que acaba de lhe roubar a vaga pela qual você esperava pacientemente pode lhe render alguns instantes de satisfação, desafogando-o temporariamente. Mas não vai ajudá-lo a conseguir o que quer. E o que é pior: você acaba de abrir um caminho para repetir essa reação irada em situações futuras. Essas manifestações de cólera se tornarão cada vez mais violentas porque a conexão entre "motorista mal-educado" e "irritação" passa a ser reforçada constantemente.[12] Lidar com a raiva tendo um ataque desse tipo significa jogar mais lenha na fogueira. Em vez de aprender a dominar esse sentimento desagradável, você ficará à mercê dele no futuro.

A região frontal do cérebro se encarrega de controlar as emoções negativas, como vimos no capitulo anterior. Assim, podemos nos conter até mesmo quando sentimos muita raiva ou um grande medo, o que dá lugar a outras reações mais benéficas. Ao exercitarmos o autocontrole, reprogramamos o cérebro em dois sentidos. De um lado, reduzimos a probabilidade de surgimento de uma emoção negativa, uma vez que a associação entre o estímulo e a resposta emocional fica enfraquecida. Por outro lado, fortalecemos a capacidade dessa área do cérebro de dominar tais emoções, caso elas sejam desencadeadas apesar de tudo. Assim como ocorre com quase todas as outras habilidades, o controle consciente das emoções se aperfeiçoa com a prática. Vale destacar, no entanto, que esse treinamento também modifica as estruturas cerebrais. Dessa forma, vamos sentindo cada vez mais facilidade de conviver com nossos próprios sentimentos.

Tudo se movimenta

A reestruturação do cérebro começa em seus menores elementos, os neurônios, mas não se limita a isso. O neurologista hispano-americano Álvaro Pascual-Leone demonstrou em seus experimentos com deficientes visuais o quanto e com que velocidade regiões inteiras do cérebro podem se alterar. No caso das pessoas cegas, os limites entre diferentes áreas cerebrais se deslocam à medida que a falta da visão é compensada pelo tato mais apurado. Isso pode ser observado claramente em partes do córtex cerebral que estão relacionadas ao dedo indicador.[13] Como os cegos usam esse dedo para ler em braile, as áreas cerebrais correspondentes ao indicador são muito mais desenvolvidas do que em indivíduos sem problemas de visão. O mais surpreendente é que bastam algumas horas para que essas regiões comecem a se expandir. Em uma editora especializada em publicações em braile, os revisores de texto apresentaram um crescimento significativo das referidas áreas desde o primeiro dia de trabalho. Depois de um fim de semana em que passaram dois dias sem ler tanto, essas regiões diminuíram um pouco.[14]

A rapidez com que essas variações ocorrem em áreas inteiras do cérebro não é uma conseqüência específica da ausência de visão, mas um efeito bem corriqueiro, como comprovam outras pesquisas.[15]

Nem todos os sistemas do cérebro são tão flexíveis quanto o córtex somatossensorial responsável pelo tato. Há os que não se modificam em questão de dias, mas levam semanas ou mesmo muitos anos para assumir uma nova estrutura. Existem também as regiões cerebrais que só evoluem em determinadas épocas da vida, como na primeira infância.

Tudo o que se modifica lentamente muitas vezes nos parece imutável, como a grama que cresce sem que notemos. Existem pessoas que não possuem sentido de orientação e se desesperam porque se perdem todas as vezes que precisam se deslocar. Elas também podem aprender a se orientar, treinando uma região do cérebro chamada hipocampo, que é responsável pela memória espacial. Esses circuitos ficam bem no interior do cérebro e não se alteram tão facilmente quanto o córtex, pois são uma herança muito mais antiga da evolução. Mas mesmo essas estruturas aumentam e diminuem. Quem provou isso foi o neuropsicólogo londrino Chris Frith, que investigou os cérebros de taxistas de sua cidade. As pessoas que querem dirigir táxi em Londres precisam ser aprovadas em um exame que exige o conhecimento de 467 trajetos. Quando obtêm a licença, os taxistas começam a trafegar em uma das malhas viárias mais confusas da Europa. Essa proeza deixa marcas em seu hipocampo, que se mostra consideravelmente expandido – e que aumentará quanto mais forem os anos de serviço que eles passarem no caos do trânsito.[16]

Felicidade: a fonte da eterna juventude

O caminho entre o fortalecimento de uma conexão neuronal e a reorganização de uma área inteira no cérebro é bastante longo. É um processo de muitas fases. As modificações começam no interior dos neurônios, muito antes que os resultados se tornem visíveis externamente. O encadeamento de algumas reações bioquímicas da célula é modificado, determinadas moléculas de albumina mudam de forma, abrem-se canais na membrana celular e se liberam mais neurotransmissores. Nessa primeira etapa do aprendizado, que se chama de fortalecimento de sinapse a curto prazo, as portas das células se abrem de par em par.[17]

Na fase seguinte, o fortalecimento a longo prazo, criam-se novas portas para as informações. Proteínas transmissoras especiais começam a atuar na substância genética do neurônio e ativam determinados genes do núcleo. Esses genes emitem comandos para que a forma do neurônio se modifique e ordenam a produção de aminoácidos, que serão os elementos de construção das novas conexões. Os dendritos dos neurônios crescem e novas sinapses surgem quando esses prolongamentos se fixam nas ramificações correspondentes das células vizinhas. Com o tempo, proliferam os dendritos dessa estrutura em forma de árvore, que liga os neurônios uns aos outros. Através desses novos caminhos multiplicam-se os sinais recebidos pela célula.

A instalação da memória a longo prazo consome doses consideráveis de energia. Por isso, essa segunda fase só acontece quando fica claro que o esforço vale a pena. É necessário que os estímulos que devem ficar associados na memória sejam repetidos em quantidade suficiente – somente assim novas pontes surgem no cérebro. Essa é a razão pela qual só memorizamos algo por meio da repetição.

Os dois neurotransmissores que contribuem para desencadear o reforço de longo prazo são a serotonina e a dopamina, e ambos também são responsáveis pela formação dos sentimentos agradáveis. Portanto, essas mesmas substâncias que nos permitem sentir prazer e simpatia têm um papel-chave na reestruturação do cérebro. Isso não acontece por acaso. Como veremos, existe um vínculo indissolúvel entre o aprendizado e a vivência da felicidade.

Para que as novas conexões se estabeleçam no cérebro, são necessários os chamados fatores neurogênicos.[18] Trata-se de substâncias produzidas pelo próprio organismo que possibilitam o crescimento de novos prolongamentos dos neurônios. Mas elas não são apenas um fertilizante necessário para o desenvolvimento das células cinzentas, e sim um verdadeiro elixir da vida. Sem elas, as células cerebrais morreriam.

É bastante provável que exista uma relação entre o humor e a quantidade de fatores neurogênicos à disposição do nosso cérebro. É a serotonina que determina a quantidade dessas substâncias que o corpo deve produzir.[19] Quando estamos deprimidos, o nível de serotonina baixa. Durante uma depressão, morrem células cinzentas. As emoções positivas, ao contrário, mantêm o cérebro vivo porque facilitam a formação de novas conexões. É o que acontece quando a serotonina e a dopamina circulam em quantidades suficientes. A felicidade, portanto, é a fonte da eterna juventude dentro do cérebro.

O cérebro é um jardim

Mesmo supondo que tivéssemos sempre de excelente humor, o estoque de fatores neurogênicos não é inesgotável. Em vários aspectos, o desenvolvimento do cérebro pode ser comparado ao de um jardim. Nos dois casos, o que deixa de crescer fenece mais rapidamente, e aquilo que quer crescer compete por nutrientes e espaço. O cérebro usa os seus recursos de maneira econômica e emprega os fatores neurogênicos principalmente naquilo em que eles são mais necessários – nas conexões que estão se formando ou que são utilizadas com mais freqüência e, por isso, parecem ser especialmente importantes.

Por outro lado, as sinapses menos ativas recebem menos fatores de crescimento e vão se atrofiando, assim como plantas em um canteiro sem adubo. Em experimentos com animais é possível observar ao microscópio eletrônico como as conexões cerebrais não utilizadas desaparecem lentamente.[20] Mas a dissolução das conexões entre os neurônios é tão importante para o organismo quanto a sua criação. Os vínculos obsoletos devem desfazer-se para que uma região cerebral assuma uma nova função. Em uma analogia com o jardim: quem quer fazer um canteiro deve antes arrancar as ervas daninhas. A reorganização de uma área cerebral é desencadeada quando muitos neurônios dissipam suas conexões e criam outras.

Portanto, a capacidade do cérebro não é uma qualidade inata: podemos adquirir novas habilidades e também perdê-las. Assim como os músculos, as células cinzentas precisam de treinamento constante para se manter em forma. Talentos que não são estimulados degeneram, e isso vale para qualquer fruto das atividades cerebrais. A capacidade de ser feliz deve ser exercitada, da mesma forma como treinamos para melhorar a fluência em um idioma ou a digitação de textos.

O que não aprendemos na infância não aprendemos jamais?

O atual estágio do conhecimento indica que há poucas funções que não possam mais ser modificadas por meio de treinamento na idade adulta. Entre elas está a visão. Se os centros visuais não forem estimulados e treinados na época certa durante a infância, nunca mais desenvolverão sua capacidade. Por isso, crianças que nascem com catarata e são operadas tarde demais continuam cegas pelo resto da vida. Embora a cirurgia faça com que a córnea capte a luz sem nenhum problema, o cérebro já não consegue interpretar as imagens.

Nos demais casos cai por terra a crença popular de que o que não aprendemos na infância não aprenderemos jamais. Embora seja muito mais fácil aprendermos um idioma estrangeiro na infância, nada nos impede de fazer isso na idade adulta.

O mesmo se passa com o aprendizado dos sentimentos positivos. As conexões cerebrais que determinam como os percebemos se formam mais facilmente na infância. Como vimos, os circuitos que comandam as emoções situam-se na parte inferior do cérebro, debaixo do córtex, mas a área frontal também pode aprender a controlá-las deliberadamente para evitar, por exemplo, que sentimentos negativos como tristeza ou medo passem a dominar. Da mesma maneira como os centros da linguagem são especialmente receptivos durante a infância, a região frontal encontra mais facilidade para treinar as emoções nessa época da vida. Portanto, os chamados felizardos são aqueles que aprenderam cedo a lidar com as próprias emoções.

Isso não significa que somos escravos da educação que recebemos. Poucos entre os que falam dois ou três idiomas aprenderam essas línguas quando eram crianças. Do mesmo modo, adultos podem desenvolver um modo diferente de lidar com a sua vida emocional.

Essa tese foi demonstrada de forma impressionante pelo psiquiatra Lewis Baxter, da Califórnia, ao tratar pessoas que sofriam de obsessões que as impeliam a realizar atos compulsivos – por exemplo, a mania irresistível de voltar repetidamente para casa para checar se todas as janelas estavam bem fechadas. Um grupo de pacientes optou por um tratamento químico, passando a tomar Prozac, um medicamento eficaz contra depressão e síndromes obsessivas. Os demais preferiram submeter-se a três meses de tratamento psicoterápico, aprendendo a descartar as maquinações da mente ao menor indício de suas manifestações. Os resultados foram bastante parecidos nos dois grupos: dois em cada três pacientes conseguiram dominar suas obsessões.

A modificação positiva de sentimentos e comportamento pôde ser visualizada nos registros da atividade cerebral dessas pessoas. Baxter fez imagens dos cérebros de todos os pacientes com o tomógrafo de emissão de pósitrons antes e depois do tratamento. Foram constatadas diferenças significativas tanto na região frontal quanto em duas regiões abaixo do córtex cerebral denominadas tálamo e núcleo caudado (*nucleus caudatus*). Antes da terapia, essas estruturas reagiam de forma totalmente descoordenada, como músicos fora de compasso. Ao término do tratamento, elas encontraram o ritmo comum. Com toda a certeza, uma conexão foi formada entre essas estruturas para permitir que a região frontal passasse a controlar os impulsos obsessivos.[21]

Alterações parecidas foram observadas na atividade cerebral de pacientes depressivos curados por meio da psicoterapia ou de tratamento químico.[22] À medida que o estado de ânimo dessas pessoas ia melhorando, os pesquisadores constatavam uma atividade cada vez mais intensa da metade esquerda da região frontal, que é a responsável pelos sentimentos positivos.[23]

Além de proporcionarem uma demonstração intuitiva de que a plasticidade do cérebro, isto é, sua capacidade de se modificar, beneficia também a nossa forma de lidar com os sentimentos, os estudos que estamos citando preparam o terreno para tratamentos mais eficazes. "Acreditamos que no futuro será possível conseguir imagens do cérebro com uma resolução muito superior, o que oferecerá a oportunidade de aplicá-las tanto ao diagnóstico de transtornos psíquicos quanto à avaliação da eficácia terapêutica", afirma o neurobiólogo vienense Eric Kandel, que recebeu o Prêmio Nobel em 2000 por estudos dos processos celulares vinculados ao aprendizado.[24]

A sabedoria do Oriente

A consciência tem uma influência enorme sobre a maneira como as emoções moldam o cérebro. Experimentos com macacos, por exemplo, mostram que a resposta dos neurônios a um estímulo luminoso é mais forte quando o interesse dos animais é previamente direcionado para ele.[25] Assim também, no caso do ser humano, várias formas de aprendizado estão vinculadas à percepção consciente – é praticamente impossível aprendermos a andar de bicicleta sem estarmos altamente concentrados. Fica evidente que, ao focarmos a atenção consciente em um assunto, intensificamos sua fixação no cérebro.

Da mesma maneira, parece que os sentimentos positivos se tornam mais fortes quando os percebemos conscientemente, embora não existam ainda provas neurofisiológicas significativas disso. Faz bem, portanto, aproveitarmos os bons momentos da vida da melhor maneira possível, pois o cérebro estará sendo moldado de modo favorável.

A filosofia do Oriente sempre pregou tudo isso. Em muitos aspectos, ela se aproxima das descobertas atuais sobre o cérebro. Tanto a psicologia budista quanto as ciências neurobiológicas conferem grande importância às emoções inconscientes e estão de acordo quanto ao fato de que a experiência molda o espírito. A psicologia budista, porém, sempre reconheceu algo que a filosofia ocidental negava: a existência de certos movimentos inconscientes da psique que chegam à consciência através de uma "porta do espírito" chamada *manodvara*.[26] A neuropsicologia contemporânea vê a questão desta maneira: as emoções são estados inconscientes do organismo, e os sentimentos constituem a percepção consciente dessas emoções. Hoje em dia, as pesquisas sobre a neuroplasticidade avançam de tal forma que num futuro próximo haverá novas descobertas sobre essas questões.

Herta Flor, neuropsicóloga de Heidelberg, na Alemanha, recentemente deu um importante passo nessa direção. Ela mostrou que, quando ficamos atentos à dor, o córtex cerebral modifica-se e nos torna mais sensíveis ao sofrimento, pois a percepção da dor é em parte aprendida. Ao examinar adultos com dores de coluna crônicas bem como seus parceiros, Herta Flor observou que as pessoas tratadas amorosamente pelos companheiros eram mais sensíveis a dor, ao contrário daquelas cujos parceiros lhes viravam as costas em caso de queixas. Não eram apenas elas que afirmavam isso. A cientista foi capaz de medir essa diferença. Ao mergulharem as mãos em água geladíssima, os pacientes que eram objeto de consternação registraram maior atividade cerebral: suas dores eram genuínas. Quem é mais sensível precisa, e ganha, mais atenção. Mas na realidade acontece o contrário. A pessoa que dá mais importância ao próprio mal-estar aguça sua sensibilidade para isso. Por meio da tomografia, Herta Flor constatou como, aos poucos, regiões cada vez mais extensas do cérebro foram ficando ocupadas com o processamento da dor. Em outras palavras: neurologicamente, o sofrimento vira um programa.

A doutrina budista segundo a qual a atenção aos próprios sentimentos forma o espírito vem sendo divulgada com grande ênfase por Thich Nhat Hanh, um monge zen e escritor vietnamita que emigrou para a França. O texto a seguir, um dos que ele elaborou para explicar aos ocidentais as bases da sua religião, parece uma paráfrase poética de alguns conceitos básicos apresentados neste capítulo:

As escrituras tradicionais descrevem a consciência como um pedaço de terra em que são lançadas sementes de todos os tipos – as do sofrimento, da felicidade, da alegria, da preocupação, do medo, da irritação e da esperança. A memória dos sentimentos, por sua vez, se compara a uma despensa onde armazenamos essas sementes. Todas as vezes em que uma delas se manifesta em nossa consciência espiritual, ela volta multiplicada para a despensa (...) Sempre que percebemos algo repleto de paz e beleza, é como se tivéssemos regado as sementes da paz e da beleza dentro de nós. (...) Durante esse tempo, deixam de ser regadas as sementes do medo e da aflição.[27]

Não é por acaso que os postulados espirituais mais afinados com a neuropsicologia são os que se originaram nas escolas filosóficas e religiosas do Oriente. Nos países do Sudeste Asiático e do Extremo Oriente, a introspecção tem uma grande tradição, sem paralelo com nenhuma outra região do mundo. A razão para isso está no caminho que suas religiões – o hinduísmo e o budismo – escolheram para buscar a verdade. Enquanto para o judaísmo, o cristianismo e o islamismo, ela está revelada em um livro sagrado, as religiões do Oriente ensinam que cada um de nós deve buscá-la em si mesmo. Seria esse o caminho da iluminação, que, para o hinduísmo, significa a visão da divindade dentro de si próprio e que, segundo a fé budista, consiste na superação do sofrimento neste mundo e na redenção definitiva.

A atenção milenar dedicada pelos povos orientais ao espírito humano facilitou o diálogo com os cientistas ocidentais que pesquisam o cérebro. Foi por esse motivo que o Dalai-Lama recebeu reiterados convites para visitar alguns dos principais laboratórios de neurobiologia citados neste livro.

A vontade de ser feliz

Somente alcançará um modo de vida sábio aquele que souber perceber, conduzir e prever suas emoções. Sentimentos de felicidade não são obra do acaso, e sim conseqüência de pensamentos e atitudes corretos. Nesse ponto estão de acordo as modernas neurociências, a filosofia antiga e o budismo, todos adeptos rigorosos do princípio da causa e efeito.

O pensamento ocidental costuma dar grande valor às decisões corretas. Acreditamos que basta decidir acertadamente nas encruzilhadas da nossa existência para que tudo se encaminhe da melhor forma possível. Mas, de acordo com a tradição budista e a filosofia greco-romana, é mais importante implantar dentro de nós bons costumes para moldar o espírito. Portanto, antes de tudo, deveríamos tentar mudar não as circunstâncias, mas a nós mesmos. Todo o resto então acontecerá espontaneamente, porque quem tem uma alma disposta a ser feliz estará buscando de modo automático situações que propiciam a alegria.

Em última análise, o valor que atribuímos a uma decisão consciente é uma questão de fé. Mas não há dúvida sobre dois pontos: em primeiro lugar, a percepção que temos da felicidade depende muito mais da maneira como o nosso cérebro sente do que das circunstâncias externas. Em segundo lugar, iniciativas isoladas não bastam para mudar essa forma de percepção. Repetição e hábito são imprescindíveis para criar novas conexões no cérebro. Portanto, a precondição é a disposição para fazermos um esforço.

Geralmente estamos dispostos a dar muito de nós quando se trata de status, da carreira ou da educação de nossos filhos – objetivos localizados fora de nós. Mas, quando a questão é passar os dias de maneira feliz, somos estranhamente avaros e não queremos gastar energia. No entanto, a fórmula da felicidade é muito simples. "Os verdadeiros segredos no caminho da felicidade são determinação, esforço e tempo", explica o Dalai-Lama.[28]

A ciência confirma.

PARTE 2 | AS PAIXÕES

Capítulo 5 | Nossa origem no reino animal

É muito comum ouvirmos dizer que nós ainda somos regidos por impulsos da Idade da Pedra e que não passamos de "homens de neandertal vestidos de terno e gravata". É verdade, basta pensarmos no colega de trabalho que atravessa o escritório ruidosamente, como se fosse um daqueles caçadores de lança na mão, querendo mostrar aos homens da tribo como ele é poderoso e desejando apoderar-se de todas as fêmeas.

Mas essa afirmação não procede totalmente. Sem dúvida, nós que vivemos no século XXI herdamos de nossos ancestrais boa parte da maneira como sentimos e pensamos. Mas por que as origens desse legado seriam da Idade da Pedra?

Pelo menos as emoções parecem remontar a uma época muito anterior a essa. Quem de nós nunca percebeu manifestações de alegria e aversão, amor e ódio em animais domésticos? Um gato que recebe carinhos ronrona, estica-se, fecha os olhos e relaxa esperando por mais. Um cachorro que acabou de levar um pito recolhe-se amuado para um canto da sala. Até os pássaros nas gaiolas se alegram quando vêem seu dono se aproximar. Não é à toa que se fala do calor do ninho – a falta de companhia faz quase tanto mal a um periquito quanto a uma pessoa. Quando perdem seu par, os gansos cinzentos continuam solitários durante muitos anos, apresentando todos os sintomas de depressão.

Tais cenas nos comovem porque vemos as nossas próprias emoções refletidas na vida dos animais. Apesar disso, esse tipo de observação não nos deveria levar a concluir que os bichos sentem o mesmo que nós. Ninguém é capaz de ler os sentimentos na cabeça deles, e eles não têm uma linguagem para manifestar sua vida interior. A questão sobre como e se os animais sentem continua sem resposta.

O certo é que, quando os observamos, identificamos ações que se parecem com as nossas. São exatamente essas manifestações do comportamento – e não os sentimentos, que permanecem obscuros – que nos fazem perceber um parentesco secreto com os animais. Quanto mais forte e básica a emoção, maior a semelhança. Os sintomas de medo demonstrados por cães, gatos, ratos e até mesmo por pombos e lagartixas só se distinguem da correspondente reação humana na aparência. Episódios alegres do mundo animal também nos parecem familiares: os gatos brincam, os camundongos saem atrás de novidades, os elefantes entrelaçam suas trombas antes do ato sexual. A sensação é de que esses animais expressam instinto lúdico, curiosidade e até afeto.

Será que os animais se assustam sem sentir medo? Será que amam sem sentir amor? Para refletir sobre isso, vale a pena destacar mais uma vez a diferença entre emoções e sentimentos. Uma emoção é um programa que transcorre de modo automático; em geral, com a participação do organismo. Um sentimento, por outro lado, surge quando tomamos consciência desse processo. Nem sempre as emoções vêm acompanhadas de sentimentos – por exemplo, quando enrubescemos sem notar nossa própria vergonha.

A emoção, portanto, não requer nenhuma intervenção da consciência, e isso indica que ela é um mecanismo mais simples do que um sentimento. Apesar de a ciência ainda não saber como e o que os animais sentem, não há dúvidas de que eles são capazes de manifestar emoções e que estas – produzidas de modo totalmente automático em situações de ameaça, de recompensa inesperada e de possibilidade de união sexual – funcionam de forma parecida com a que se dá conosco.

Isso significa que as emoções antecedem o surgimento da raça humana. Uma herança de um passado muito remoto influencia quando e o que sentimos. Como todo sentimento pressupõe emoções, é possível ser mais preciso: a emoção determina o sentimento. Afinal, só enxergamos uma maçã quando ela realmente existe (exceto em casos de alucinação). O mesmo ocorre com a percepção de prazer e medo.

Uma vez que as emoções são o cerne de todo e qualquer sentimento, precisamos investigar sua origem. A observação dos animais nos permite identificar como se formam esses mecanismos tão complicados. Cães, gatos e ratos não demonstram toda a variedade de mudanças de ânimo que nós humanos somos capazes de apresentar, mas é exatamente pelo fato de os bichos obedecerem a leis mais simples que o essencial se torna mais evidente. Nós nos reconhecemos no espelho do mundo animal.

A evolução dos sentimentos

Ao longo da evolução, cérebros e emoções se desenvolveram no mesmo ritmo. Quanto mais os cérebros evoluíam, maiores e mais complexos se tornavam. Ao mesmo tempo, as emoções iam ficando mais ricas e diferenciadas.

Por que será que a natureza gasta tanta energia para produzir cérebros cada vez mais desenvolvidos? Seria um desperdício equipar uma água-viva, que flutua no mar filtrando microorganismos, com intuição e outras propriedades intelectuais maravilhosas. Para essa criatura, basta possuir um sistema nervoso simples que comanda a digestão, ser capaz de se localizar graças a estímulos luminosos e disparar cápsulas venenosas quando é ameaçada.

Mas um animal que persegue sua presa necessita de mais reflexos e emoções. Precisa saber reconhecer a vítima, avaliar o momento certo para o ataque e decidir se é preferível fugir caso o "almoço" se defenda com muita virulência.

Cada criatura tem sua receita própria de sobrevivência, que consiste em um misto de disfarce e esperteza, força física e velocidade. Um crocodilo usa a couraça e os dentes contra os inimigos, um cavalo sai correndo, um tigre é praticamente invulnerável por causa de sua força e velocidade. São sempre as capacidades físicas, corretamente comandadas pelo cérebro, que decidem sobre o bem-estar de um ser vivo. Com o tempo, a importância do cérebro foi aumentando, e também o seu volume. Esse órgão passou a consumir uma quantidade cada vez maior da energia gerada pelo metabolismo do corpo. No caso do ser humano, isso corresponde a mais de um terço de todos os recursos energéticos disponíveis no organismo.

É por esse motivo que nossa espécie depende muito mais da inteligência e da intuição do que da força física. Sem essas duas primeiras qualidades, estaríamos perdidos, pois nesses aspectos somos muito inferiores a outros mamíferos de nosso tamanho. Até o nosso parente biologicamente mais próximo, o chimpanzé, pode nos agarrar sem muito esforço e nos derrubar.

Extensas e importantes partes do cérebro são bem mais antigas do que nós mesmos em termos evolutivos. Embora muitas condições tenham mudado, essas áreas, em sua maioria, ainda funcionam como nas cabeças de peixes e lagartixas. A essas centrais de comando um tanto primitivas devemos alguns dos traços mais insólitos da nossa natureza – por exemplo, o fato de um homem que corre a 160 quilômetros por hora numa motocicleta morrer de medo de uma cobra não venenosa.

Além de todas as conquistas da evolução, continuamos carregando um fardo, pois a natureza raramente joga fora algo que já tenha dado bons resultados. Assim como o apêndice não tem mais nenhuma utilidade fundamental, existem muitos detalhes na organização do cérebro que são totalmente dispensáveis. Desde tempos remotos ocorreram poucas mudanças essenciais sob a nossa caixa craniana. Dessa forma, a arquitetura interior das nossas cabeças lembra uma cidade antiga fascinante e charmosa, porém repleta de prédios que hoje poderiam ser melhores e mais funcionais.

Nossos três cérebros

A história de uma cidade também se assemelha ao desenvolvimento do cérebro humano por não ocorrer de forma gradual, e sim em surtos, como resultado de episódios de rápida expansão separados por longos intervalos durante os quais nada aconteceu. Algo parecido se dá com o cérebro humano. Nele ainda conseguimos identificar marcas de três etapas distintas de crescimento, correspondentes a fases da evolução: o cérebro dos répteis, o dos primeiros mamíferos e o dos primatas.

A parte mais antiga é o cérebro reptiliano, que coincide com o tronco cerebral e inclui o cerebelo. A partir da extremidade superior da medula espinhal, ele comanda funções vegetativas básicas, como a digestão, o controle da respiração e os batimentos cardíacos. É ainda responsável por movimentos mais simples, como a extensão e a flexão dos músculos, bem como pela postura corporal. Tem também um papel importante na formação das emoções. As reações devidas à fome e ao medo originam-se nesse nível. Isso explica por que até uma lagartixa pode sentir temor e aprender a distinguir novos estímulos desse tipo.[1] Mas no tronco cerebral não são produzidas apenas as emoções negativas. Sem essa área antiqüíssima do cérebro, os estados de excitação alegre e de desejo seriam tão impensáveis quanto os de pânico e raiva.

A fase seguinte no desenvolvimento cerebral ganhou importância até o fim da época dos dinossauros, quando surgiram pequenos animais parecidos com camundongos, que, em vez de colocarem ovos, pariam filhotes. A denominação "cérebro dos primeiros mamíferos" é um tanto enganosa, pois os esboços do telencéfalo aparecem em répteis e anfíbios. Mas foi no interior do crânio dos primeiros mamíferos, já bem próximo à sua triunfal expansão pelo planeta, que essa área aumentou de tamanho, até superar todas as outras regiões cerebrais. Nessa estrutura estão o hipocampo e as amígdalas do cerebelo, que armazenam a memória emocional e espacial e permitem um comportamento mais flexível. Com elas os animais aprenderam a distinguir mais facilmente entre amigo e inimigo, onde buscar alimentos e a selecionar a comida mais saborosa.

O repertório de emoções também se ampliou muito. Não foi por acaso que isso aconteceu na época em que surgiram os primeiros mamíferos. A proteção da ninhada, a fidelidade, o sentido de pertencer a um grupo, bem como a diversão com brincadeiras, tudo isso pressupõe um desenvolvimento muito superior, além dos impulsos de medo, fome e desejo que também estão presentes nos répteis. As emoções despertadas no convívio social, porém, exigiram circuitos cerebrais novos e mais potentes. E foi essa evolução que tornou possível que os mamíferos adultos se dedicassem por longos períodos à criação da prole. Espécies com cérebros mais simples não demonstram tanto desvelo nos cuidados com os descendentes. Embora a mãe crocodilo se aplique em vigiar seus ovos e cuide da ninhada, pouco tempo depois o filhote precisa se esconder dos pais para não ser devorado. Já um bebê camundongo é amamentado, lambido e acariciado durante muitas semanas pela mãe. Entre os mamíferos adultos encontramos muitas manifestações que nos parecem mostras comovedoras de amor maternal.

O último grande passo importante da evolução aconteceu há mais de cem milhões de anos, quando o córtex cerebral aumentou de maneira extraordinária. Foi entre macacos de grande estatura, golfinhos, baleias e, naturalmente, seres humanos, que essa parte do cérebro se desenvolveu mais. Como uma cúpula, esse cérebro superior, ou racional, também chamado de cérebro dos novos mamíferos (ou dos mamíferos superiores), cobre as regiões mais antigas. Os animais equipados com esse órgão mais avançado conseguiram se adaptar de maneira inédita às novas condições de vida porque aprendiam mais rápido e melhor do que todas as outras criaturas. Passaram a ser capazes de planejar antecipadamente determinadas ações para enganar outros animais, a conviver em comunidades complexas, como as dos primatas, e a se comunicar com seus semelhantes através de um tipo de linguagem, como fazem os cetáceos.

Impulsos sutis, como a compaixão, também têm suas raízes no córtex cerebral. Essa descoberta causou uma das maiores surpresas científicas dos últimos anos: o altruísmo não é precisamente uma conquista da cultura humana, e sim uma habilidade do cérebro dos mamíferos superiores, presente também em outras espécies, como a dos primatas. Estudiosos do comportamento animal, como o primatologista holandês Frans de Waal, forneceram muitas evidências para essa tese: chimpanzés fêmeas se ajudam na hora do parto, jovens chimpanzés de ambos os sexos se unem contra um líder (macho alfa) tirânico e todo o grupo cuida dos animais doentes.[2]

O córtex cerebral do ser humano supera os de todos os outros seres vivos em volume e capacidade de desempenho. Assim, dispomos de uma multiplicidade de emoções. Mais do que isso, temos condições de perceber a emoção como algo próprio, que nos pertence, o que dá lugar aos sentimentos. Possuímos a capacidade de fantasiar com o que nos alegra ou nos comove, mesmo que essas coisas não tenham a menor importância para a nossa sobrevivência. Podermos sofrer no cinema com a protagonista infeliz e sermos capazes de nos sentir triunfantes quando o nosso time ganha estão entre as habilidades que devemos às áreas renovadas do córtex cerebral.

Quanto mais desenvolvido um animal, mais complexas as suas reações – essa regra simples se revela ao longo dos quinhentos milhões de anos da história da natureza. Foi esse o tempo que a evolução levou para percorrer o caminho entre o simples sistema nervoso da água-viva até o cérebro humano.

Apesar da multiplicidade dos nossos sentimentos, todos eles se baseiam nos impulsos primários de desejo ou medo, que já existiam no reino animal muito antes do surgimento da espécie humana. E as regiões cerebrais mais antigas são ainda as que ditam o ritmo das emoções. O córtex sofistica a melodia dos sentimentos. O que não passa de um querer para outros seres vivos mais simples para nós toma forma de prazer, embriaguez pelo poder ou admiração silenciosa.

A orquestra de hormônios

Mas não é somente a estrutura cerebral que determina o nosso ser. Tão importante quanto ela são os fluidos que a percorrem. Afinal, o cérebro não é seco e estéril como um computador. Trata-se de um organismo vivo, úmido e mole. Além de sangue e água, circulam ali mais de sessenta tipos de neurotransmissores, moléculas que têm enorme influência sobre tudo o que fazemos e sentimos. Jean Didier Vincent, um dos comentaristas mais criativos da neurobiologia, chamou essa orquestra de substâncias de "cérebro líquido".

Os neurotransmissores têm igualmente um longo passado. A dopamina, por exemplo, responsável pelo desejo, pela excitação e pelo aprendizado, governa o desejo entre as abelhas. Os "ópios" produzidos pelo próprio corpo, como a betaendorfina, ativada tanto pela sensação de prazer quanto pela dor, também estão presentes nos cérebros dos insetos. A serotonina controla o fluxo de informações e é um dos hormônios mais antigos. Foi encontrada em sistemas nervosos simples de moluscos e polvos, por exemplo.[3]

Essas substâncias parecem estar por toda parte. É comovente ver uma gata lambendo as crias, amamentando e levando os gatinhos cuidadosamente na boca para outro esconderijo quando o ninho antigo deixa de ser adequado. Esse comportamento, quintessência do sentimento materno, também é regulado por um neurotransmissor. Ao injetar oxitocina no cérebro de uma rata que nunca pariu, em poucos minutos essa fêmea se transforma em uma mãe amorosa que cuida dos filhotes alheios como se fossem seus.[4] Mecanismos muito parecidos se desenvolvem no ser humano.

Há quem se assuste ou até fique irritado com a idéia de que algumas substâncias químicas possam ter uma influência tão grande sobre o sistema nervoso, fazendo-nos mudar repentinamente de humor ou mesmo determinando o nosso comportamento. Gostamos de pensar que somos seres espirituais, animados por esperanças, pensamentos e desejos, e não pela química. Como é possível acreditar que a alegria que sentimos ao nos apaixonar ou nos orgulhar de nossos filhos nada mais é do que o fluxo de algumas substâncias químicas na cabeça?

Na verdade, esses condicionamentos não são tão simples. As fórmulas "dopamina = prazer" e "oxitocina = amor materno" só se cumprem em parte, pois nenhum neurotransmissor funciona sozinho. Embora alguns deles desempenhem o principal papel no surgimento de determinadas emoções, eles são apenas um instrumento na orquestra. Assim, a injeção de oxitocina transforma em mães ratas que nunca pariram, desencadeando uma espécie de "efeito dominó", ou seja, faz com que o sistema nervoso libere uma série de outras substâncias que, por sua vez, modificam o comportamento.

Não é apenas a orquestração das moléculas no cérebro que é bastante complicada, sua interação com o corpo também é. Meras fórmulas químicas não bastam para explicar o que sentimos. Uma substância química sozinha – e mesmo o conjunto de várias delas – não é capaz de produzir uma emoção. Para que isso aconteça é necessário que todas atuem sobre a emaranhada rede de circuitos cerebrais, o que provoca reações do organismo. Quando a emoção inconsciente é percebida como um sentimento, significa que o córtex cerebral, a mais complexa de todas as estruturas naturais, entrou em ação.

Não somos fantoches comandados por moléculas. Mesmo assim, às vezes nos esquecemos de que nossa rica vida interior não pode surgir no vácuo. Pensamentos, sentimentos e até os sonhos não são castelos de areia. Eles são construídos sobre alicerces bem sólidos, cuja base é a química. A vida interior do ser humano e os neurotransmissores se parecem com uma obra de arte e com os materiais de que ela é feita. Os afrescos na Capela Sistina são infinitamente mais do que apenas cores utilizadas por Michelangelo. Mas sem esses pigmentos ele jamais poderia ter pintado sua visão do cosmo. Da mesma forma, nós somos muito mais do que a mera arquitetura de nossos cérebros e do que as substâncias que circulam nele. Sem elas, porém, a mente não teria vida.

Vivendo com as paixões

A cientista americana Sarah Blaffer Hrdy, especializada em pesquisas sobre a evolução, registra em seu livro sobre a história da maternidade: "Cada organismo vivo, cada um de seus órgãos, sem falar de seus tecidos e moléculas em uso ou não – todos revelam os traços de muitas vidas anteriores. A seleção natural nunca se dá ao luxo de voltar ao começo de tudo para produzir a solução perfeita. Por isso, está sempre recorrendo a estratégias e soluções úteis que se revelaram suficientemente boas para resolver os problemas, ou seja, que foram melhores do que as da concorrência."[5]

Muitas pessoas gostarão do aval da teoria da evolução para a idéia de que não somos perfeitos nem somos obrigados a sê-lo. Afinal, é bastante freqüente nos torturarmos com o pensamento de que não podemos errar nunca, e sempre nos recriminamos quando não alcançamos esse objetivo.

Tudo o que sentimos e o que queremos é determinado em grande parte por programas muito mais antigos do que a própria espécie humana. Isso não significa que somos seres sem vontade, à mercê da natureza, pois temos a capacidade de controlar esses impulsos. Por outro lado, não conseguimos nos livrar deles, apesar de algumas doutrinas salvadoras procurarem provar o contrário.

Muitos ascetas já fracassaram na tentativa de dominar suas paixões. Até uma pessoa como Mahatma Gandhi, dono de um autocontrole extraordinário, capaz de suportar castigos e muitas horas de fome por ajudar o próximo, não conseguiu. A história de Gandhi mostra até onde o homem pode ir no confronto com a natureza. Quando jovem, Gandhi obedecia aos seus fortes impulsos sexuais. Mais tarde, o sentimento de culpa passou a atormentá-lo. De acordo com várias correntes da filosofia hinduísta, seguida por ele, a emissão de sêmen é um desperdício de energias que deveriam ser reservadas às atividades espirituais. Por isso Gandhi fez voto de castidade. Já idoso, ainda se confrontava com a sua sexualidade. Para provar a sua força de vontade, deitou-se com jovens despidas determinado a não tocar nelas. Dessa maneira, pretendia apagar definitivamente o seu instinto. Ainda que tenha saído vitorioso do desafio, seu impulso continuou tão poderoso quanto antes. Gandhi pode até ter tirado algum proveito dessa experiência para treinar a sua força de vontade reconhecidamente sobre-humana. Mas como instrumento para atenuar suas predisposições naturais ela foi um verdadeiro fracasso.

No Ocidente também temos pressupostos parecidos. Um deles partiu do filósofo Emmanuel Kant ao considerar as paixões humanas doenças da alma. Mas quem segue esse lema acaba entrando em guerra consigo mesmo.

Existem caminhos mais realistas para vivermos com as emoções. A primeira providência é aceitarmos o legado que recebemos da evolução. Não podemos modificar nossas tendências e não temos nenhuma razão para fazer isso. Ao contrário de todos os outros seres criados pela natureza, não estamos indefesos diante dos nossos instintos. Somos capazes de decidir que paixões queremos viver e de quais delas devemos fugir, moldando nossa vida em harmonia com as nossas inclinações. Desde Aristóteles e Buda, todos os sábios sempre aconselham a opção pelo meio-termo. Essa é uma compreensão das emoções que ninguém expressou tão bem quanto René Descartes. No ensaio *Sobre as paixões da alma*, ele diz: "...vemos que todas elas são boas por natureza e que só nos resta evitar seu abuso e seu excesso."[6]

Portanto, não existe remédio contra as paixões, e sim um manual de instruções. Mas só podemos conviver com aquilo que conhecemos bem. Quem quiser viver com suas paixões deve, em primeiro lugar, tratar de conhecê-las.

Capítulo 6 | O desejo

Uma grave inflamação no cérebro transformara Leonard em uma múmia ambulante. Apesar de seus 46 anos, seu rosto era liso e sem rugas, porque jamais esboçava qualquer expressão. Assim, ele parecia jovem, da mesma idade que tinha quando adoeceu, pouco antes de terminar a faculdade. Incapaz de se mexer, ficou com os membros enrijecidos. Além de tudo, perdera a voz, o que o incomodava quase mais do que a paralisia, pois adorava conversar. A única alegria que lhe restara era ler. Um enfermeiro virava as páginas do livro. Leonard mergulhara na literatura universal. Só se comunicava por meio de um pequeno quadro com letras, para as quais apontava com a mão direita. Para ele, o corpo era "uma prisão com janelas, mas sem portas", em que era obrigado a viver como a pantera de Rainer Maria Rilke, com a qual costumava se comparar.

Do incessante passar pelas grades
seu olhar se fatigara tanto
que não retinha mais nada,
como se houvesse mil barras de ferro
e atrás das mil barras, mundo nenhum...

Seu médico era o jovem Oliver Sacks, que mais tarde haveria de tornar mundialmente conhecido o drama de Leonard, bem como o de outros pacientes com incapacidades semelhantes. Sacks estava experimentando um novo medicamento, o L-Dopa (ou levodopa), com propriedades parecidas com as de um neurotransmissor natural, a dopamina. Leonard foi o primeiro paciente a ser tratado com esse medicamento. O efeito foi tão extraordinário que o jovem médico chegou a associá-lo a imagens de ressurreição de mortos. Por isso, o primeiro livro de Sacks – e também o filme feito logo depois – recebeu o título *Tempo de despertar.*

O tratamento começou em março de 1969. Duas semanas depois, Leonard era outra pessoa: podia caminhar! Desceu até o jardim da clínica, abraçou as flores, as beijou e inspirou seu perfume em uma demonstração de suprema felicidade. E não se tratou apenas de um gesto: ele estava de fato extasiado e pleno de energia. "Sinto que fui salvo, ressuscitei, renasci", disse. "Eu me sinto como um amante apaixonado, rompi as barreiras que me separavam do amor. Tenho uma sensação de saúde que parece uma dádiva divina." Ele voltou a dirigir e mergulhou na vida noturna de sua cidade natal, Nova York, como descreve Sacks.

Em sua leitura da *Divina comédia*, de Dante, Leonard pulou os versos sobre o inferno e começou a ler com lágrimas nos olhos a parte sobre o paraíso. "L-Dopa é um santo remédio", escreveu com alegria em seu diário, sublinhando a palavra "santo". "Abriu as minhas janelas interiores que estavam cerradas. Se todos se sentissem tão bem como eu, ninguém pensaria em conflitos ou guerra, em poder ou posse. Todos simplesmente estariam felizes consigo mesmos e com os outros. Saberiam que o céu é aqui mesmo, na Terra."

Mas o êxtase de Leonard duraria apenas duas semanas. Primeiro, sua alegria transformou-se em um anseio intenso, depois em avidez. Era cada vez mais possuído por desejos insaciáveis de poder e sexualidade. Começou a assediar as enfermeiras na clínica e solicitou seriamente ao seu médico, Sacks, que escalasse as mulheres de tal forma que pudessem "ficar a seu serviço" durante a noite. "Estou carregado, até mesmo sobrecarregado, como uma bomba!", escreveu ele no diário. "Com L-Dopa no sangue não há nada no mundo que eu não possa fazer se quiser. L-Dopa é poder, é uma força irresistível. L-Dopa é a energia em excesso que consome a si mesma. L-Dopa me deu a força pela qual eu ansiava."

Àquela altura, Leonard falava com uma velocidade inacreditável e nas primeiras três semanas de junho escreveu uma autobiografia de várias centenas de páginas. Seu estado estava próximo do comportamento maníaco. Leonard viu-se acossado por demônios. Ele imaginava que havia ao seu redor armadilhas de cordas com a finalidade de enforcá-lo. Quando em uma de suas crises tentou se asfixiar com um travesseiro, Sacks simplesmente cortou o medicamento. Poucos dias depois, Leonard já estava novamente no seu antigo estado. E assim morreu, em 1981, depois de mais algumas tentativas de tratamento com L-Dopa e remédios semelhantes que sempre provocavam os mesmos delírios.[1]

A substância que nos move

O que aconteceu com Leonard? A inflamação afetara um pequeno grupo de células de seu mesencéfalo. Um corte transversal no cérebro humano permite ver que essas células se situam bem no centro do crânio, onde aparecem como manchas negras mais ou menos do tamanho de uma unha. Por isso essa região onde a dopamina é produzida chama-se *substantia nigra* ("substância negra").

A dopamina é uma molécula pequena, composta de apenas 22 átomos – hidrogênio, carbono, oxigênio e nitrogênio. Se fosse possível aumentá-la dez milhões de vezes, essa aglomeração se pareceria com um girino: cabeça comprida, constituída principalmente de átomos de carbono e de uma cauda com átomos com os outros elementos. Leonard tinha carência dessa substância, e Sacks a ministrou em uma fórmula química levemente modificada, a levodopa.[2]

Parece mentira que uma molécula tão simples como a dopamina possa desencadear efeitos múltiplos no cérebro. Ela participa do processo que controla o ciclo sono/vigília e ajuda a concentrar a atenção. Acentua a curiosidade, a capacidade de aprendizado, a imaginação, a criatividade e o desejo sexual. O cérebro sempre emite esse hormônio quando desejamos algo ou alguém. A dopamina é a molécula do querer.

Mais surpreendente ainda é o fato de essa substância não apenas provocar excitação como também colocar simultaneamente em funcionamento todos os sistemas necessários para satisfazê-la. Sob o efeito desse hormônio, sentimo-nos motivados, otimistas e cheios de autoconfiança. A dopamina ajusta o cérebro de tal maneira que uma decisão possa ser imediatamente seguida de uma ação, já que ela é indispensável para o movimento voluntário dos músculos. A dopamina é o combustível que nos move, a força que nos anima. Ao nos fazer vibrar de expectativa, ao tornar um objetivo atraente e tangível, esse neurotransmissor, mais do que qualquer outro, contribui para criar uma sensação de euforia.

Praticamente inexiste uma situação na qual essa substância não desempenhe um papel. Basta batermos o olho na nossa fruta preferida no supermercado para que a dopamina seja liberada. Logo em seguida, um sentimento de felicidade nos invade, um misto de alegria e excitação, uma espécie de "eu quero aquilo". Sob o efeito da dopamina, o cérebro transmite para os músculos a ordem de esticar o braço e alcançar a fruta. Ao mesmo tempo, a memória fica em estado de alerta para receber uma mensagem: o cérebro prepara-se para examinar atentamente se o sabor da fruta corresponde à expectativa, a fim de poder arquivar a experiência positiva (ou a decepção) para uma próxima vez.

A dopamina também entra em ação quando assumimos uma nova tarefa na vida profissional, quando uma pessoa atraente cruza à nossa frente na rua, e, principalmente, antes do ato sexual. Ao tomarmos um copo de cerveja ou fumarmos um cigarro, também queremos criar uma dose extraordinária dessa substância, pois tanto o álcool quanto a nicotina fazem o cérebro liberar mais dopamina.

Além desse aglomerado de células da *substantia nigra*, existe outra parte do cérebro que produz dopamina: uma região vizinha que tem o complicado nome de *area ventralis tegmentalis*. Partindo desses dois núcleos, ramificações nervosas irradiam-se em todas as direções para distribuir a dopamina no cérebro. As diferentes regiões receptoras desse neurotransmissor são as que se encarregam de fazer o trabalho propriamente dito. Trata-se dos circuitos que nos fazem responder a recompensas, ficar atentos aos sentimentos agradáveis e nos movimentar.[3]

Essa substância é importante para a nossa vida porque ela influencia de três maneiras o que acontece na mente. Em primeiro lugar, chama a atenção para situações especialmente interessantes: nos desperta. Em segundo lugar, envia às células cinzentas a mensagem de que devem registrar uma experiência: estimula o aprendizado. Finalmente, ativa o controle dos músculos, fazendo com que o corpo obedeça à vontade: nos põe em movimento.

Considerando tudo isso, não admira que a falta de dopamina torne as pessoas desanimadas e, em casos extremos, como ocorreu com Leonard, até totalmente passivas. Mas uma overdose dessa substância pode ser devastadora: o desejo intensifica-se até à obsessão, a vontade vira sede de poder, a autoconfiança torna-se megalomania e a criatividade transforma-se em delírio. Os sentimentos positivos também têm o seu lado obscuro, e nenhum neurotransmissor nos mostra isso com mais clareza do que a dopamina.

O drama de Leonard foi causado pela falta de conhecimento dos médicos, que ainda não sabiam dosar a droga corretamente. Ele ingeriu mais dopamina do que o seu corpo podia suportar.[4] Afinal, os mecanismos que o medicamento ativou eram os mesmos que tornam possível a vida cotidiana de qualquer ser humano. E o destino de Leonard acabou sendo uma demonstração, levada ao absurdo pelo exagero, dos efeitos produzidos pela dopamina no organismo.

O tráfego de mensagens no cérebro

A dopamina é uma das principais substâncias mensageiras, ou mediadoras dos diálogos entre as células cinzentas no cérebro. A propagação de sinais por meio dos neurotransmissores ocorre quando eles são emitidos por um neurônio e passam, pela sinapse entre duas células cinzentas, ao neurônio vizinho, ou receptor.

Os diversos neurotransmissores diferenciam-se pela maneira como agem na célula receptora. Existem basicamente duas possibilidades. Na primeira, o neurotransmissor pode estimular essa célula diretamente, fazendo com que ela, por sua vez, emita um neurotransmissor. Nesse caso, seria o mesmo que enviar a mensagem por um funcionário do correio.

Na outra possibilidade, o neurotransmissor não estimula uma nova mensagem imediata, mas modifica a predisposição da célula receptora e, com isso, a maneira como ela reagirá a mensagens subseqüentes. O neurotransmissor pode, por exemplo, conectar o neurônio a um modo especial de recepção ou emissão. Nesse caso, seria como se ele estivesse abrindo uma porta para os outros mensageiros que o seguiram. Assim age a dopamina: abrindo, de par em par, os canais iônicos, que são como as portas das células. Dessa forma, faz com que os neurônios atinjam um estado de estimulação bastante elevado.[5]

A ciência ainda não conhece todos os detalhes da ação da dopamina. O modo de funcionamento dos neurotransmissores é hoje objeto de intensas pesquisas, e quase todos os dias novas descobertas são publicadas. A dopamina parece não ser o único neurotransmissor que influencia a excitação e o desejo. Há pelo menos meia dúzia de outras substâncias que têm um papel importante nesses processos, como a adrenalina e a noradrenalina. Ambas estão relacionadas ao estresse e intensificam a percepção sensorial e o metabolismo. O glutamato participa do processo do aprendizado. Finalmente, a acetilcolina, que é o hormônio contrário à dopamina, modera seu efeito estimulador. Mas não há dúvida de que a dopamina é a substância principal, funcionando como uma espécie de comando central químico do desejo.

O prazer da expectativa

O começo de um novo amor, a partida para um lugar exótico ou mesmo as primeiras imagens de um filme bastam para nos deixar inquietos, impacientes. Os dedos formigam, sentimos uma ligeira tensão nas pernas, o coração bate mais rápido. Uma promessa está no ar. Esperamos por alguma coisa que não sabemos o que é – uma virada inesperada na vida, um acontecimento que nos enfeitice. Ao mesmo tempo, porém, tememos que essa novidade talvez não seja tão prazerosa quanto desejamos. Nossa percepção fica aguçada, prestamos atenção em tudo o que nos possa fornecer a menor pista do que está por vir. Mal chega ao aeroporto, o viajante começa a olhar em torno, curioso. Uma pessoa apaixonada pula da cadeira ao primeiro som do telefone. O que é esse friozinho na barriga? Onde nasce? Tem algum sentido?

Foi um mero acaso o que fez o neurologista Wolfram Schultz entender os bastidores dessa excitação e o levou ao âmago do mistério: por que a evolução permitiu que a dopamina se tornasse tão poderosa? A intenção de Schultz, que trabalhava então no cantão suíço de Friburgo, era pesquisar determinados neurônios de macacos para entender como a dopamina influencia os movimentos. Sua esperança era de que esse estudo o conduzisse a alguma descoberta sobre a doença de Parkinson. Em pacientes com essa enfermidade, a química da dopamina está em desequilíbrio, por isso eles não conseguem controlar os músculos. O propósito desse pesquisador era observar como os neurônios secretores de dopamina localizados na *substantia nigra* se ativavam quando os macacos realizavam determinados movimentos. Mas de imediato não aconteceu nada muito importante, uma indicação de que os neurônios que ele examinava não se relacionavam à capacidade motora.

Antes de terminar o experimento, o cientista resolveu dar uma recompensa aos animais por sua colaboração. Um assistente colocou pedaços de maçã na jaula. "De repente, os neurônios dos macacos enlouqueceram, mal podíamos acreditar", conta Schultz.

Os pesquisadores haviam descoberto o circuito cerebral encarregado de processar os acontecimentos inesperados e surpreendentes. É exatamente esse sistema que aciona no ser humano a tensão do prazer preliminar, da expectativa, como se provou depois.

Schultz e seus colegas começaram a examinar esses neurônios com mais atenção. Constataram que as células só entravam efetivamente em ação quando havia uma recompensa à vista. Toda vez que os macacos avistavam uma maçã, os neurônios disparavam. Mas, se os cientistas pusessem na jaula apenas o arame que servia para espetar a fruta, as células nervosas permaneciam inativas.[6]

Foi montada então outra série de experimentos destinada a avisar os animais de que as maçãs estavam prestes a ser oferecidas. Uma lâmpada se acendia antes que eles recebessem as frutas. No início pouca coisa mudou. Mas após algumas repetições, bastava a lâmpada piscar para que os neurônios dos macacos ficassem ativos. Em compensação, quando os cientistas chegavam com as frutas anunciadas, não era registrada nenhuma atividade extraordinária dos neurônios. Portanto, era a alegria antecipada, e não o alimento propriamente dito, que estimulava as células nervosas.[7]

No jargão científico, esse mecanismo cerebral costuma ser chamado de "circuito de recompensa". Mas essa denominação não é exata, pois não é o prêmio que aciona os neurônios, e sim a expectativa gerada por seu anúncio. Costumamos dizer que o maior prazer está na alegria antecipada. Quando alcançamos a recompensa anunciada pela expectativa, nós a aceitamos sem uma excitação especial. Um funcionário alegra-se ao saber que ganhará um aumento; porém, no momento em que esse valor adicional é depositado na conta, seu entusiasmo já é bem menor. Tudo indica que foi isso o que aconteceu com os macacos.

O prazer nos torna espertos

Na natureza, não é vantajoso perder tempo com algo que já foi anunciado, pois assim se estaria dispersando a atenção. Uma vez entendido que a um sinal sempre se seguem maçãs, não vale mais a pena dar muita importância ao fato. A atenção é um bem raro, e quem não precisa ficar olhando para o alimento pode observar melhor o inimigo.

Mas o que acontece se a expectativa é superada? Quando os pesquisadores se aproximavam da jaula com passas em lugar da maçã, novamente um intenso tráfego de mensagens entre os neurônios dos macacos era disparado assim que os animais notavam o tipo de guloseima que estavam recebendo. Aparentemente, a surpresa provocava uma excitação alegre. Depois de algumas repetições, essa reação também desaparecia. Os macacos haviam se acostumado à comida melhor. Quem toma champanhe todo dia também não dá mais pulos de alegria.

Quando os pesquisadores voltaram à dieta da maçã, os neurônios passaram a indicar que os animais estavam habituados a coisas melhores. Seu nível de excitação caiu abaixo do estado normal de tranqüilidade: um sinal de depressão. Mas a decepçao não durou muito. Pouco depois, as passas já estavam esquecidas e as células se comportaram como se jamais tivesse existido nada mais saboroso do que as maçãs.

Querer sempre o melhor é um dos princípios mais antigos da natureza. Até as abelhas têm em seu minúsculo cérebro um único neurônio que funciona de forma semelhante ao circuito de expectativa dos animais mais desenvolvidos. Como a vida e o cérebro de uma abelha são bem simples, é fácil demonstrar com que finalidade a evolução criou o princípio do prazer. Em seus vôos de coleta, as abelhas só visitam flores ricas em néctar, desprezando todas as outras. De alguma forma, esses insetos devem ter aprendido onde vale a pena pousar.

O cérebro da abelha trabalhou segundo o programa "passas e maçãs". Ao prospectar uma área desconhecida, a abelha penetra em diversas flores para examinar quanto néctar elas contêm. Em seguida, entra em ação o mesmo mecanismo que fez os macacos do laboratório pegarem as passas: quando a abelha encontra mais néctar do que o esperado em uma flor, é ativado o neurônio secretor de octopamina (uma variante da dopamina presente nos insetos, mas para facilitar continuaremos falando de dopamina). Na memória da abelha registra-se a seguinte mensagem: "Bom lugar para pouso." Mas se a flor possuir pouco néctar, esse neurônio permanecerá inativo. Daí por diante, a abelha passará ao largo de flores desse último tipo.[8]

Assim, a abelha pode aprender sem ter preferências inatas ou mesmo um modelo de conduta. A própria realidade é o seu mestre, e o neurônio da dopamina lhe ensina o que é bom, o que é ruim e o que é o melhor. Toda vez que a dopamina é emitida, isso serve como sinal de que determinada decisão foi acertada e que algo positivo aconteceu com o organismo.

Como vimos no capítulo 4, as conexões entre os neurônios modificam-se quando o cérebro aprende alguma coisa. A dopamina intensifica o surgimento de novas conexões entre as células nervosas, influencia a maneira pela qual estas processam a informação genética e estimula a formação de novos neurônios.[9] É bem próxima a relação entre desejo e compreensão. O prazer nos torna espertos, e sem prazer é difícil aprender.[10]

O afã de querermos sempre mais

Bem lá no fundo do cérebro, portanto, existe um detector de novidades e de coisas melhores sem o qual seríamos incapazes de aprender.

Como esse mecanismo é muito mais antigo e poderoso do que o raciocínio, ele pode nos levar a agir contra a razão. Diferentemente do que ocorre entre os animais, os anseios humanos não se limitam às necessidades básicas, como a alimentação: o nosso circuito de expectativa estimula todos os desejos que somos capazes de sentir. Fomos programados para querer o melhor, ainda que depois de consegui-lo nos habituemos a ele rapidamente. Mesmo assim, o almejamos sempre e quase a qualquer preço.

Às vezes essas reações são completamente desprovidas de lógica, como as que experimentamos durante um jogo, alternando irritação e contentamento. Mesmo quando não apostamos nada para valer, a competição não deixa de nos despertar altos e baixos emocionais. O neurologista londrino Raymond Dolan descobriu alguns circuitos responsáveis por essa conduta. Enquanto distraía voluntários com uma variante do jogo de pôquer, ele examinava imagens de seus cérebros com o tomógrafo de emissão de pósitrons. Quando um dos participantes conseguia um lucro inesperado, a parte frontal do seu cérebro ficava ativa. Essa região coincidia com as ramificações terminais da árvore nervosa que distribui a dopamina e que estão intimamente ligadas às áreas que entravam em atividade quando os macacos do pesquisador Schultz viam as maçãs.

Nos cérebros dos jogadores não se observou nenhuma diferença quando a aposta era feita com dinheiro verdadeiro ou com fichas de plástico.[11] Também nas partidas disputadas em videogames, em que se trata apenas de aumentar o total de pontos, o circuito de expectativa era acionado.[12] Aparentemente, esse mecanismo não está interessado na utilidade do prêmio. Ele quer ganhar por ganhar. Essa pode ser a explicação para o sucesso das liquidações e das promoções de ocasião, que atraem multidões nas quais se incluem pessoas de alto poder aquisitivo.

Na realidade, não é sequer imprescindível que a satisfação seja duradoura. O importante é que a expectativa supere de alguma forma aquilo a que estamos habituados. Uma condecoração por mérito, um aumento quando o salário já é bastante alto e até uma cadeira de chefe um pouco maior podem não ter tanto valor, mas quem não está disposto a fazer o possível para ganhar recompensas como essas?

Por que pulamos a cerca?

Em poucos campos da vida dependemos tanto do circuito de expectativa como no amor. Simplesmente não há nada que desperte tanta excitação, confusão e aflição como o incorrigível desejo de ir mais longe, de variar, de viver novas experiências. "O que é que o outro ou a outra tem que eu não tenho?" Essa é a pergunta-padrão dos que se sentem abandonados e para a qual a ciência apresenta algumas respostas surpreendentes.

Dizem que o casal presidencial americano Grace e Calvin Coolidge, que residiu na Casa Branca entre 1923 e 1929, ficava às voltas com essa dúvida. Durante uma visita a uma granja estatal, eles foram ciceroneados pela propriedade separadamente. Quando a senhora Coolidge entrou no galinheiro, viu um galo copulando animadamente com uma galinha. Muito impressionada, a primeira-dama perguntou:

– Quantas vezes isso acontece?

– Dezenas de vezes por dia – responderam-lhe.

– Por favor, conte isso ao presidente – pediu ela.

Pouco depois, a comitiva do presidente chegou ao galinheiro. Ao lhe darem a informação sobre as façanhas do galo, ele perguntou:

– E ele faz isso sempre com a mesma galinha?

– Ah, não, senhor. Cada vez com uma galinha diferente.

O presidente fez um gesto concordando e disse:

– Conte isso a senhora Coolidge.

Como descobriu o ilustre casal, a renovação da parceria sexual não é uma busca apenas dos seres humanos. O que, em uma referência a essa piada, os etólogos denominaram de "efeito Coolidge" – a diminuição do desejo sexual quando a parceira é sempre a mesma – também é observado em muitas outras espécies. Isso explica por que a tendência de "pular a cerca" faz parte de nossa herança evolutiva.

Esse efeito é claramente observado entre ratos de laboratório. Quando dois animais de sexos diferentes são colocados juntos em uma gaiola, mostram logo um grande interesse um pelo outro, e o macho dá início ao ato sexual. Após um pequeno intervalo, o sexo recomeça tão vigoroso e determinado como antes. Mas, depois de quatro ou cinco vezes, acaba. Subitamente o desejo do macho se apaga. Por quê? Terá ele feito muito esforço? Não. Apenas está entediado. Se uma nova parceira entrar na gaiola, ele se lançará sobre ela e o jogo recomeçará.

É possível até medir a intensidade do desejo. Quem fez isso foi o pesquisador canadense Anthony Phillips. Os resultados: quando um rato macho avista uma fêmea nova atrás de uma divisória de vidro, o seu nível de dopamina sobe 44%. Pouco antes do ato sexual, esse percentual chega a atingir o dobro do valor normal e, após o clímax, cai rapidamente. No segundo ato sexual com a mesma parceira, o crescimento é menor e pouco depois o nível de dopamina volta ao normal, mostrando que o desejo do macho arrefeceu. Mas, quando aparece outra fêmea atrás do vidro, a dopamina do macho, que parecia extenuado, volta a subir atingindo respeitáveis 34%.[13]

Ninguém pode afirmar que a nova fêmea seja melhor do que a anterior. Mas não é isso que importa. Ela tem o charme da novidade, e é isso o que atrai. Basta avistá-la para que o cérebro do rato libere dopamina. Assim, pode-se ministrar ao macho drogas que elevam artificialmente o nível dessa substância para que o desinteresse sexual desapareça como em um toque de mágica e ele pule animadamente sobre a antiga parceira.[14]

Estamos falando apenas de seres do sexo masculino e da sexualidade pura, desconsiderando os encantos do amor: nessas condições, pelo visto, a novidade conta mais do que o bom entendimento anterior. O frio na barriga, as batidas do coração e a tensão durante o jogo de sedução podem ser mais excitantes do que as lembranças de bons orgasmos.

Há evidências de que nos seres humanos a quantidade inata de receptores de dopamina está relacionada ao número de parceiros sexuais. É o que afirma o pesquisador Dean Hamer, do Instituto Nacional do Câncer de Washington. Segundo ele, existe uma correlação direta entre determinada variante do gene que controla a produção do receptor D4 – e, portanto, a afinidade com a dopamina – e a tendência a ter aventuras eróticas. Trinta por cento de todos os homens possuiriam um tal "gene da promiscuidade", o que significa cerca de 20% a mais de parceiras sexuais ao longo da vida do que a média.[15] A relação estatística constatada por Hamer é muito vaga e não explica os ímpetos de todos os dom-juans deste mundo. Mas a sua descoberta pode indicar que esse anseio pela novidade talvez seja, ao menos em parte, um traço inato.

Todas essas características estão sendo pesquisadas com grande interesse apenas nos indivíduos do sexo masculino. E, no entanto, a lógica mais simples nos ensina que o desejo das mulheres não é menor do que o dos homens, pois de onde aparecem tantas parceiras para os casos amorosos? Por que é que chimpanzés fêmeas fazem todo esforço possível para copular com machos de categoria inferior sem serem vistas pelo líder do grupo? E como explicar a estatística comprovada por testes genéticos de que cerca de 15% de todos os homens que supostamente são pais estão enganados sobre a origem de seus filhos?[16]

O segredo de Casanova

Ninguém encarna melhor a figura do amante inconstante do que Giacomo Casanova, o famigerado e galante sedutor do século XVIII. Ao seu charme sucumbiram algumas das mulheres mais belas e cultas de sua época, nobres, burguesas e até simples criadas. Ele festejava seus triunfos nos salões europeus. Dominava a arte da conversação. E sabia criar o cenário para o prazer sensual de forma refinada e eficaz. Para receber a bela Marina Maria Morosini, por exemplo, alugou o palácio mais caro de Veneza, uma construção luxuosa, feita para o amor, a diversão e a gastronomia. Havia nela espelhos imensos refletindo a luz de centenas de velas, sofás elegantes e uma lareira revestida de porcelana chinesa decorada com imagens de casais nus se divertindo.[17]

Naquele ambiente, Casanova mandou servir carne de caça, esturjão, trufas, ostras, os vinhos mais finos da Borgonha, champanhe, frutas e até sorvete, o que era uma raridade em 1753. "O homem dotado da nobre faculdade da compreensão sabe conhecer o prazer. Ele o persegue, o tempera com outros prazeres, o aperfeiçoa e o aprofunda com a ajuda da reflexão e da memória", explicou ele.

Ao que tudo indica, sua visitante também aproveitou bastante o passeio. Segundo o relato do próprio Casanova, ele aprendeu muito com Maria Marina quanto a "suspiros, arrebatamentos, êxtases e exclamações plenas de sensibilidade que só as almas delicadas manifestam nos momentos mais doces". Na manhã seguinte àquela noite de loucura, uma gôndola levou sua amada de volta para a ilha onde ficava o convento. Era lá que morava Maria Marina, pois era freira.

Casanova não costumava respeitar os limites das convenções. O fato de seu amor ser proibido apenas o tornava mais interessante para ele. Afinal, esse homem queria experimentar, ver e vivenciar tudo. Não se sentia simplesmente atraído pelas mulheres: quanto mais jovens elas fossem e quanto menos ele as conhecesse, melhor. Queria fruir a vida ao máximo. Quando lhe faltava a oportunidade de correr riscos e de sentir aquele frio na barriga, sentia-se insatisfeito e infeliz, como se observa em vários trechos de sua biografia.

Embora tenha desfrutado de muitos prazeres sensuais, Casanova não encontrou a felicidade. Ele se sentia visceralmente atraído pelo jogo, como confessou: "Não tinha forças para abandonar a partida quando a sorte não estava do meu lado, não conseguia deixar de correr atrás do dinheiro." Ele se enredava em intrigas insensatas, arriscava a vida em duelos e conseguiu enfurecer de tal forma as autoridades com atitudes com as quais nada tinha a ganhar que passou boa parte dos melhores anos de sua vida fugindo.

Até nas épocas mais tranqüilas de sua vida, Casanova era movido por um verdadeiro vício por novas sensações. Nos poucos mais de três meses que passou na ilha grega de Corfu durante a juventude, conseguiu a façanha de trabalhar como banqueiro, montar uma companhia teatral, formar um pequeno exército de camponeses, ser capturado por um corsário e escapar, além de desmascarar um falso príncipe.[18]

A atração pela novidade

Casanova foi um caso extremo de uma pessoa movida pela curiosidade. Mas todos nós somos atraídos pelo novo. Quando tudo fica sempre igual, reina o tédio, uma das sensações que menos suportamos. "O enfado é uma dor diluída", disse o escritor Ernst Jünger. Para escapar do fastio, prestamos atenção em qualquer coisa: fofocas sobre celebridades, televisão, moda. Vale a pena repetir: não importa a utilidade da distração, basta que ela nos traga algo novo que possamos ver ou vivenciar. Digerir novidade é uma das tarefas mais importantes do cérebro: as células cinzentas pedem esse alimento.

A inclinação pela mudança é da natureza animal, já disse Aristóteles.[19] Assim também funciona o ser humano. A natureza equipou suas criaturas para que possam desenvolver-se em um mundo em constante transformação. E é para isso que serve a curiosidade. Ela não apenas nos capacita a aceitar novidades como também a cobiçá-las. Ao explorarmos o mundo, estaremos cada vez mais à frente e sempre com um passo de vantagem.[20]

Testes psicológicos revelam que a curiosidade é uma das principais características da personalidade e que ela tem uma enorme influência em nosso estilo de vida. Quem sente curiosidade imediata sobre um assunto ou até sobre alguém é capaz de se entusiasmar facilmente com outras coisas.[21]

Assim, as pessoas também se diferenciam de acordo com o grau de novidade de que necessitam para se satisfazer. Há indivíduos que trabalham em uma única empresa até à aposentadoria, outros mudam de emprego a cada dois anos. Há quem more durante toda a vida na casa em que nasceu, mas existem os que preferem trocar freqüentemente de cidade ou de país. Basta analisarmos os destinos turísticos de uma pessoa para ver a que categoria ela pertence. Quem se sente feliz indo todos os anos para o mesmo lugar, onde encontra sempre compatriotas que falam o seu idioma, certamente é menos movido pela curiosidade do que alguém que escolhe locais distantes e exóticos. Podemos até estranhar pessoas que são diferentes de nós, porém não faz o menor sentido tentar "reeducá-las", sejam elas sedentárias, sejam aventureiras. Provavelmente a sua necessidade de variar e buscar novidades é em grande parte inata, e isso inclui a quantidade de estímulos de que precisam para viver satisfeitas.

Uma hipótese que vem sendo muito discutida é a de que determinado receptor de dopamina nos neurônios influi sobre a quantidade de estímulos de que o ser humano necessita. Nesse caso, a curiosidade insaciável seria um traço de indivíduos cujos neurônios possuem poucos receptores do tipo D2. É o caso de cerca de um quarto da humanidade. Em sua carga genética existe um gene mutante que reduz a produção desse receptor. Os neurônios dessas pessoas não respondem muito bem à dopamina, ou melhor, seus cérebros não a aproveitam bem. Conseqüentemente, elas precisam de uma dose maior dessa substância para atingir o equilíbrio. Esses são os espíritos aventureiros, capazes de ir mais longe do que outros, de modo que mais dopamina seja liberada em seus cérebros. Eles buscam novos estímulos e estão mais dispostos a enfrentar situações de risco. O consumo de drogas por diversão também está ligado à necessidade de aumentar a quantidade desse neurotransmissor, como explicaremos com mais detalhes no capítulo 8. É fato que pessoas com menor densidade de receptores D2 são estatisticamente mais dependentes de drogas, incluindo o álcool.[22]

A ciência ainda não disse a última palavra sobre a teoria dos receptores D2. Mas não resta dúvida de que a dopamina tem o papel principal na origem da curiosidade e da dependência química. Isso provavelmente se deve a uma relação entre a maneira como o cérebro aproveita esse neurotransmissor e as tendências à curiosidade e à dependência. Mas ninguém sabe ao certo qual é o tamanho da influência dos receptores D2 em tudo isso em comparação com outros fatores.

Caso essa teoria se comprove, não seria difícil acharmos grandes símbolos, históricos e contemporâneos, desse espírito aventureiro geneticamente determinado. Casanova seria o exemplo perfeito. Já idoso, escreveu não apenas suas memórias, concentradas em nada menos do que 12 volumes,[23] como também livros de ficção científica, em que previu o carro, a TV e o avião. Afinal, além de levar as pessoas a buscar novidades, a curiosidade faz com que elas as criem.

Pequenas gentilezas agilizam o raciocínio

Eram pequenos os agrados com que Alice Isen costumava recepcionar seus visitantes: bombons, brindes ou palavras gentis do tipo "como você está bonita hoje". Mas quem imagina ser recebido com tais gentilezas quando está sendo esperado para participar de um experimento psicológico? Seja como for, essas discretas amabilidades tinham um efeito extraordinário: os voluntários já começavam as atividades com um humor melhor. No fundo é curioso: bastam algumas balinhas que qualquer um pode comprar por poucos centavos para afugentar todas as chatices da vida por pelo menos meia hora. Mais ainda: os participantes que Alice Isen convidou para seus testes eram médicos que atuam em hospitais, pessoas normalmente práticas e objetivas que não costumam se deixar arrebatar por sentimentalismos.

Mas havia mais. O próximo passo consistia em uma tarefa bastante comum para os voluntários: um assistente relatava um vago quadro de sintomas e eles tinham que fazer o diagnóstico. Toda vez que o assistente descrevia um novo sintoma, Alice Isen pedia aos participantes que procurassem identificar a doença com base nos conhecimentos científicos atuais. Nesse ponto, os efeitos das gentilezas preliminares começaram a se manifestar. Os médicos que haviam recebido um pequeno agrado antes da sessão estavam de bom humor e revelaram um desempenho altamente criativo – em média, necessitaram de metade das informações para estabelecer diagnósticos corretos em comparação com os participantes que não haviam recebido uma cortesia ao chegar. Embora o ambiente estivesse descontraído, isso não os fez proceder de forma leviana. Eles procuraram sempre se informar antes de dar a palavra final sobre o primeiro diagnóstico, que nunca precisaram corrigir.[24]

Isso significa que vale a pena sempre levarmos um presentinho para o médico antes da consulta? A idéia não é má, mas nesse caso não produziria o resultado esperado, pois o valor da gentileza está exatamente no fato de ser surpresa. Se a pessoa já estiver esperando por ela, seu circuito de expectativa não desencadeará nenhuma sensação de euforia.

Mas que relação pode ter havido entre os pequenos agrados e o grau de acerto e prontidão nos diagnósticos? A amabilidade inesperada elevou ligeiramente o nível de dopamina nos cérebros dos médicos.[25] E esse neurotransmissor estimula as células cinzentas a processar informações – um mecanismo idêntico ao que desencadeia a curiosidade. Como mostraram os experimentos do pesquisador Schultz com os macacos, a dopamina desencadeia a atividade da memória de trabalho, ou recente, que se dá na região frontal do cérebro. São os sistemas dos quais necessitamos para trabalhar mentalmente com uma série de dados. Ao mesmo tempo, esse neurotransmissor age sobre centros mais profundos que comandam a atenção, intensificando a capacidade de concentração.[26] Dessa forma, uma surpresa agradável pode agilizar o raciocínio.

Com felicidade e bom senso

Sob a influência da dopamina, o cérebro aprende a estabelecer relações. Predispostos por essa substância, os neurônios lidam melhor com tudo o que é novo. Não importa se o que está em questão é associar um sinal luminoso à expectativa de ganhar passas ou, como ocorre na mente de um escritor, juntar frases soltas para que elas se tornem um poema. A dopamina ajuda os animais a reconhecerem as regras de seu meio ambiente e inspira os seres humanos a buscarem o sentido da vida e do mundo.

Os sistemas cerebrais para o desejo aumentam a capacidade de reconhecer relações e potencializam a imaginação. O fato de esses dois efeitos acontecerem simultaneamente foi um feliz desígnio da evolução, pois isso contribui em dobro para a concretização dos objetivos. Um chimpanzé no zoológico é capaz de empilhar caixas para alcançar um cacho de bananas. Nós humanos também costumamos ter idéias para viver melhor e conseguir aquilo que queremos. A associação entre a curiosidade e o desejo, relação que a dopamina fortalece no cérebro, é a origem da criatividade.

Sem quantidades extraordinárias desse neurotransmissor – não importa se obtidas de forma natural, por doença ou drogas –, muitas obras de arte nunca teriam surgido. Casanova não era apenas um aventureiro como também um brilhante escritor. Leonard, o paciente de Oliver Sacks, começou a escrever freneticamente a sua biografia no momento em que o medicamento L-Dopa produziu muita dopamina em seu cérebro. Até mesmo um autêntico escritor como o filósofo francês Jean-Paul Sartre necessitou de um estímulo artificial para continuar a desenvolver seu trabalho. Ameaçado de perder a visão e querendo ganhar a corrida contra a cegueira, ele tomava anfetaminas, substâncias que elevam o nível de dopamina.

O excesso desse neurotransmissor pode conduzir uma pessoa às trevas da imaginação, provocando interpretações errôneas, sensação de perseguição e outras alucinações.[27] Mas, em um grau mais moderado, são esses mesmos movimentos de ânimo que dão asas à criatividade. Quem recebe esse dom costuma descobrir correlações que outras pessoas não conseguem ver e é capaz de associar coisas que aparentemente não têm nada em comum. Essas habilidades formam a base de todos os atos criativos, não importando se se trata de inventar uma nova receita, de projetar um móvel ou de resolver um problema de matemática.

O estado de ânimo influencia assim o desempenho mental. O experimento da psicóloga Alice Isen com seus pequenos agrados para os médicos contém uma mensagem duplamente otimista. Em primeiro lugar, é muito fácil deixar uma pessoa de bom humor. Em segundo lugar, felicidade e bom senso não se opõem, ao contrário. Os benefícios que essa descoberta pode produzir são incontáveis. Alunos que se sentem bem na sala de aula e que podem rir aprendem com mais facilidade. Funcionários que têm prazer com o trabalho produzem mais.

Como dizem os americanos, *the brain runs on fun* – "o cérebro é movido pela alegria".

Capítulo 7 | O prazer

Querer e gostar são coisas bem diferentes. Quantas vezes já não fomos a uma festa sabendo de antemão que não seria divertida? Sabíamos que só haveria gente chata, agarrada ao copo de bebida e com uma conversa entediante. Além disso, nem sequer tínhamos tanta intimidade com o anfitrião. Ou seja: não havia dúvida de que seria pura perda de tempo. Mas mesmo assim fomos. Não dá para explicar muito bem o que nos faz agir assim. É como se temêssemos perder alguma coisa importante. Mas, é claro, nunca acontece nada. Passamos as horas conversando sobre bobagens e juramos nunca mais perder tempo – até a próxima vez.

Os fumantes conhecem muito bem a diferença entre querer e gostar. Um cigarro pode ser maravilhoso. A fumaça passa quentinha como se estivesse acariciando o céu da boca. No caminho para o pulmão, espalha o seu ardor gostoso. Mas e o oitavo ou nono cigarro do dia? "É difícil descrever o gosto – uma mistura de ozônio e tabaco acompanhada de uma sensação de torpor na língua", descreveu o autor americano Jay McInerney em seu romance eletrônico sobre o cigarro.[1]

Nesses momentos, um fumante começa a se detestar pela sua dependência e fraqueza. Ele tem horror ao cigarro, mas o deseja tanto que é capaz de enfrentar a pior chuva para comprar outro maço quando o seu está vazio.

Não estamos habituados a diferenciar entre querer e gostar, pois muitas vezes esses dois movimentos do ânimo se misturam. Em um restaurante, por exemplo, dificilmente pedimos um prato que não seja do nosso agrado. Mas confundir essas duas coisas pode nos arrastar para a infelicidade, como é o caso do fumante inveterado e dos freqüentadores compulsivos de festas. No caso mais extremo, esse equívoco conduz à dependência. Aliás, o contrário também acontece: não desejarmos algo que poderíamos desfrutar plenamente. Após uma refeição de sete pratos, por exemplo, por mais que a sobremesa nos pareça saborosa, estaremos tão satisfeitos que só nos serviremos de um pouquinho dela.

Os sentimentos agradáveis originam-se de duas maneiras: quando queremos algo e quando conseguimos aquilo que nos dá prazer. Esses dois movimentos – o prazer preliminar (a expectativa) e a fruição do que foi obtido – são produzidos por caminhos diferentes no cérebro. O neurocientista Hans Breiter, da Universidade de Harvard, demonstrou que regiões distintas são ativadas para a geração de cada um deles. No caso da expectativa, a área acionada é um centro da região frontal chamado *nucleus accumbens*, ou núcleo inclinado, assim denominado porque seu posicionamento lembra a torre de Pisa. Controlado pela dopamina, ele é em grande parte responsável pelo fato de recordarmos os bons acontecimentos. Quando, porém, estamos fruindo alguma coisa, ativam-se partes do córtex cerebral encarregadas da percepção consciente.[2] Nessa situação, não é a dopamina que entra em ação, mas os opióides, substâncias produzidas pelo próprio organismo e que se parecem com o ópio de origem vegetal.

Os mensageiros da euforia

Cada prazer, por isso, equivale a um estado de embriaguez, não importa se estamos nos deliciando com um banho quente em um dia frio de inverno, com uma massagem, com uma boa refeição ou com a prática do sexo. Todas essas sensações de bem-estar obedecem aos mesmos mecanismos, e são os mesmos circuitos cerebrais que estão em funcionamento. A química também é a mesma: os opióides estão na origem de todos os prazeres, que, portanto, são todos iguais. O que diferencia as sensações agradáveis – por exemplo, a que sentimos com uma massagem e aquela que experimentamos ao tomar um chope gelado em um dia quente – não é a melodia no cérebro, e sim o instrumento que produz os sons. No caso da massagem, os sinais partem dos sensores que detectam a pressão sobre a pele; quando degustamos o chope, eles são emitidos pelas papilas gustativas da língua e do palato (céu da boca).

Ao chegarem ao cérebro, os estímulos sensoriais produzem uma sensação de bem-estar que é idêntica nas duas situações.

Talvez o poeta francês Charles Baudelaire tenha intuído todas essas correlações ao exortar seus leitores no poema "Embriagai-vos":

> *Deveríamos estar sempre embriagados. Tudo depende disso, é a única questão. Para não sentirdes o terrível fardo do tempo, que vos abate e vos empurra para o chão, embriagai-vos incessantemente. Mas com quê? Com vinho, com poesia, com virtude, como quiserdes. Mas embriagai-vos.*[3]

A embriaguez provocada pelo prazer interrompe a monotonia do tempo. Essa afirmação não é insensata, uma vez que a ação química dos opióides altera a nossa percepção do tempo. Durante um orgasmo o tempo pára. O mais importante, e foi o que Baudelaire intuiu, é que todas as drogas têm o mesmo efeito e que não precisamos usar substâncias artificiais para obter a sensação de embriaguez. Equiparar êxtases "bons" e "ruins" foi considerado uma monstruosidade naquela época. Seu livro *As flores do mal*, que apenas aludia a essas idéias, provocou um escândalo ao ser lançado em 1857 em Paris. A coleção dos poemas em prosa que contém "Embriagai-vos" só foi publicada após a morte do poeta.

Mais de cem anos depois, não causou menos alvoroço a explicação biológica que os neurocientistas apresentaram para a ousada proposição de Baudelaire. Em 1973, nada menos do que três grupos independentes de cientistas publicaram trabalhos afirmando que os neurônios têm receptores para opiáceos – um grupo de substâncias que também inclui a morfina e a heroína. Por que razão teria a evolução previsto tal mecanismo? Certamente, não foi para que as pessoas se entregassem aos prazeres proporcionados por derivados da papoula.

Começou uma busca febril. Pouco depois, confirmou-se que o cérebro é capaz de produzir substâncias semelhantes à morfina e que têm grande afinidade com os misteriosos receptores. Haviam sido descobertos os primeiros opióides endógenos, isto é, fabricados pelo próprio organismo. Receberam o nome de endorfinas, uma palavra composta pelo prefixo grego "endo" (interior) e morfina. Pouco depois, identificaram-se outras substâncias semelhantes, as encefalinas. Por fim, foram descobertas as dinorfinas, que provocam o efeito contrário das endorfinas – enquanto endorfinas e encefalinas produzem prazer, as dinorfinas causam a sensação de repulsa. São classificadas como opióides todas as endorfinas, encefalinas e dinorfinas. Trata-se de neuropeptídeos, moléculas grandes e mais complexas do que a substância do prazer, a dopamina.

Depois da descoberta dessas substâncias no cérebro humano, não demorou até que os cientistas as encontrassem também em outros seres vivos. Os opióides do prazer circulam nos cérebros de cães, roedores, insetos e até mesmo no sistema nervoso bem simples das minhocas. Será que toda a natureza é movida pelo princípio da busca pelo prazer?

Abraçando o mundo inteiro

Sem as endorfinas e as encefalinas, o mundo seria insuportavelmente cinzento. Ficamos sabendo o quanto pode ser terrível essa possibilidade por meio de depoimentos de pessoas cujos neurotransmissores permaneceram temporariamente inativos pela ação de determinados medicamentos. Um desses remédios é a naloxona, geralmente empregada na recuperação de viciados em heroína. Quando um ex-toxicômano toma naloxona, não há alimento que lhe dê prazer, não há divertimento que o faça rir. O mundo ao seu redor lhe parece uma fábrica de máquinas povoada por robôs, na qual tudo o que é preciso fazer é mover-se, nada mais. Essa pessoa perde até mesmo o interesse por sexo, apesar de continuar apresentando reações fisiológicas normais, como a aceleração dos batimentos cardíacos durante o orgasmo. Isso indica que indivíduos que não possuem opióides são capazes de praticar o ato sexual, embora não sintam nada.[4]

Mas há uma situação pior: aquela em que os adversários das endorfinas, as dinorfinas, dominam o jogo. Quando se administram substâncias semelhantes às dinorfinas, os voluntários que participam dos experimentos relatam sensações terríveis, entre as quais calafrios, fuga de idéias, debilidade física e perda do autocontrole. Alguns deles, não conseguindo suportar a situação, às vezes tentam se jogar pela janela.[5]

Pesquisadores observaram estados semelhantes em ratos que tiveram um centro cerebral controlado pelos opióides removido por cirurgia. Esses animais demonstravam aversão a tudo, até mesmo por docinhos pelos quais teriam feito qualquer coisa antes da operação. Quando os quitutes eram postos em sua boca, eles os cuspiam. Não fossem alimentados por sondas, simplesmente morreriam de fome.[6]

Mas que imensa alegria sentimos quando endorfinas e encefalinas circulam em nossos cérebros! De uma hora para a outra, passamos a perceber toda uma variedade de aromas e sabores em uma refeição corriqueira. O apetite aumenta e se mantém até quando estamos satisfeitos – essa é uma das razões pelas quais um estado prolongado de alegria pode causar aumento de peso.[7] Tudo nos aparece mais cordial, mais luminoso, e, se pudéssemos, abraçaríamos o mundo inteiro. Recebemos pessoas totalmente estranhas com um largo sorriso não apenas porque nos sentimos bem, mas porque elas nos parecem realmente simpáticas. Adoraríamos compartilhar com todos a nossa felicidade.[8]

É quase impossível ficar triste sob a influência dessas substâncias. A bela Helena já sabia disso. Depois da guerra de Tróia, ela fez uma poção entorpecente para consolar seus parentes da tristeza pelos falecidos. É o que conta o Canto IV da *Odisséia*:

E no vinho que todos bebiam ela lançou um remédio,
calmante da dor e do ressentimento e que fazia esquecer todos os males;
qualquer um que o tomasse depois de dissolvido no caldeirão
não verteria nenhuma lágrima naquele dia,
nem mesmo se morressem sua mãe e seu pai...

Os estudiosos da neurofarmacologia atual acreditam que tal preparado continha ópio.[9] No século XIX, a prática médica ainda recomendava tratar fobias e depressões com essa substância. "Nada se equipara ao seu efeito contra as dores da alma", dizia na época um tratado de medicina norte-americano. "O ópio parecer ser o princípio ativo adequado para aliviar o abatimento e outros transtornos da mente."[10]

Hoje em dia, ninguém mais aconselha que se consuma ópio para superar a tristeza, porque essa substância causa dependência. O cérebro, em contrapartida, produz, de forma natural, a betaendorfina, que tem efeitos superiores aos do ópio. É a hipófise, uma glândula do diencéfalo, que produz essa substância altamente ativa, de cuja ação podemos desfrutar de modo natural e sem que o nosso organismo sofra danos. Para isso às vezes basta uma refeição bem preparada.

O sabor, a origem dos prazeres

"É impressionante ver como a felicidade humana e um bom assado de peru estão intimamente ligados, e quantos solavancos o coração agüenta quando podemos amortecê-los com uma boa garrafa de Marcobrunn", disse o escritor alemão Theodor Fontane.[11] Segundo ele, ninguém pode ser inteiramente infeliz quando tem ao alcance da mão uma garrafa do vinho Erbacher Marcobrunn, da região da Renânia. Theodor Fontane não era alcoólatra, e o vinho branco alemão não contém muito álcool. Portanto, a felicidade que ele descreve deve ter outra explicação: a harmonia dos sabores do assado e do vinho desencadeava uma liberação de betaendorfinas, que acabam com a tristeza.

Mas os sentimentos agradáveis não são produzidos apenas pelos opióides. O corpo inteiro foi programado para fruir o bem-estar, e nada o deixa mais disposto a isso do que as alegrias gastronômicas. A alimentação é indispensável para a vida, mas é simultaneamente um dos prazeres mais básicos. Exatamente por isso, converteu-se no autêntico modelo do prazer sensorial, o mais explorado e o que conhecemos melhor atualmente. O estudo do aparelho gustativo mostra o quanto o ser humano foi feito para desfrutar o prazer, bem como a utilidade do prazer em si.

Muitas religiões acreditam que o corpo seja o templo divino. Se for assim, a boca é a porta de entrada. Ela é dotada de cerca de três mil papilas gustativas, que são protuberâncias de centésimos de milímetros, distribuídas na cavidade bucal, com maior concentração sobre a língua. Cada uma dessas minúsculas cúpulas contém cerca de cinqüenta células sensoriais que respondem às mais sutis variedades do sabor.

Os sensores do paladar explicam as preferências e as aversões – por exemplo, o motivo de algumas pessoas gostarem de espinafre e outras não. Na população mundial, um em cada quatro indivíduos tem o paladar hipersensível, isto é, percebe o amargo e o doce de forma mais intensa. Não se sabe ainda qual é a combinação de genes que faz com que esses paladares refinados não gostem de espinafre. Recentemente, dois grupos de cientistas decifraram a seqüência genética responsável pela sensibilidade aos sabores doces, o que já foi um avanço.[12]

São mais de cem mil fibras nervosas, dispostas em dois cordões principais, que transmitem, da boca para o cérebro, as informações sobre os sabores. Há também os sensores que informam sobre frio e quente, além de outros que analisam a consistência dos alimentos: pastosa ou líquida, úmida ou seca. Algodão-doce e caramelo são feitos com açúcar, mas nem por isso têm o mesmo sabor. Existem ainda os receptores que registram queimaduras, e são eles que identificam o sabor da pimenta. Cada mordida e cada movimento da língua desencadeiam uma profusão de sinais elétricos, mas só o cérebro os transforma em prazer.

Como explicamos nos primeiros capítulos, a natureza inventou os sentimentos positivos para nos induzir a fazer o que é mais útil. Dessa forma, o prazer com o paladar serve para controlar o equilíbrio energético. Isso foi provado por psicobiólogos em experimentos com ratos que eram alimentados através de sondas introduzidas no estômago. Nenhuma outra comida era servida aos animais, mas eles podiam se alimentar em uma espécie de sistema self-service: acionando uma alavanca, recebiam uma solução alimentícia por meio da sonda. Embora tivessem a liberdade de ingerir tantas calorias quanto quisessem, os ratos perderam quase um terço de seu peso depois de algumas semanas. Portanto, o prazer com a comida é algo mais do que um luxo.[13]

"Mil coisas podem ser indiferentes ao tato, à audição e à visão, mas não ao paladar", observou Jean-Jacques Rousseau. Isso se deve ao fato de o ser humano ser onívoro, isto é, alimentar-se tanto de carne quanto de vegetais. Não fomos programados para consumir apenas um tipo de alimento, como ocorre com animais que são exclusivamente carnívoros ou herbívoros. Por isso, estamos sempre experimentando pratos diferentes, avaliando-os com ajuda do paladar. O prazer e a repulsa indicam o que vai nos cair bem ou não. Mas às vezes o paladar não nos conduz à decisão acertada, como mostram os exemplos de certos tipos de cogumelo e de peixe que podem ser letais.

O ser humano não distingue apenas quatro sabores, mas cinco, como se descobriu recentemente: doce, ácido, salgado, amargo e gosto de carne, chamado em japonês de *umami*. Esse sinal gustativo é produzido por determinados aminoácidos, como o glutamato, que estão presentes até em queijos, cogumelos e em algumas hortaliças, como o tomate.[14]

Achamos que a comida sem sal é insípida. Isso ocorre porque, para funcionar, o organismo necessita dos íons de cloro e sódio, bem como de albumina. Em contrapartida, nossa tolerância aos gostos amargo e ácido é menor. Esses sabores funcionam como advertência, pois os venenos geralmente são amargos, e muitos frutos ácidos ainda estão verdes. Em compensação, sempre nos lançamos sobre tudo o que é doce, porque açúcar é energia pura. Daí o dilema de quem quer perder peso, afinal a evolução não previu dietas; em vez disso, equipou todas as criaturas de maneira que comam até se fartarem como reserva para os maus tempos. Portanto, todos fomos programados para gostar de bolos e sorvetes.

O prazer de uma boa massagem

Da mesma forma que faz com a alimentação, o cérebro, com a ajuda dos opióides, avalia todas as nossas outras experiências. Quando nos acontece algo bom, ele libera endorfinas; sempre que vivenciamos uma circunstância ruim, ele produz dinorfinas. É assim que a evolução leva as suas criaturas a fazer o que devem fazer – e a fazê-lo com prazer. Os mamíferos foram criados para cuidar da prole. Sob a influência dos opióides, as mães costumam desempenhar sua missão com entusiasmo. Endorfinas e encefalinas adoçam as tarefas – a recompensa e o prazer sempre motivam muito mais do que a coerção e o medo do castigo. Portanto, as atividades necessárias para a manutenção da espécie são as mais agradáveis – sexo, por exemplo. Durante o orgasmo, liberamos opióides, pois a natureza quer que perpetuemos nossos genes.

Ser acariciado é outra experiência bastante agradável. Não apenas o ser humano, mas também macacos, gatos e ratos de laboratório podem ser tranqüilizados dessa maneira.[15] Até pássaros liberam opióides quando afagados.[16] É interessante notar que a emissão de opióides causada pelo contato físico destina-se não tanto a gerar a sensação de prazer, mas a amenizar o medo e tranqüilizar indivíduos de um grupo que estão assustados ou se sentindo abandonados. Os cães logo param de gemer quando acarinhados. Mas quando recebem opióides artificiais, sua necessidade de contato físico cai. Quem está contente precisa menos de consolo do que quem está infeliz.[17] Por outro lado, uma simples massagem pode ser milagrosa quando estamos nos sentimos solitários ou tristes.

O caminho da harmonia

A sensação de prazer nos indica que o organismo está recebendo aquilo de que necessita. Mas do que precisamos? Depende. Quando temos sede, de água. Quando temos fome, de comida. Quando estamos tristes, consolo. Para quem está morto de sede, os primeiros goles são maravilhosos, e quem chegou ao topo de uma montanha depois de muito esforço devora com prazer qualquer refeição.

Sempre que carece de algo vital, o corpo constata um déficit. No caso da fome, por exemplo, falta equilíbrio entre demanda por energia e absorção de alimentos. O cérebro libera dinorfina, o opióide do mal-estar, que nos faz sentir a fome como uma sensação desagradável. Ficamos inquietos, irritados. Entramos em alerta. Começamos a busca por um sinal, uma pista de como saciar essa carência.

Avistamos um objetivo: um frango assado! O cérebro libera betaendorfina, que antecipa a satisfação esperada e indica que aquilo que nossos olhos enxergam é bom para o organismo. Ao mesmo tempo, o cérebro libera rapidamente dopamina, a molécula do desejo. Vale recordar que os circuitos do "querer" e do "gostar" são estreitamente relacionados.[18]

O aroma do assado entra pelas narinas, damos uma mordida em uma coxa do frango, que delícia! Mais endorfina inunda o cérebro agora para indicar que o organismo obteve aquilo de que precisava e está prestes a voltar para o estado de equilíbrio: um bem-estar de saciedade. Relaxamos – a vida é bela.

Assim, o prazer surge acompanhado da volta ao equilíbrio fisiológico. O útil unido ao agradável. Mas o princípio hedonista seguido pelo organismo também mostra o outro lado da moeda: quando tudo retorna à normalidade, o prazer desaparece – ele não é eterno.

O prazer é um sinal de que estamos passando de um estado de deficiência para uma situação melhor. Por isso, os sentimentos positivos dependem das circunstâncias e da escolha do momento certo. Tudo tem seu tempo. No calor, procuramos abrigo na sombra; quando sentimos frio, desejamos ardentemente um edredom ou, pelo menos, um bom agasalho. Não é a temperatura que determina o bem-estar, e sim o estado anterior em que se encontrava o nosso corpo. Afinal, o banho gelado que nos delicia em um dia de verão é uma tortura no inverno.

Qualquer roteirista de cinema sabe muito bem disso. Um filme em que todos os personagens são bonzinhos uns com os outros pode ser tão chato quanto um que se limite a apresentar uma seqüência de crimes. Para que a ação seja emocionante, nós, como espectadores, precisamos ser convidados a andar na montanha-russa dos sentimentos. Nos primeiros trinta minutos, temos que nos apaixonar pelo herói. Assim que estivermos encantados com seu bom comportamento e sua simpatia, ele deve ser colocado em situações de perigo. Enquanto coisas terríveis acontecem, sofremos com ele. E que alegria sentimos quando tudo acaba bem para o mocinho. Os dramaturgos da Antiguidade chamavam de catarse esse momento em que as forças do mal são destruídas e a tensão do público se dissipa, dando lugar à satisfação. Os antigos já sabiam que o prazer vive da oposição dos contrários.

Quando a dor cede

Isso explica por que os sentimentos positivos também aparecem quando a dor cede. O homem sempre intuiu que o sofrimento e o prazer estão estreitamente vinculados. Mas só a neurofarmacologia das últimas duas décadas mostrou até que ponto isso ocorre.

Descobriu-se que a percepção da dor nasce no cérebro, mas também que esse mesmo órgão é capaz de interrompê-la. Quando levamos um corte no dedo, os sensores responsáveis por dar o sinal de alarme na ocorrência de lesões enviam sinais elétricos ao cérebro por meio de feixes nervosos especiais da medula espinhal. No tálamo – estrutura nervosa situada no interior dos hemisférios cerebrais e composta de substância cinzenta –, essa informação é processada: sentimos dor. Mas quando é necessário, o hipotálamo, uma área vizinha, pode determinar a liberação de opióides. Sejam encefalinas, endorfinas ou mesmo as terríveis dinorfinas, todas essas substâncias combatem a dor, pois interrompem a transmissão dos sinais da medula. Por isso, a morfina, que tem a molécula parecida com a dos opióides produzidos pelo corpo, é o analgésico mais potente que existe.

É conhecida a euforia dos corredores fundistas chamada em inglês de *runner's high* ("êxtase do corredor"). Quando surge a ameaça do cansaço total, o cérebro libera endorfinas e encefalinas e assim o organismo vence a dolorosa sensação de compressão, tornando possível o último esforço do atleta.

Não é difícil adivinhar por que a natureza inventou esse mecanismo. Quando um animal é atacado e ferido, seu instinto normalmente lhe mandaria deitar-se para poupar as forças. Mas, se os opióides interromperem a percepção da dor, o animal pode continuar correndo para salvar a pele. Essa liberação de opióides não acontece apenas no caso de ataque de um animal como também em outras situações em que há estresse. É possível que muitas pessoas que se dedicam em demasia ao trabalho estejam justamente buscando esse efeito quando assumem mais compromissos, ainda que já estejam sobrecarregadas. Também no estresse se encontra prazer. Do ponto de vista da evolução, esse mecanismo é muito antigo. O neurologista Randolf Menzel, de Berlim, estudou o processo de interrupção da dor em situações de estresse no caso de abelhas.[19]

Graças aos opióides produzidos pelo próprio organismo, as mulheres conseguem suportar as dores do parto. É também o efeito dessas substâncias que explica o semblante extasiado e relaxado que muitas mães exibem logo após darem à luz. E tudo leva a crer que a acupuntura tem a capacidade de aliviar dores porque as picadas de agulha liberam opióides em grandes quantidades. A ciência ocidental ainda não descobriu como, mas a questão é que a medicina tradicional chinesa consegue fazer com que o corpo vença dores intensas com essas pequenas agulhadas.[20] Também se especula que muitos apreciadores de comidas picantes gostam da pimenta e de outros condimentos fortes exatamente porque esses temperos permitem que elas se embriaguem de opióides – uma reação que se segue à queimação na boca. Mas nada disso foi provado até agora.

No campo da sexualidade é muito freqüente a confusão entre prazer e dor. Uma possível explicação para as práticas masoquistas poderia ser a de que a liberação de endorfinas estimulada pela percepção da dor recompensa a pessoa com um aumento do prazer. De fato, esses "elixires da felicidade" estimulam, entre outras coisas, a produção de dopamina no cérebro. Assim, talvez o ato de se infligir dor sirva para acender ainda mais o desejo. Mas até o momento nem mesmo os neuropsicólogos mais criativos manifestaram muito interesse em estudar a fundo as práticas amorosas sadomasoquistas.

A gangorra das sensações gostosas

O gato brinca com o rato antes de pegá-lo. A vontade de comer pode ser mais prazerosa do que a própria ingestão do alimento. No amor às vezes também é assim: o jogo de sedução, as preliminares, os desvios e as demoras podem ser mais estimulantes do que o ato sexual. Nenhum bom amante tenta conseguir o seu objetivo pelo caminho mais rápido. "Não quero uma mulher tão fácil", declara Valmont, o sedutor insensível e diabólico do romance *Ligações perigosas*, de Choderlos de Laclos. Ele teme que a mulher assediada renda-se rápido demais, negando-lhe a satisfação erótica de uma conquista lenta, realizada em muitos lances.

O desejo e a fruição do prazer estão intimamente ligados, mas ao mesmo tempo são opostos. Parecem crianças em uma gangorra: ora uma está no alto, ora a outra. Quem está no estágio do desejo ainda não está desfrutando plenamente aquilo que almeja. Por outro lado, quem já está satisfazendo seus fortes anseios deixou de desejar, pelo menos momentaneamente. Isso ocorre porque o desejo requer vontade de fazer um esforço para conseguir algo, enquanto a fruição do prazer se basta. A pessoa que está desfrutando de uma boa mesa, do amor ou simplesmente das carícias do sol em sua pele não tem motivação para guerras. Nesses momentos, ela não está disposta a travar sequer as pequenas batalhas do cotidiano.

Em casos extremos, a fruição do prazer pode levar ao imobilismo total. Quando se administram altas doses de opiáceos a ratos, esses animais ficam inertes e permitem que os tomemos nas mãos e coloquemos seu corpo em quase qualquer postura. Em termos neuroquímicos, foi demonstrado que a partir de uma determinada dosagem os opióides conseguem baixar o nível de dopamina temporariamente.[21] O neuropsicólogo Jaak Panksepp, da Universidade de Bowling Green, em Ohio, suspeita de que efeitos similares expliquem os estados temporários de passividade e desinteresse que se seguem ao prazer.

Mas esses momentos de agradável prostração não duram muito, pois o efeito dos opióides é passageiro – pode se dissipar em poucos minutos ou algumas horas, dependendo da situação. Afinal, o prazer também é um sinal. Depois que a mensagem foi entregue, o mensageiro pode ir embora.

É quando surge o lado sombrio do prazer. No instante em que cessa a magia das moléculas da felicidade, voltamos ao humor habitual, o que chamamos de "normalidade". Como isso se dá após a euforia, esse retorno pode nos parecer insuportável. "Todos os animais se sentem tristes depois da cópula", essa é uma afirmação muito antiga e, seguramente, é repetida desde que os seres humanos aprenderam a expressar seus sentimentos. O Antigo Testamento descreve o vazio que o rei Qohélet sentiu depois de ter obtido mais posses e prazeres do que todos os seus antecessores: "Mas quando refleti sobre os meus atos e sobre o trabalho a que me dei ao empreendê-los, vi que tudo é vaidade e vento que passa, não há nada de proveitoso debaixo do sol (...) Detestei a vida porque a meus olhos tudo é mau no que se passa debaixo do sol, tudo é vaidade e vento que passa."[22]

Por outro lado, a expectativa prazerosa por algo que se busca pode durar horas, dias, até anos. É certo que a satisfação com uma saborosa refeição é superior à que sentimos antes que a comida esteja pronta, assim como o êxtase do prazer é mais intenso do que as sensações preliminares provocadas pelo desejo. Em compensação, o prazer da expectativa dura muito mais. Há quem trate de evitar o desencanto final trazido pela saciedade colocando obstáculos à realização de seus desejos. Essas pessoas agem segundo o lema "o caminho é o meu objetivo". Em certos períodos da história, o anseio insatisfeito era considerado o mais sublime de todos. Os poetas do Romantismo exaltavam a flor azul, cujo encanto estava exatamente no fato de que sua busca era eterna, porque ninguém jamais conseguiria encontrá-la. Os bardos medievais cantavam seu amor a damas que jamais poderiam ter. Um sorriso furtivo, algumas linhas num bilhete amoroso, isso era tudo a que eles podiam aspirar. Era o suficiente para manter viva a paixão, mas muito pouco para declará-la satisfeita.

Capítulo 8 | O lado sombrio do prazer

Às vezes corremos o risco de virar um joguete nas mãos dos sentimentos agradáveis. Como a alegria pela compra do novo vestido de verão não dura para sempre, logo depois acabamos gastando mais dinheiro com uma sandália que combina com ele. Afinal, mesmo que ela esteja um pouco larga, o preço é uma pechincha... É por isso que muita gente que ganha bem vive sempre no limite do cheque especial. Os prazeres são efêmeros – quem já não combateu o fastio após comer três porções de massa saboreando uma taça de sorvete, anulando assim todos os esforços da dieta dos últimos dias?

Às vezes o desejo se torna independente da vontade. Foi o que demonstrou o cientista canadense James Olds, em 1954, com um experimento que entrou para a história. Ele introduziu um eletrodo fino no hipotálamo de ratos, isto é, na região do diencéfalo, que, como vimos, desencadeia o desejo. O fio foi ligado a uma alavanca, por meio da qual os próprios animais podiam se autoaplicar um tênue impulso elétrico, estimulando assim esse centro cerebral. O resultado foi simplesmente incrível: depois de pouco tempo, os ratos manifestavam todos os sintomas de uma dependência. Frenéticos e alheios a tudo, não largavam mais a alavanca que lhes proporcionava a auto-estimulação. O instrumental científico registrou que um deles havia ativado até seis mil impulsos em uma hora. Para espanto de Olds, os animais perderam o interesse até mesmo pelo sexo. E outro detalhe mais preocupante: deixaram também de comer e beber. Ou seja: preferiram a morte a um pouco de felicidade! Por fim, o pesquisador salvou os ratos desconectando-os do estimulador.[1]

Qual terá sido a causa desse frenesi suicida? Quando o mecanismo era acionado, ativavam-se os circuitos de recompensa e assim os cérebros dos roedores eram inundados de dopamina. Como vimos, esse neurotransmissor envia um sinal que anuncia uma recompensa, de tal maneira que o organismo a recebe efetivamente. Mas o principal é que, por causa da ação da dopamina, o cérebro registra essa situação como positiva e programa a sua repetição. No caso das abelhas, as flores cheias de néctar provocam a liberação dessa substância e, por isso, passam a ser visitadas com mais freqüência. No experimento que Olds fez com os ratos, a alavanca assumiu uma função parecida. Esse foi o motivo que levou os animais a acionarem o dispositivo repetidamente, intensificando a programação do cérebro e tornando sua necessidade por esse estímulo cada vez maior.[2]

A pesquisa desse cientista mostra a face diabólica dos bons sentimentos. Quando um estímulo desencadeia repetidamente o desejo, isso altera o modo de funcionamento de várias áreas do cérebro. Poderoso, o desejo pode transformar um indivíduo em um ser obcecado que não conhece mais limites e perde o sentido da realidade. Há pouco tempo, o pesquisador neozelandês John Reynolds conseguiu observar diretamente como os circuitos cerebrais dos ratos mudam sob a influência da dopamina. Para isso, utilizou um dispositivo parecido com o que foi empregado por Olds. Dez minutos depois de acionada a alavanca pela primeira vez, as conexões neuronais dos roedores já estavam alteradas em seu mesencéfalo, na área correspondente ao controle dos atos externos. Os animais estavam então programados para o prazer.[3]

O impulso sem finalidade

O que serve para tudo se presta ao abuso. Esse ditado também se aplica aos circuitos cerebrais relacionados ao prazer. Eles são capazes de dominar a nossa personalidade por serem múltiplos e pela sua facilidade de se adequar a diferentes situações. Ao contrário do que poderíamos pensar, não temos um circuito que nos faz pedir alimento, outro que solicita amor e um terceiro que requer reconhecimento social. Fomos equipados com um só sistema multiuso para todas as coisas que se manifestam como "desejo". Um único mecanismo nos faz sentir a necessidade e nos encaminha até à sua satisfação, seja qual for o anseio. Nisso está não somente o poder desse programa como também o perigo a que ele nos expõe.

Mais uma vez, devemos essa descoberta aos ratos. Em outro experimento, os cientistas introduziram eletrodos no hipotálamo desses roedores, agora com o objetivo de descobrir como o desejo atua diretamente no comportamento. Assim que os pesquisadores acionaram os circuitos correspondentes, os animais deram início a uma atividade frenética. E qual era a finalidade de toda essa correria? Como se tratava de um desejo induzido artificialmente, sem um motivo concreto, os ratos passaram a buscar uma causa para ele. Portanto, começaram fazer tudo aquilo que normalmente fazem: comer, beber, farejar, roer, limpar o pêlo, copular, carregar coisas de um lado para outro na gaiola e levar os filhotes para o ninho.

O que os animais faziam não tinha importância, contanto que estivessem realizando uma atividade. Quando um desses ratos estava comendo e os pesquisadores lhe tiravam o alimento, ele saía correndo até o recipiente em que havia água. Ao lhe retirarem a água, o animal procurava um parceiro para copular. Essa indiferença pela ação em si chegava a tal ponto que, quando um desses roedores ia beber água e descobria que esta tinha sido transferida do recipiente habitual para um pires, ele deixava de lado seu objetivo inicial e partia em busca de comida![4] Quanto mais dopamina circulava em seus cérebros, mais os ratos trocavam de atividade para aplacar a excitação. Dessa maneira, os pesquisadores observaram um caso de "fazer por fazer" em que o que realmente importava era a ação e não o que estava sendo feito.

Esse frenesi pode ser explicado pelo funcionamento dos mecanismos do desejo. A dopamina, principal componente desse sistema, não transmite nenhuma informação determinada. Ela simplesmente faz com que os neurônios fiquem receptivos às mensagens; dessa forma, a maneira como o organismo reage aos estímulos externos é modificada. Esse processo intensifica as reações que estão predominando. Os ratos, que sempre têm fome, começarão a procurar comida com mais ímpeto; se estiverem saciados e o seu circuito de dopamina for estimulado, se lançarão sobre o primeiro alimento que lhes for oferecido.

O mesmo acontece com o ser humano. Desejar algo é o melhor remédio contra o tédio. O desejo por alguma coisa amplia a satisfação que sentimos ao obtê-la. Praticamente não faz diferença do que se trate: a roupa sonhada, um novo cartão de crédito, uma promoção, etc. Qualquer coisa serve para manter a máquina do desejo em funcionamento. O que conta é o estado interior de anseio, o prazer preliminar que antecipa a conquista. Para conseguirmos isso, estamos dispostos a quase tudo.

O "princípio Las Vegas"

Dependendo da disposição genética, o prazer com a comida pode se transformar em gula desenfreada; o gosto pela prática de esportes, em um castigo obsessivo com corridas ou pesos; e a alegria com o ato de jogar ocasionalmente, em uma prática constante. Todos esses comportamentos compulsivos surgem da mesma maneira.

No caso do jogo, é a esperança de uma recompensa financeira o que desencadeia o prazer preliminar em sua variante doentia. A dopamina dispara no cérebro da pessoa quando ela ouve o ruído das fichas no salão de jogos ou quando vê o jogador da mesa ao lado levantar-se com o prêmio. Começa "um formigamento como fogo, que percorre o corpo dos pés à cabeça", descreveu o romancista russo Dostoiévski, que perdeu seus bens em decorrência de jogos em cassinos de toda a Europa. O tilintar de algumas moedas é suficiente para atrair hordas de pessoas, normalmente prudentes e sensatas, para a frente de uma grande caixa de lata provida de uma alavanca que elas acionam duas a três vezes por minuto na esperança de ganhar. Não é por acaso que essas cenas nos salões de jogos lembram os ratos de laboratório que também se auto-estimulavam puxando uma alavanca. Os processos no cérebro são exatamente os mesmos.

Sempre que a máquina de jogos soa, mais dopamina é liberada. A cada vez que isso acontece intensifica-se no cérebro a conexão entre "alavanca" e "sentimento agradável". Com isso, aumenta igualmente a necessidade de continuar acionando esse dispositivo. O circuito de recompensa no cérebro dos jogadores permanece alheio ao fato de que essas máquinas nunca devolvem todo o dinheiro que as pessoas depositaram nelas antes.

O psiquiatra Hans Breiter, de Harvard, demonstrou que nos cérebros dos jogadores que têm a expectativa de ganhar se ativam os mesmos circuitos neuronais que entram em ação nos cérebros de dependentes de drogas. Isso acontece mesmo quando os voluntários que participam do experimento não são pessoas que têm necessidade de jogar constantemente. O jogador eventual só se diferencia do apostador compulsivo pelo fato de dominar os exageros de seu circuito de expectativa.[5]

A ânsia descontrolada pelo prazer

Uma das conclusões mais irritantes dos estudos fisiológicos sobre o sentimento de gratificação é que as dependências químicas, não importa de que natureza, usam os mesmos mecanismos que no dia-a-dia são responsáveis pelo aprendizado e pela fruição normal do prazer, sendo, portanto, necessários para a sobrevivência. Precisamente por isso, o estudo das dependências também mostra revelações importantes quanto à atividade psíquica de pessoas saudáveis. A dependência é um acidente na busca de todos nós por felicidade.

A evolução não programou nada para evitar que nos prejudicássemos dessa maneira, pois não podia prever essa circunstância que só ocorreria em um futuro distante. Há uma centena de milhões de anos, quando a maior parte dos nossos padrões de comportamento atuais foi estabelecida nos genes, não se podia imaginar que os humanos um belo dia consumiriam bebidas alcoólicas, construiriam cassinos e sintetizariam cocaína. Há apenas dez gerações, na época em que a fome era um flagelo freqüente em muitos países, não se tinha idéia de que a agricultura altamente mecanizada viria a ampliar a oferta de alimentos de tal forma que a obesidade se tornaria um grave problema de saúde pública.

A dependência, portanto, pode ser compreendida como um desejo que escapou do controle. Podemos relacionar até mesmo os sete pecados capitais a um excesso da nossa aspiração natural pela felicidade. Orgulho é amor-próprio em altas doses, avareza é parcimônia excessiva e inveja é um exagero da nossa tendência natural de buscar nas outras pessoas um ponto de comparação. A gula surge sempre que o organismo não responde à ingestão de alimentos com a sensação de saciedade. A luxúria nos domina quando não encontramos no sexo uma satisfação plena, o que nos faz querer sempre mais. A ira é a agressividade descontrolada, não submetida à razão. A preguiça é o estado em que ficamos quando, depois de um relaxamento saudável, não conseguimos recuperar o ritmo e a motivação naturais.

As drogas funcionam exatamente como as fatídicas alavancas nos salões de jogos e na gaiola dos ratos, aumentando a quantidade de dopamina no cérebro.[6] Sob o efeito do álcool, o nível dessa substância praticamente dobra; e com nicotina e cocaína, até mesmo triplica, como constatou o toxicólogo italiano Gaetano Di Chiara. Como a dopamina desperta e intensifica a atenção, depois de fumarmos um cigarro nos sentimos agradavelmente estimulados para o trabalho. Duas taças de vinho nos enchem de otimismo.

Todas as dependências químicas, portanto, estão baseadas no mesmo mecanismo, e as drogas apenas se diferenciam pela maneira como o ativam. A nicotina libera dopamina de forma mais direta, com a ativação dos neurônios correspondentes. O álcool, a heroína e a morfina aumentam o nível desse neurotransmissor por via indireta, pois inibem os neurônios que normalmente se contrapõem ao circuito de expectativa. A cocaína, por sua vez, evita a reabsorção normal da dopamina pelas membranas celulares, conseguindo assim que essa substância circule por mais tempo no cérebro. Quem consome o "pó branco" vivencia um estado parecido com aquele em que se encontrava Leonard, o paciente de Oliver Sacks, sob o efeito do medicamento L-Dopa, que o fazia sentir-se todo-poderoso.

Em última análise, o que importa é saber o caminho pelo qual um nível mais alto de dopamina será obtido. É necessário que essa situação aconteça, pois ela estabelece no cérebro uma associação quase indissolúvel entre a droga e a ânsia de consumi-la. Ao reconhecer um cigarro, o cérebro de um fumante aciona imediatamente o comando "acender". O estímulo "garrafa", por sua vez, desencadeia o desejo de beber. Basta a visão de uma seringa para que o aviso do desejo surja no cérebro de um dependente de heroína, como mostraram análises com o tomógrafo de emissão de pósitrons.[7] É dessa maneira que a nicotina, o álcool e a cocaína penetram nas estruturas cerebrais responsáveis pelas sensações de prazer: como os guerreiros gregos escondidos no cavalo de Tróia. Em outras palavras, o cérebro de quem tem uma dependência é como uma cidade conquistada.

Como somos seduzidos

Você ainda se lembra do primeiro cigarro? A recordação da maioria das pessoas é de uma experiência bastante desagradável: a garganta ardendo, a vontade de tossir, a tontura – reações que só com muito esforço puderam ser dissimuladas na frente dos amigos adolescentes. Algo parecido aconteceu nas primeiras vezes em que tomamos cerveja. Sejamos sinceros: somente a determinação em não dar vexame poderia nos obrigar a achar gostoso esse sabor amargo e a continuar bebendo.

Quando adultos, porém, aprendemos a gostar de cerveja e cigarro, e há quem passe a apreciar até o gosto ardente da pimenta. Mas na primeira vez certamente ninguém sentiu prazer ao experimentar essas coisas. Não foi por causa do sabor que muitas pessoas se tornaram dependentes do álcool e do cigarro. Nem mesmo um rato de laboratório prova álcool espontaneamente, embora essa substância produza efeitos idênticos nesses animais e nos seres humanos. Quando os cientistas querem realizar pesquisas nesse campo, eles levam tempo para fazer com que os ratos se acostumem à droga. O mesmo acontece com as pessoas: o hábito é aprendido.[8] Quase sempre, o motivo é o desejo de resolver uma situação difícil.

O álcool ameniza e dissolve as angústias. A cocaína age temporariamente como um turbocompressor que acelera o fluxo das idéias e das habilidades, dando uma ajuda aos que se consideram pouco inteligentes ou desinteressantes diante dos amigos. A nicotina torna mais fácil suportar o tédio e o estresse, estimula e tranqüiliza ao mesmo tempo. Mais do que isso: um cigarro faz com que o adolescente se enturme mais facilmente no grupo. Muitos estudos provam que não é a busca pelo prazer que causa a dependência química, e sim o desejo de encontrar uma saída para determinadas dificuldades cotidianas. O consumo de drogas "por diversão" aumenta quase automaticamente em situações desagradáveis. Por isso, o alcoolismo é muito comum entre os desempregados, assim como o consumo da heroína se difundiu entre os soldados americanos que lutaram no Vietnã.[9] Quarenta por cento desses jovens tentaram pelo menos uma vez amenizar os horrores da guerra com a ajuda da seringa, e pelo menos metade deles usava a droga com tanta freqüência que os seus organismos reagiram mal à abstinência quando eles quiseram parar.[10]

Às vezes, uma pequena contrariedade pode causar um aumento do consumo de drogas. Em um experimento, cientistas americanos pediram a voluntários que não tinham nenhum tipo de dependência que resolvessem um problema difícil, dizendo-lhes que se tratava de um teste de inteligência. Em seguida, o suposto monitor que conduzia a prova criticou os resultados de alguns deles de forma dura e humilhante. Depois disso, os pesquisadores solicitaram a essas pessoas que tomassem parte de outro experimento, descrito como um teste de diversos tipos de bebidas alcoólicas. Elas deveriam compará-las e avaliá-las. Os voluntários que haviam sido maltratados beberam significativamente mais do que os que tinham sido tratados com educação. Um terceiro grupo que também sofrera a humilhação, mas que depois teve a oportunidade de se vingar de seus críticos, ingeriu quantidades normais de álcool, indicando que a desforra reduziu a necessidade de beber para esquecer a experiência desagradável.[11]

Quem fica dependente?

Drogas ajudam a esquecer. Mas nem todas as pessoas que têm problemas as consomem, assim como nem todo usuário dessas substâncias se torna um dependente químico. Há quem beba vinho ou use cocaína eventualmente sem cair na dependência. O número dos que se viciam é mais alto entre os fumantes. O cigarro é a droga mais sedutora não apenas porque é muito fácil consegui-lo mas porque a nicotina estimula diretamente os circuitos da dopamina.[12]

Mas como é que a maioria das pessoas pode consumir drogas sem se viciar? A dependência é, em parte, determinada pelas circunstâncias da vida e, em parte, pelos genes. Todos os tipos de estresse aumentam a probabilidade de que os indivíduos que buscam relaxamento no álcool, no tabaco ou na heroína se tornem usuários constantes dessas substâncias. Quanto aos genes, algumas de suas influências sobre o risco da dependência são bastante simples: quem suporta bem o consumo de uma droga é mais suscetível. Por outro lado, a pessoa cujo organismo se vinga com uma ressaca terrível por causa de poucos copos de chope dificilmente se tornará alcoólatra.

Outro fator herdado é o grau de curiosidade. De fato, existe uma relação entre o prazer com o novo e o risco de se tornar dependente de uma substância. Essas duas reações estão ligadas à dopamina, e quem responde bem a novidades, aventuras e situações perigosas também corre um certo risco de desenvolver esse problema. Os pesquisadores que trabalham nesse campo estão familiarizados com essa questão: os ratos que se revelam mais curiosos tornam-se dependentes químicos com mais facilidade.[13]

O já mencionado receptor D2 parece desempenhar um papel importante nesses processos por sua afinidade com a dopamina. Cientistas do Brookhaven National Laboratory, de Nova York, conseguiram até mesmo fazer com que ratos que haviam sido induzidos ao alcoolismo parassem de beber submetendo-os a uma terapia de genes que aumentou o número de receptores de dopamina em seu cérebro.[14]

Será que no futuro a ciência conseguirá curar dependentes químicos por meio de uma intervenção em seus genes? Atualmente não existe essa possibilidade – os complexos mecanismos através dos quais os genes influenciam o consumo de drogas ainda não foram totalmente estudados. Assim, o interesse dos geneticistas está mais focado em prever a tendência de uma pessoa a esse problema para que ela possa se precaver. A pesquisadora Nora Volkow, do Brookhaven National Laboratory, afirma que o risco é maior entre indivíduos com poucos receptores D2. Descendente do revolucionário russo Trotski, Nora Volkow ficou famosa por suas pesquisas com cérebros de dependentes químicos. Ela descobriu que um longo período de uso dessas substâncias reduz ainda mais o número já pequeno de receptores D2 e que esse efeito se mantém por anos.

Por isso, quem é ou já foi dependente químico corre um risco maior de desenvolver outra dependência. Experimentos em laboratórios mostram que dependentes de morfina acabam aceitando o álcool quando aquela droga lhes é retirada. Quase todo usuário de heroína é também fumante ou alcoólatra. O risco aumenta para quem começou a fumar ou beber na puberdade, pois o cérebro mais jovem apresenta uma plasticidade maior, ou seja, é moldado com mais facilidade. Por isso, não há prevenção mais eficaz contra esse problema do que se manter longe do consumo dessas substâncias desde a infância até o início da idade adulta.

A prisão no círculo vicioso

Estabelecida a dependência, muitas vezes resta somente a ansiedade cega de obter a droga; o desejo de sentir prazer com seu consumo continua existindo, mas deixa de ser o mais importante. Isso ocorre porque o cérebro acabou sendo programado para recebê-la – é esse fato que faz o hábito se perpetuar, e não o sabor da bebida ou do tabaco, por exemplo.

O que não quer dizer que as drogas parem de proporcionar prazer. É claro que cigarro, cerveja e substâncias mais pesadas podem gerar sensações agradáveis. Isso ocorre de forma mais evidente no consumo de tóxicos como a heroína, que se assemelham quimicamente aos opióides e, por isso, também geram euforia. A nicotina e o álcool produzem efeitos semelhantes, embora por caminhos diferentes. O uso ocasional desses tipos de substância não deixa seqüelas necessariamente.

Mas quem usa drogas regularmente precisará de quantidades cada vez maiores, pois o cérebro vai se tornando resistente aos seus efeitos. Com o tempo, "o grande barato" nem acontece mais, e a pessoa precisa continuar consumindo simplesmente para se manter no nível da normalidade. Cada dia sem drogas parece monótono e cinzento. Uma dose restabelece o velho entusiasmo pela vida durante algumas horas, mas o cérebro continua perdendo a sensibilidade à substância. O usuário começa a cair no estado da dependência. Com o tempo, a sensação de bem-estar não surge mesmo que ele já esteja fumando três maços de cigarro por dia ou tomando vodca no café da manhã. O prazer deixou de existir, mas a pessoa persiste, pois já se transformou em um dependente químico.

O cantor alemão Konstantin Wecker, que foi dependente de cocaína, descreveu esse estado com uma notável precisão: "Que desespero eu sentia ao ver que só me restavam alguns gramas em casa! Eu quebrava as paredes procurando esconderijos em que pudesse haver droga, destruía móveis na esperança de encontrar papelotes esquecidos. Que coisa indigna, que vergonha sentia de mim mesmo. Por outro lado, tinha muita afeição pelo meu fornecedor, que sempre me cobrou um preço justo. Por isso, quando tive que depor no tribunal, o que declarei a seu favor veio do fundo do meu coração."[7]

Quando falta a droga, o organismo reage com tremores e frio. Mas os sintomas físicos da abstinência parecem relativamente suportáveis quando comparados ao que vem depois. As tremedeiras causadas pelo frio, os enjôos e os delírios podem ser aliviados com a ajuda de medicamentos e desaparecem depois de algumas semanas. Muito mais difícil é lutar pelo resto da vida contra o desejo pela droga, marcado no cérebro como uma cicatriz deixada por um ferro em brasa.

Muita gente supõe que um usuário necessita da droga sobretudo para evitar os desagradáveis sintomas físicos causados pela privação do consumo. Mas isso não é suficiente para explicar as recaídas que às vezes ocorrem após anos de abstinência. A tolerância do cérebro à droga desaparece depois de pouco tempo, em geral no mesmo período em que o dependente se submete ao penoso processo de se abster dela. Mesmo assim, é extremamente grande o número de pessoas que sofrem uma recaída – por exemplo, voltando a fumar após terem passado anos sem fazer isso.

Para compreender essas reincidências, precisamos ter em mente que os movimentos de desejar e gostar são produzidos no cérebro por dois caminhos diferentes. A dependência desvirtua esses dois mecanismos. Quando a vida sem drogas parece entediante, significa que a substância habitualmente consumida prejudicou a capacidade de sentir prazer. Ao mesmo tempo, a droga já terá se infiltrado nos circuitos cerebrais que controlam o desejo e os reprogramado – e é isso que desperta a irresistível vontade de consumir mais. A insensibilidade em relação ao prazer é reversível, mas o circuito de recompensa, ou o circuito de expectativa, como o chamamos, fica perturbado para sempre.

Quando os poderosos mecanismos do desejo se tornam viciados, a dependência persiste, favorecendo as recaídas. Os cientistas chamam esse fenômeno de *craving* ("ânsia"). Quem já foi dependente costuma passar o resto da vida submetido a esse condicionamento. Como se fosse a língua materna, que não conseguimos esquecer, a dependência química altera para sempre o funcionamento dos neurônios. Ela modifica o modo como a informação genética é lida para a produção de polipeptídios cerebrais. Assim, as células produzirão preferencialmente substâncias que tornam o cérebro mais receptivo a todos os estímulos que têm a ver com a droga. Como cabos de alta-tensão instalados nos circuitos cerebrais, as conexões dos neurônios fazem com que esses estímulos desencadeiem a ânsia imediata pela droga. Essas conexões dificilmente se reorganizam de outra maneira. Em experimentos com animais, os pesquisadores conseguem identificar, pelo comportamento de determinadas células do cérebro, os ratos que foram previamente induzidos ao alcoolismo.

Mas isso não significa que um dependente não possa se livrar das drogas. É possível superar a dependência, mas essa é uma luta para a vida inteira. A pessoa tem que se manter alerta para evitar recaídas, da mesma forma que a vítima de um infarto precisa mudar seu estilo de vida se não quiser sofrer outro ataque cardíaco.

Um dependente químico pode tentar escapar à sedução da droga ou passar a controlar a ânsia que o induz a ceder à tentação. Ambos são caminhos difíceis, pois o cérebro associa a droga não apenas à substância intoxicante como também a todos os outros estímulos ligados a ela, estejam eles próximos ou distantes: a fumaça no bar, a imagem de velhos amigos, o aroma de gotas de rum na torta.

A mente de um ex-dependente químico é capaz de se fixar nos detalhes mais absurdos para atormentá-lo. Elton John, uma das celebridades do mundo pop que passaram por um tratamento bem-sucedido, disse: "Às vezes quando sobrevoamos os Alpes suíços cobertos de neve, penso: 'Ali embaixo está todo o pó que já cheirei na minha vida.'"[16]

Capítulo 9 | O amor

De todas as histórias de amor já contadas, nenhuma ilustra de forma tão perfeita o poder avassalador da atração amorosa como a lenda celta de Tristão e Isolda. A princípio, a princesa Isolda, a de "brancas mãos", trama uma vingança cruel contra Tristão, o assassino de seu noivo. Mas quando seu olhar encontra o de Tristão, o ódio se transforma em amor, contra a sua vontade. E quando os dois bebem por engano a poção do amor servida pela criada de Isolda, a paixão entre eles se torna irresistível. O sentimento é tão forte que o casal chega a planejar a traição do bondoso rei Mark da Cornuália, tio de Tristão, e com quem Isolda acabara se casando. Cometem adultério, mas logo depois, arrependidos, decidem morrer.

Como é possível ir tão longe? "Não sei explicar", responde Tristão a um desolado rei Mark, quando este o interroga na ópera de Richard Wagner. O próprio Tristão parece desconhecer a força que dele se apoderou. Mas a natureza desse poder nos é revelada pela música que Wagner criou para essa cena. Ela descreve um desejo ardente, impossível de exprimir em palavras, e também como Tristão se vê arrastado aos braços de Isolda por um sentimento que é ao mesmo tempo suplício e supremo êxtase.

Todos nós conhecemos essa experiência, ainda que por sorte seja raro que a paixão atinja o frenesi avassalador descrito nessa lenda. A sensação é a de que estamos enfeitiçados pelo amor, possuídos por ele. Mas não sabemos a que se deve essa transformação ou que qualidades tem a pessoa que escolhemos para que ela passe a ocupar um lugar tão especial em nossa vida. Assim, não é de admirar que no passado esse fenômeno fosse considerado coisa do destino ou produto de alguma poção mágica do amor, capaz de unir os apaixonados com uma força irresistível e, muitas vezes, contrária ao que diz a razão.

Os elixires do amor

Mas os elixires do amor existem de fato. Ao atribuírem o poder da atração a uma poção misteriosa, os bardos celtas estavam muito mais próximos da verdade do que poderiam imaginar.

Tomemos o exemplo da luliberina, um hormônio cuja denominação abreviada é Gn-RH. Normalmente é produzido no hipotálamo e controla a liberação dos hormônios sexuais. Quantidades mínimas dessa substância no diencéfalo bastam para desencadear um desejo irresistível. Cobaias do sexo masculino submetidas a experimentos com o Gn-RH endógeno iniciaram impetuosos jogos eróticos com as primeiras fêmeas que viram ao seu alcance. As fêmeas, por sua vez, mostram-se incondicionalmente receptivas sob a influência dessa substância.[1] Entre os seres humanos, o Gn-RH provoca o mesmo efeito, mas não serve como instrumento de sedução para os dom-juans, pois uma dose extra dessa substância teria que ser injetada diretamente no cérebro.

Esses resultados experimentais podem assustar, afinal fazem o acasalamento parecer um ato puramente físico-químico. Mas os elixires do amor não se limitam a induzir ao sexo. Também se encarregam de fazer com que dois parceiros permaneçam fiéis e fiquem juntos até o fim da vida. Foi o que demonstrou o pesquisador Tom Insel, da Universidade de Emory, em Atlanta, em um experimento com arganazes-do-prado, roedores de pêlo espesso típicos da América do Norte. Ao ministrar o hormônio vasopressina em arganazes machos, Insel os transformou em amantes fiéis que não saíam mais do lado de suas parceiras. Com as fêmeas, ele obteve o mesmo resultado usando uma substância similar, a oxitocina.

Com seu experimento, o cientista apenas acelerou o ritmo natural das coisas, uma vez que a vida amorosa desse tipo de roedor é muito curiosa. Quando esses animais entram na puberdade – atingindo o tamanho de um dedo –, atiram-se sobre o parceiro sexual mais próximo. Passam um dia inteiro copulando incessantemente. O macho cruza com a companheira de doze a vinte vezes. Depois disso nunca mais se separam. Procuram um ninho comum, e o macho se dedica aos filhotes com o mesmo desvelo que a fêmea. Na aproximação de um intruso, ambos defendem o parceiro e a toca. Nem as separações ocasionais ameaçam a relação: meses depois, eles se reconhecem e ainda se desejam. A fidelidade ultrapassa a própria morte: quando um dos dois morre, o outro continua só.

A que se deve tanta fidelidade? Durante os impetuosos atos de amor do primeiro encontro, o macho libera vasopressina, e a fêmea, oxitocina. Essas substâncias fazem com que seus cérebros desenvolvam uma predileção pelo parceiro em questão. É o sexo preparando o caminho para o amor.

Foi nesse processo que Tom Insel interferiu. Ao injetar em machos e fêmeas os hormônios correspondentes, ele os tornava parceiros para sempre, ainda que os animais não tivessem vivido a sua louca lua-de-mel. Portanto, uma única substância pode bastar para construir uma ligação para o resto da vida. O experimento também funciona na direção inversa: quando se bloqueia a função dos hormônios do amor com substâncias que provocam efeitos contrários, machos e fêmeas não desenvolvem fidelidade nem depois do acasalamento mais tórrido.

Certamente, a infidelidade nesse caso se deve ao fato de o encontro não ter deixado uma impressão profunda como é habitual, por isso os animais não se lembram do que ocorreu. Um arganaz-do-prado cujo sistema de vasopressina não funciona se comporta com uma fêmea com a qual já cruzou várias vezes como se nunca a tivesse conhecido. Fica farejando-a como se fosse a primeira vez. E, no entanto, ele não passou a ser menos inteligente, como provam vários testes. Simplesmente não consegue se recordar da parceira. O companheirismo requer memória social e essa, pelo visto, utiliza circuitos especiais do cérebro sensíveis à ação da oxitocina e da vasopressina. Quando pensamos com anseio e saudade no amado ou na amada, provavelmente estamos sob a influência dessas substâncias.[2]

A vasopressina e a oxitocina criam vínculos permanentes, mesmo entre indivíduos de espécies que não manifestam a menor inclinação nesse sentido. Os camundongos, por exemplo, geralmente só se interessam pelos parceiros enquanto dura o ato sexual. Logo depois é como se dissessem: "Se já vi você antes, não me lembro." Tom Insel ensinou a monogamia a esses animais por meio de uma manipulação genética. Ao introduzir em seu DNA um único gene dos arganazes-do-prado, ele transformou camundongos infiéis em companheiros leais. Durante o ato sexual, os camundongos também liberam vasopressina e oxitocina, mas essas substâncias não deixam uma impressão duradoura porque nos cérebros desse tipo de roedor faltam os receptores adequados. Com a modificação genética, os receptores para esses dois hormônios são desenvolvidos, o que é suficiente para estabelecer uma mudança radical de comportamento: um único gene é capaz de transformar um animal polígamo em monógamo e desencadear todas as complexas atitudes envolvidas em uma convivência duradoura. As pequenas causas às vezes surtem grandes efeitos, como a fidelidade no casamento.[3]

Entre nós, os mecanismos de atração, amor e relação são mais complicados. Temos uma tendência à monogamia, mas nem toda noite de paixão termina necessariamente em uma relação para a vida inteira. Ainda assim, seria surpreendente se esses elixires do amor não tivessem uma influência considerável sobre o nosso comportamento. Há quinhentos milhões de anos, oxitocina, vasopressina e substâncias semelhantes controlam a vida sexual de quase todas as espécies – das simples minhocas aos nossos parentes mais próximos, os macacos.[4]

O que nos diferencia dessas criaturas não são exatamente os mecanismos fundamentais do amor, e sim a liberdade que temos em relação a eles. Nós podemos nos entregar aos afetos – em casos extremos, até contra o que manda a razão. Mas no ato final da ópera, um Tristão angustiado maldiz a "poção terrível" e, com as palavras "eu mesmo a fiz", indica que esse elixir do amor é, na verdade, um produto de sua mente. Contudo, outros motivos também podem nos levar a resistir ao amor: seja porque a família não aceita o relacionamento, seja porque preferimos investir tempo e energia na vida profissional.

O meio ambiente em que estamos inseridos tem grande influência sobre nossas uniões e sua viabilidade e também sobre como e quando elas acontecem. Mas as emoções básicas nós já trazemos programadas.[5]

O cérebro feminino e o cérebro masculino

A atração entre os sexos nasce na cabeça. Os cérebros de mulheres e homens foram programados de forma diferente, a fim de que a atração entre os sexos possa ocorrer. Recebemos esses comandos ainda no ventre materno. Antes mesmo de chegarmos a este mundo, já estávamos predestinados ao desejo sexual.

Um experiência fascinante que a própria natureza realiza com seres humanos na região do Caribe mostra como nascem os pólos masculino e feminino do amor. Na República Dominicana existem meninos que apresentam um caso de falso hermafroditismo, são os chamados *güevedoces*, que significa "testículos aos 12 anos". Quando eles nascem, seus genitais são de aspecto feminino, mas depois sofrem uma espécie de mudança de sexo natural. Como aparentam ser meninas, são criados como tal. "À medida que os hormônios da puberdade começam a entrar em ação, seu verdadeiro sexo aparece. Do que eram os supostos grandes lábios nascem testículos, e o clitóris transforma-se em pênis. Ao mesmo tempo, os jovens *güevedoces* passam a se comportar como rapazes. De um dia para o outro, abandonam os vestidos e as bonecas com que estavam acostumados, vestem calças e camisas, começam a se interessar por futebol e, principalmente, por moças.

Pouco importa que esses meninos sejam inicialmente criados para serem cortejados por homens, seguindo os costumes tradicionais de suas longínquas aldeias. Quando chega a hora, eles começam a reagir automaticamente a todos os encantos femininos. É poderosa a programação genética do amor e muito reduzida a influência da educação infantil. Uma vez adultos, adaptam-se com toda a facilidade ao papel masculino e simplesmente fazem tudo aquilo que a natureza lhes pede. Em algumas regiões da República Dominicana, um em cada cinqüenta habitantes é um *güevedoce*.

Assim como acontece com a constituição física, o cérebro também segue um padrão masculino ou feminino. Isso é determinado durante as primeiras semanas de gravidez. É nessa fase da gestação, e em condições normais, que se desenvolvem simultaneamente no feto os órgãos sexuais e o cérebro. Mas isso também ocorre de modo diferenciado, de acordo com os padrões cromossômicos para homem e mulher. É por isso que uma criança normalmente nasce com o cérebro de menino ou de menina, em correspondência com a sua aparência externa.

Entre os *güevedoces* é diferente, e isso reforça a explicação para um fenômeno descoberto por cientistas americanos há mais de duas décadas. Um dos dois caminhos está alterado: enquanto o cérebro se desenvolve normalmente no útero materno, os órgãos sexuais se atrasam. Assim, os *güevedoces* nascem com cérebro de menino e corpo de menina, e seu exemplo mostra como o padrão cerebral estabelecido antes do nascimento determina o comportamento futuro no amor.[6]

Mas por que são meninas falsas que se transformam em meninos, e não o contrário? No início do desenvolvimento de todo ser humano, o padrão predominante é sempre feminino. O esquema fundamental do corpo e do cérebro que logo se diferencia nos sexos é feminino, o que contradiz a concepção tradicional de que Eva nasceu de uma costela de Adão. Só mais tarde o cromossomo "y" masculino dá o sinal para o desenvolvimento de um menino. Os genes contidos nesse cromossomo manifestam-se até a oitava semana de gestação, quando as glândulas do feto começam a produzir o hormônio sexual masculino, a testosterona. Essa substância informa o corpo e o cérebro de que está em formação um indivíduo do sexo masculino.

É principalmente na estrutura do córtex cerebral que se revelam as diferenças entre os sexos: na mulher há mais conexões entre os dois hemisférios, por isso os diferentes centros cerebrais parecem ser menos especializados do que nos homens. Suspeita-se – mas nunca foi provado – que é essa a razão pela qual as mulheres têm mais facilidade para falar sobre os seus sentimentos. O que se sabe comprovadamente é que as ligeiras diferenças na organização cerebral dão origem a habilidades distintas. A mulher tem mais facilidade para a expressão verbal, percebe as coisas mais rapidamente e é mais habilidosa nos trabalhos manuais. Os homens, por sua vez, são superiores quando se trata do raciocínio matemático (lógico) e da capacidade de abstração espacial.

Geralmente, no entanto, a importância dessas diferenças é superestimada. As coisas não são tão simples assim. As distintas habilidades dos dois sexos revelam-se pela média quando se analisam muitos homens e muitas mulheres. De qualquer forma, a estatística deve ser tomada com precaução, especialmente quando as diferenças são tão pouco significativas – por exemplo, em média, faz sol 1.672 horas por ano em Berlim e 1.648 em Munique, mas isso não quer dizer que, em média, o tempo seja melhor em Berlim todos os dias.

Como o sexo chega à cabeça

Quando se trata da maneira de raciocinar, as diferenças entre homens e mulheres são bastante reduzidas. No amor, no entanto, são grandes. O exemplo dos *güevedoces* leva a supor que os cérebros de homens e mulheres heterossexuais foram verdadeiramente programados para que eles sintam atração pelo sexo oposto. Nos últimos anos, os pesquisadores aprenderam algo mais sobre como se constituem as preferências sexuais.

A fonte de toda atração situa-se no diencéfalo, que fica exatamente no meio da cabeça. É a área em que se desencadeiam os estados de excitação. Essa região é tão diferente no homem e na mulher que um especialista é capaz de dizer rapidamente a que sexo pertence uma imagem cerebral que ele esteja examinando. Existe um núcleo, a chamada área pré-óptica do hipotálamo, cujo tamanho é duas vezes maior no cérebro masculino, além de apresentar uma constituição distinta.[7] Entre outras coisas, ela se encarrega da liberação de luliberina, substância que, como vimos, é importante para a atividade sexual.

As conseqüências dessa diferença de volume revelam-se durante o jogo de sedução, pois provavelmente a área pré-óptica serve para desencadear o desejo que o homem sente em relação à mulher. Quando esse núcleo é estimulado, o homem desenvolve um entusiasmo quase fanático por qualquer elemento feminino que cruze o seu campo visual. Na ausência desse núcleo, o interesse desaparece. Macacos dos quais se remove a área pré-óptica cirurgicamente começam a se comportar como fêmeas, mas continuam mantendo o costume de se masturbar. Isso indica que o interesse pelo sexo oposto e para a satisfação sexual devem-se a processos diferentes.[8]

A área pré-óptica foi estudada com especial atenção pelo grupo chefiado pelo neurologista japonês Yutaka Oomura. Vale a pena ler o relatório de sua pesquisa, pois esses cientistas não pouparam esforços para descobrir a função dessa misteriosa região cerebral. Para examinar a aproximação e o ato sexual em circunstâncias controladas, eles inventaram um mecanismo curioso, mais fácil de ser encontrado em um ambiente em que se pratica o sadomasoquismo do que em laboratórios de universidades.

> *O indivíduo do sexo masculino foi amarrado a uma estrutura parecida com uma cadeira e sua cabeça mantida em uma posição confortável para que se pudesse introduzir um microeletrodo em seu hipotálamo (...)*
>
> *Ele dispunha de um interruptor que lhe permitia aproximar sua cadeira do elemento do sexo feminino até alcançar uma posição em que pudessem copular sem que ele mexesse com a cabeça (...)*
>
> *A maior atividade neuronal (cinqüenta impulsos por segundo) foi observada em um neurônio na área pré-óptica do hipotálamo. Durante a cópula, a freqüência dessas descargas diminuiu, parando quase totalmente após a ejaculação. A natureza especificamente sexual dessa atividade dos neurônios pôde ser verificada em um experimento controlado, no qual o elemento feminino foi substituído por uma banana.*[9]

É preciso esclarecer que o "indivíduo" e o "elemento" não eram pessoas, mas um casal de macacos. E só para tranqüilizar o leitor: o experimento não causou sofrimento nenhum aos animais. Os resultados forneceram a principal evidência até agora de que a área pré-óptica controla sobretudo o desejo sexual, mas não tanto o ato sexual em si.[10] Os detalhes desse mecanismo ainda não são inteiramente conhecidos. É provável que outros núcleos do diencéfalo e o sistema nervoso estabeleçam conexões de sinais com o pênis e o córtex cerebral. Por isso, muitos pesquisadores, ao observarem a anatomia do cérebro, supõem que a associação entre sexo e violência, tão freqüente no homem, se explique pelas fortes conexões nervosas entre a área pré-óptica e a amígdala do cerebelo, que é o centro que desencadeia a agressividade e outros sentimentos sombrios.[11]

O desejo sexual feminino tem sido muito menos estudado, mas acredita-se que nesse caso seja outro centro cerebral que assuma a função-chave: o chamado núcleo ventromedial do hipotálamo. Entre os mamíferos, é ele que aciona os reflexos do acasalamento: as ratas ficam imóveis para que o macho possa subir nelas, enquanto as macacas apresentam ao parceiro os seus órgãos sexuais. No caso das mulheres, que não obedecem a comportamentos tão ritualizados, o núcleo ventromedial limita-se a gerar a disposição para o sexo. Esse centro, por sua vez, está sob a influência dos hormônios sexuais. Provavelmente é por esse motivo que as mulheres apresentam variações do desejo sexual no transcorrer dos ciclos menstruais.

Basta uma breve inspeção do cérebro para descobrir em que medida as mulheres também estão potencialmente equipadas para a sexualidade: em ambos os sexos, os receptores dos hormônios sexuais como a oxitocina ocupam áreas muito extensas que aparecem praticamente dispersas. Ao mesmo tempo, um número significativo de hormônios encarrega-se de receber os sinais dos órgãos sexuais para convertê-los em sensações amorosas. Se traçássemos um mapa das diferentes regiões do corpo dando a cada uma delas o tamanho correspondente à região cerebral que ocupam, o pênis e a vagina se destacariam tanto quanto o tórax ou mais. Em seguida viriam os lábios, que também são órgãos sensoriais ligados ao amor e ao paladar.

Os diferentes tipos de amor

Nem toda mulher encontra a felicidade no amor amando um homem, assim como nem todo homem se realiza sentimentalmente amando uma mulher. Na Alemanha, pelo menos três milhões de pessoas preferem um parceiro do mesmo sexo.

Isso não significa contradição em relação às descobertas sobre os padrões sexuais do cérebro. O caso dos *güevedoces*, por exemplo, indica que a biologia concede uma ampla margem para todas as variantes da sexualidade. Da mesma forma, é possível que o sexo fisiológico e as regiões do cérebro que controlam o desejo sexual se desenvolvam de maneiras diferentes. Nada impede que um corpo masculino contenha um cérebro de homem que se sente atraído por outros homens.

Foi o que confirmou o neurocientista californiano Simon LeVay ao realizar a necropsia de homossexuais do sexo masculino vítimas da Aids. Em algumas das características que se formam paralelamente à preferência sexual, a anatomia cerebral se assemelhava mais à configuração tipicamente feminina do que à masculina. De acordo com LeVay, a área pré-óptica era menor do que a do homem médio e as conexões entre os hemisférios cerebrais mostravam-se mais desenvolvidas. Mas de forma nenhuma isso significa que homossexuais do sexo masculino tenham cérebros de mulher, como algumas pessoas costumam afirmar. As desigualdades identificadas pelos exames limitaram-se praticamente às regiões que determinam o desejo sexual. Quanto ao volume do cérebro, não se observaram diferenças entre homossexuais e heterossexuais, embora as distinções sejam significativas quando essa comparação é feita entre homens e mulheres.[12]

O cientista, ele próprio homossexual assumido, foi duramente criticado por movimentos homossexuais. O que os ativistas temiam era a demonstração de que as preferências sexuais se encontram determinadas no cérebro, o que já havia servido de pretexto para que o estilo de vida homossexual fosse considerado uma anomalia e eles, pessoas doentes.

Compreende-se esse receio por parte de uma minoria que há apenas pouco tempo obteve o reconhecimento de que pode ser diferente. Mas seus protestos não captaram o cerne da questão. Na realidade, os estudos de LeVay revelam que a homossexualidade é algo normal. O desejo de um homem por outro homem não significa um desvio de personalidade, e sim uma variação natural de uma predisposição fisiológica. Da mesma forma que existem destros e canhotos e pessoas com talentos diversos, alguns indivíduos apresentam uma inclinação sexual diferente. Com certeza, isso vale também para as mulheres que se sentem atraídas por outras mulheres, ainda que esse assunto, assim como muitos outros aspectos específicos da condição feminina, não tenha merecido a devida atenção dos pesquisadores.

Existem todas as gradações possíveis entre a homossexualidade e a heterossexualidade. Só raramente o cérebro desenvolve uma polaridade inteiramente masculina ou feminina. Na maioria dos casos, a inclinação se mantém em algum lugar entre os dois extremos. Dessa maneira, ninguém é totalmente homem nem totalmente mulher.

Experimentos com ratos de laboratório comprovam como podem ser sutis essas gradações entre os sexos. A companhia com a qual esses animais se desenvolvem no útero materno tem grande influência sobre o comportamento sexual que adotarão quando adultos. Uma única fêmea que compartilha o ventre da mãe com irmãos do sexo oposto fica exposta aos hormônios sexuais masculinos e, por isso, tenderá a ser mais agressiva. E um fato curioso: sua capacidade de gerar filhotes será maior do que a das que nascem de uma ninhada inteiramente feminina. Entre os ratos machos, a companhia de irmãs no útero materno faz com que eles sejam mais mansos. Portanto, a causa da inclinação sexual não está apenas nos genes. Influências recebidas antes ou depois do nascimento podem ser igualmente importantes ou até mais.[13]

No caso dos seres humanos, essas gradações entre os sexos são ainda mais sutis e ocorrem basicamente por dois motivos. Em primeiro lugar, o desenvolvimento superior do nosso córtex cerebral nos libera de uma excessiva sujeição à nossa função biológica. Além disso, no *Homo sapiens*, os pólos masculino e feminino são bem mais próximos do que normalmente se pensa. Tomando a área pré-óptica como indício: entre roedores do sexo masculino, ela é quatro vezes maior do que entre roedores fêmeas. No caso dos homens, ela é, em média, duas vezes maior do que nas mulheres. Assim, o cérebro humano permite um grande número de manifestações amorosas – da timidez romântica à dominação agressiva e cruel.

Sobre o clímax sexual

Nem todo homem é um dom-juan. Por outro lado, não existe um homem que seja totalmente alheio à noção do amor como conquista e do ato sexual como uma vitória sobre a mulher. Em parte, isso é cultural, e os motivos podem ser buscados ao longo dos séculos. Mas as características da área pré-óptica não são as únicas a indicar que a ligação entre a sensibilidade erótica masculina e a agressividade tem raízes mais profundas.

Os mecanismos que controlam a atração entre as pessoas, desde o primeiro olhar até o orgasmo, diferem de acordo com o sexo. Os homens ficam sob a influência do hormônio vasopressina. Essa substância não somente transforma arganazes-do-prado adolescentes em parceiros fiéis como também desencadeia a agressividade, tanto em animais quanto nos seres humanos. Isso pode parecer uma contradição, mas só à primeira vista, afinal o pai fiel terá que usar todos os meios ao seu alcance para defender a parceira, a prole e o ninho.

Nos homens, durante as diferentes fases preliminares da união sexual, os níveis desse hormônio chegam a subir dez vezes ou mais.[14] É verdade que esse número deve ser visto com cuidado, porque até agora ele só foi medido no sangue e talvez não corresponda inteiramente às taxas presentes no cérebro, que são as que determinam o comportamento. O neurobiólogo Rainer Landgraf, de Munique, constatou que essa diferença de fato existe quando mediu diretamente a liberação de oxitocina e vasopressina nos cérebros de ratos com ajuda de uma sonda bem fina.[15] Em uma hipótese extrema, poderíamos imaginar que a vasopressina circule apenas no corpo e não no cérebro, mas isso não é muito provável. Experimentos revelaram o que acontece na ausência desse hormônio: a atividade sexual masculina continua existindo, mas sem nenhuma paixão. O homem passa a considerar a sua parceira tão excitante quanto um copo d'água.[16]

À medida que o jogo amoroso progride e quanto mais se aproxima o momento da relação sexual, maior a redução do nível de vasopressina. Após a ejaculação, esse hormônio praticamente volta ao nível normal. Trata-se de outro indício de que a sedução e a atividade sexual são coisas radicalmente diferentes. Quando o homem está prestes a atingir o orgasmo, outro hormônio passa a dominar: a oxitocina, a contrapartida feminina da vasopressina. Dessa forma, durante o clímax, ambos os sexos encontram-se sob a influência dessa substância, que, no caso da mulher, determina o prazer desde o início

Na realidade, a excitação sexual feminina segue um caminho diferente. Quando se aumenta artificialmente a quantidade de vasopressina nos cérebros de ratas, sua predisposição para o sexo cai para zero.[17] Nas mulheres, desde os primeiros momentos do jogo de sedução, começa a aumentar a quantidade de oxitocina livre, hormônio que, pelo visto, as torna receptivas à aproximação. Se a ação da oxitocina é bloqueada nas ratas, elas repelem todas as investidas sexuais por parte dos machos. Quando eles insistem, elas se enfurecem e começam a mordê-los.

Quanto mais a mulher se aproxima do clímax, maiores são as quantidades desse hormônio liberadas por seu organismo. No momento do orgasmo é produzida ainda a endorfina, responsável pela sensação de bem-estar nos dois sexos. Quanto mais oxitocina é liberada durante a fase preliminar, mais intenso é o clímax, de acordo com pesquisas realizadas por sexólogos com mulheres que têm orgasmos múltiplos.[18]

Faça amor, não faça guerra

Para que serve o orgasmo? Essa é uma questão ainda em aberto, apesar de ocupar a mente dos cientistas há várias décadas.

O que mais os intriga é o êxtase sexual feminino. Para alguns deles, essa reação, nem sempre fácil de identificar, é desnecessária do ponto de vista da proliferação da espécie. Afinal, para fins puramente reprodutivos, bastaria que a mulher se dispusesse à relação sexual durante seu período fértil. E mesmo admitindo que a atividade sexual seja prazerosa para as mulheres, esses estudiosos sustentam que o orgasmo não é necessário, pois elas podem ter sensações agradáveis sem atingir o clímax. Vozes menos radicais declaram que o orgasmo pode servir como sinal biológico para a mulher de que ela encontrou um parceiro apto. Não há provas para essa teoria, que possivelmente foi formulada por um homem.

Seja como for, um mito foi derrubado: não são apenas as fêmeas da espécie humana que têm orgasmos. Em alguns tipos de macacas, observaram-se reações como a aceleração do pulso e os estremecimentos característicos do momento do êxtase sexual. O primeiro cientista a descrever esses sinais em símios foi o pesquisador holandês Koos Slob.[19]

Todos os primatas são criaturas sociáveis, e por isso podemos supor que o acasalamento fora da época fértil tem uma função social. O exemplo mais emblemático dessa teoria são os *bonobos*, ou chimpanzés-anões, que solucionam seus conflitos com a união sexual. Quando há qualquer tipo de tensão no grupo ou um desses animais demonstra vontade de brigar, uma sessão de prazer é organizada. Se depois disso houver um confronto, os protagonistas se reconciliam por meio do acasalamento. Como entre os *bonobos* o sexo entre duas fêmeas e entre dois machos é habitual, parece evidente que, para esses chimpanzés, a união sexual não tem apenas a finalidade da procriação.

A utilidade dessas atividades mostra-se de imediato quando consideramos os aspectos neuroquímicos do orgasmo. A oxitocina, que tanto os homens quanto as mulheres liberam durante o clímax, é uma substância que tem a capacidade de pacificar. Como já foi comprovado em muitos experimentos, ela estimula o afeto mútuo e é eficaz contra a agressividade. Além disso, os opióides que surgem no momento do orgasmo também proporcionam uma agradável sensação de bem-estar, afastando qualquer predisposição para conflitos e brigas.

É assim que o sexo favorece a convivência e pode realmente amenizar a agressividade e os sentimentos destruidores. "Faça amor, não faça guerra" era o lema dos pacifistas na época da guerra do Vietnã. Eles tinham razão.

O amor é uma dependência química?

Na fase mais intensa do amor, a pessoa amada nos aparece um ser absolutamente especial. Nada nem ninguém além dela consegue nos proporcionar essa sensação de euforia. No cérebro, tais sentimentos freqüentemente estão associados a um estranho estado de excitação no qual os limites da própria personalidade parecem se dissolver. Desde tempos imemoriais, os poetas descrevem essa sensação. Recentemente, os pesquisadores londrinos Andreas Bartels e Semir Zeki mostraram que a embriaguez da paixão também está ao alcance da curiosidade científica. Usando a Internet, os cientistas procuraram para o seu experimento voluntários que se acreditassem "apaixonados de forma genuína, profunda e louca". Em sua maioria, as respostas partiram de mulheres.

Para descobrir em que consiste o estado da paixão, Andreas Bartels e Semir Zeki fizeram imagens da atividade cerebral das voluntárias por meio da ressonância magnética nuclear. Para começar, mostraram fotos de amigos com os quais as mulheres não mantinham relações sexuais e pediram a elas que se concentrassem. Enquanto as participantes pensavam intensamente nessas pessoas, os cientistas registravam o que se passava em seus cérebros.

Depois, as fotos dos amigos foram substituídas por fotos dos homens por quem as mulheres estavam apaixonadas. Mais uma vez, foi solicitado às voluntárias que se concentrassem nos parceiros enquanto seus cérebros eram examinados. Segundo Bartels e Zeki, a comparação dos dois registros mostrou que o pensamento na pessoa amada gera no cérebro um padrão de atividade muito parecido com o que é desencadeado pelo consumo de drogas. A euforia da paixão, dizem eles, é comparável aos efeitos alucinógenos da heroína e da cocaína.[20]

Do ponto de vista da neurobiologia, isso não causa surpresa, pois as drogas atuam sobre os mesmos circuitos cerebrais que os elixires do amor – a oxitocina e a vasopressina. Nos dois casos, se ativam sistemas nos quais a dopamina, o hormônio do desejo, desempenha o papel principal. E assim deve ser, para que se estabeleça um vínculo com o parceiro – como vimos, a dopamina comanda a atenção e desperta o desejo.

O neuropsicólogo Jaak Panksepp chega a comparar o amor à dependência química: em um caso, fica-se dependente da droga; no outro, de uma pessoa. Essa similaridade se torna especialmente evidente no instante da separação: sintomas de privação são observados tanto quando a droga é retirada quanto no momento em que a pessoa amada diz adeus. Nos dois casos, as conseqüências são sensações de solidão e abandono, falta de apetite, tristeza, insônia e irritabilidade.[21]

Com o tempo, os efeitos prazerosos da droga tornam-se menos intensos para o dependente químico. Da mesma forma, os encantos da pessoa amada também vão se desvanecendo. Mas não há dúvidas de que existem parceiros cujos olhos ainda brilham quando eles se vêem mesmo depois de décadas de convivência. Portanto, deve haver um mecanismo que funciona como antídoto contra esse "esfriamento" progressivo dos sentimentos, evitando que o ser humano desenvolva uma tolerância similar à que é produzida pelas drogas.

Ao que parece, a oxitocina também participa desse processo. Experimentos com animais indicam que esse hormônio impede o abrandamento progressivo dos sintomas da "intoxicação amorosa". Afinal, ele é liberado em grandes quantidades pelo homem e pela mulher durante o orgasmo. Possivelmente, age como um elixir da eterna juventude no que se refere à duração da parceria e ao ardor de sua paixão.[22]

A alegria de ser mãe

Os sentimentos amorosos também germinam quando uma criança vem ao mundo. Em alguns aspectos, o afeto dos pais pelos filhos assemelha-se à atração erótica. Os apaixonados muitas vezes se sentem um único ser com a pessoa amada. Mães – e, mais raramente, os pais – têm sensações semelhantes, como a de unidade com o filho no nível mental ou espiritual. Assim, sentem as dores e alegrias dele como se fossem suas.

Será que a força que tece esses vínculos é a mesma nos dois casos? Há pesquisas que corroboram essa hipótese. Quando se registram imagens dos cérebros de mães enquanto elas ouvem gravações do choro de seus bebês, a configuração das regiões ativadas se parece muito com a que se observa nos apaixonados quando eles estão pensando no ser amado. Isso não chega a ser uma prova, mas é um indício de que são processos similares aos que geram a euforia da atração, isto é, a sensação de felicidade que, em seus momentos mais intensos, se assemelha aos efeitos das drogas mais potentes.[23]

Além do importante papel que exerce na atração entre duas pessoas, a oxitocina também determina o afeto e os cuidados que são dispensados à prole, pois ela é o hormônio que orquestra todo comportamento social. A existência desse condicionamento no cérebro feminino já foi demonstrada: antes mesmo de começar a sentir afeição pela cria, a mãe passa por uma transformação que é desencadeada pela oxitocina.

Embora essa mudança também aconteça com as mulheres, são as fêmeas do reino animal que a manifestam de modo mais intenso. Essa transformação, que se dá pouco antes do parto, faz com que fêmeas ferozes virem criaturas carinhosas e abnegadas. As ratas, por exemplo, costumam reagir ao cheiro de recém-nascidos de sua espécie devorando-os, mas só até o momento em que elas próprias se tornam mães. Quando uma rata começa a fazer o seu ninho, observa-se que ela já está mais mansa. E assim que os filhotes nascem, não faz outra coisa senão amamentá-los, lambê-los e defendê-los.

Essa transformação acontece por influência da oxitocina. Experimentos em laboratório demonstraram que, quando o efeito desse hormônio é bloqueado, a rata devora as crias logo após o parto. Mas a oxitocina sozinha não é suficiente para desencadear o comportamento maternal. Para que uma rata que nunca teve filhotes cuide de crias que não são suas, é preciso injetar-lhe o hormônio sexual estrogênio, que geralmente é liberado durante a gestação. Tudo se passa como se o cérebro necessitasse da informação do organismo de que realmente há filhotes a caminho.[24]

Quando os sinais dos hormônios da gravidez surgem junto com a oxitocina, ativa-se no cérebro a programação para o amor materno, e determinadas partes do diencéfalo feminino modificam-se para sempre. Ainda não foi suficientemente estudado como essa transformação ocorre. Os poucos dados disponíveis resultantes de experimentos com animais indicam que é principalmente a área pré-óptica que se altera, exatamente a região que desde o nascimento é diferente nas mulheres e nos homens. É certo que nesse processo alguns genes que controlam a função das células cinzentas são ativados ou desativados. Portanto, é bastante provável que aconteça uma mudança permanente na fisiologia de toda essa parte do cérebro.[25]

Outra questão que ainda não foi pesquisada de modo conclusivo é o papel da amamentação nas mudanças introduzidas pela maternidade: se ela consolida essas alterações e como isso ocorre. Quando os mamilos são estimulados, o cérebro feminino libera oxitocina. Acredita-se que seja por esse motivo que as mulheres sentem prazer tanto com o carinho nos seios durante o jogo erótico quanto com a amamentação. No caso do aleitamento, os sentimentos agradáveis contribuem para a formação de um vínculo afetivo entre a mãe e o recém-nascido, pois o ser humano habitualmente busca a companhia de pessoas que lhe trazem à memória sensações de bem-estar.

Em um grande número de pesquisas coordenadas pelo Karolinska Institut, na Suécia, mulheres que amamentavam disseram sentir mais paz interior e solidariedade do que antes do parto, e esses sentimentos eram também mais freqüentes entre elas do que entre as entrevistadas que não estavam amamentando. É provável que a oxitocina liberada durante o aleitamento gere uma espécie de felicidade social, a experiência alegre de estarem em harmonia consigo mesmas e de se doarem a outras pessoas.[26]

À parte a contribuição que o ato de amamentar possa prestar ao processo de mudança do comportamento feminino, é a reorganização do cérebro o que faz com que as mães, em sua maioria, sintam-se ligadas aos filhos por toda a vida. Ao menor gemido da criança, elas acordam do sono mais pesado. E, com um ouvido tao sensível assim, às vezes também sao capazes de escutar as vozes de bebês que não são seus.

Dessa forma, o sexo feminino é programado, inclusive no nível cerebral, para ter filhos – e a natureza recompensa as mães infundido-lhes sentimentos agradáveis. Mas é preciso dizer que a alegria no trato com crianças não é igualmente intensa para todas as mulheres. Assim como ocorre com as preferências sexuais, os condicionamentos devidos ao gênero podem variar de pessoa para pessoa.

Os homens também têm prazer com seus filhos. Mas sabemos muito pouco sobre esse tema, pois a ciência tem se concentrado no estudo do amor materno. Como os cérebros de homens e mulheres são diferentes, podemos supor que os fundamentos da felicidade do amor paterno devem ser distintos. Vamos ter que esperar para saber.

Filhos trazem felicidade?

Filhos animam a vida doméstica e esquentam o coração dos pais. Precisam de nós. E quando estão de bom humor, nos encaram com os olhinhos brilhando. Acompanhar o seu desenvolvimento dia a dia é uma das melhores experiências da vida. Muitas pessoas dizem que encontraram a felicidade nos filhos.

Diante dessa afirmação, é surpreendente o que a sociologia tem a revelar sobre as alegrias proporcionadas pela maternidade e pela paternidade. Segundo suas próprias declarações, casais que não têm filhos relacionam-se melhor do que os que são formados por pais e mães. Esse foi o resultado de nada menos do que quatro grandes pesquisas independentes realizadas na Europa e nos Estados Unidos.

Isso ocorre porque a presença dos filhos causa uma diminuição do interesse da mulher pelo homem, e vice-versa. Com o passar dos anos, o grau de satisfação oscila em uma espécie de montanha-russa, e o mais surpreendente é que seus altos e baixos acontecem de modo paralelo com o pai e a mãe. O grau de felicidade entre os parceiros começa a cair durante a gravidez e atinge o primeiro ponto mais baixo quando o primogênito começa a engatinhar. Depois disso, segue-se uma leve recuperação, até que surge um novo esfriamento que coincide com os primeiros sinais de puberdade do filho mais velho. Em seguida, a satisfação conjugal despenca para o ponto mais baixo. Aparentemente, os adolescentes afetam muito mais a relação de carinho entre o casal do que os bebês. Crianças pequenas, e mesmo as que já estão em idade escolar, causam cansaço físico e falta de sono, mas adolescentes forçam ao máximo os limites da resistência dos pais, até se tornarem quase insuportáveis. Quando o último filho deixa a casa, a satisfação dos parceiros volta ao nível que existia antes do nascimento de seu primeiro bebê. Assim, mãe e pai costumam percorrer um vale ao longo do casamento, mas que nem por isso é um vale de lágrimas. Na média, o grau de satisfação durante a adolescência dos filhos fica cerca de 10% abaixo do valor que as pessoas alcançam nos melhores anos de suas vidas.[27]

Será então que os filhos não trazem felicidade, e sim infelicidade? Não necessariamente. As pesquisas realizadas com o objetivo de encontrar os motivos para o crescente número de divórcios não perguntam sobre a felicidade com a vida em seu sentido mais amplo – elas se concentram unicamente na felicidade conjugal. Esses dois aspectos estão estreitamente interligados porque o relacionamento dos parceiros tem grande influência sobre o bem-estar geral, mas eles não são a mesma coisa. Os filhos, por transmitirem calor afetivo e a sensação de que precisam dos pais – além de constituírem uma fonte de prazer e diversão –, podem compensar significativamente a tensão que provocam na vida do casal.

Assim, alegrias e problemas convivem. Filhos trazem felicidade e infelicidade ao mesmo tempo, pois, como dissemos, esses sentimentos não são opostos e não se excluem mutuamente. Em alguns casos, o efeito global pode ser bastante positivo. Pais e mães cansam-se mais, porém têm uma expectativa de vida superior em relação às pessoas que não têm filhos. Essa diferença é especialmente acentuada na faixa dos 35 aos 44 anos, em que o índice de mortalidade nesse grupo não chega a alcançar nem a metade do que é registrado entre as pessoas sem filhos. Provavelmente isso ocorre porque pais e mães evitam mais conscientemente os riscos e cuidam melhor da saúde.[28]

Na soma geral, no entanto, as atribulações e as alegrias parecem se equilibrar. De acordo com uma pesquisa realizada recentemente na Alemanha, levando tudo em consideração, os pais não são nem mais nem menos felizes do que as pessoas sem filhos. Ainda que não pareça, essa é uma questão muito polêmica quando vista no contexto das técnicas reprodutivas, que estão cada vez mais sofisticadas. Os casais que, na tentativa de terem filhos, fazem enormes sacrifícios financeiros e esforços de todos os tipos (acompanhados, sobretudo para a mulher, de grande desconforto físico) deveriam se perguntar se suas expectativas não são altas demais.[29]

O único efeito comprovado da influência dos filhos sobre o grau de satisfação do casal é de natureza negativa, o que contraria profundamente as expectativas de homens e mulheres que desejam ser pais e mães. Mas como a carga em si, e em circunstâncias normais, não é excessiva, os parceiros, em sua maioria, conseguem vencer esse desafio. Eles o assumem de bom grado, pois os filhos dão sentido e colorido à vida. Mas os filhos quase sempre põem os relacionamentos à prova. Por isso, faz pouco ou nenhum sentido ter um bebê para salvar o casamento, como ocorre tantas vezes.

Capítulo 10 | A amizade

Isaac gostava de Raquel. Eram amigos desde a adolescência. Aparentemente, a atração física não era tão importante para eles. Quase não mantiveram relações sexuais durante todos aqueles anos – pelo menos Raquel nunca engravidou de Isaac. Mas não porque ele fosse incapaz de gerar herdeiros. Ao contrário, Isaac teve um monte de filhos, porém com outras parceiras. Rachel e ele simplesmente adoravam passar o tempo juntos. Enquanto outros machos se divertiam com brincadeiras de luta, Isaac e sua amiga se mantinham à parte, como se contemplassem cenas de um planeta distante. Sentados na grama, comiam frutas e coçavam um ao outro durante horas a fio. Se alguma vez houve babuínos "felizes", foram esses dois.

O neurologista californiano Robert Sapolsky acompanhou e documentou durante vários anos a vida de um grupo de macacos na região de Serengueti, na Tanzânia. O bem-estar de Isaac ficou registrado inclusive em números, pois de vez em quando Sapolsky retirava amostras do sangue desse macaco depois de o anestesiar com dardos. (Esse procedimento não era usado com as fêmeas para não pôr em perigo filhotes que ainda estavam sendo amamentados e possíveis fetos.) O objetivo era medir o nível dos hormônios do estresse, como o cortisol, que indicam se o animal está vivendo sob tensão. No caso de Isaac, tais níveis se mostraram abaixo do normal. Esse macaco, portanto, não apenas aparentava ser mais tranqüilo do que os demais – ele era, de fato, bem mais calmo.

Sapolsky observou comportamentos semelhantes em muitos outros animais: quanto mais amizades duradouras um macaco tinha, menor o seu grau de tensão. É como se o hábito de se sentar em companhia de amigos e lhes dedicar um pouco de atenção suavizasse os dissabores da vida. Quem cultiva relações sociais se mantém em plena forma, porque o estresse, além de reduzir a sensação de bem-estar, faz mal à saúde.[1]

Para Isaac, a amizade com Raquel foi recompensadora. Enquanto outros machos da sua geração já tinham morrido em decorrência de doenças e lutas ou estavam enfraquecidos pela velhice, ele continuava tranqüilamente sentado na savana, tirando pulgas de sua companheira.[2]

Quem tem amigos vive mais

Nós humanos também somos seres sociáveis. Sorrimos ao ouvir a voz de uma pessoa querida e gostamos do calor da companhia. Quem sofre de solidão ou não é capaz de lidar com as pessoas à sua volta dificilmente consegue ter sentimentos felizes. As amizades, assim como o aconchego da família, são como um solo fértil em que a felicidade germina.

"Quem risca a amizade da vida elimina o sol do mundo", escreveu Cícero, o estadista romano, e ele tinha razão. A sociologia moderna confirma a importância da convivência para o bem-estar: relacionar-se é um dos poucos fatores externos que sob praticamente todas as circunstâncias aumentam o grau de satisfação com a vida, como demonstraram o psicossociólogo inglês Michael Argyle e outros cientistas. Só mesmo a qualidade da relação, a freqüência das relações sexuais e a atividade física têm efeitos comparáveis ou maiores.[3]

Os amigos nos ajudam a alcançar a longevidade. Essa é a conclusão apresentada por estudos realizados na Europa Ocidental e nos Estados Unidos com milhares de pessoas. Os relacionamentos sociais aumentam a expectativa média de vida tanto quanto a prática regular de uma atividade física; e os fatores que a prejudicam na mesma medida são o cigarro, a pressão alta e a obesidade. Independentemente de idade, estado de saúde e sexo, a probabilidade de uma pessoa solitária morrer ao longo do próximo ano é o dobro da de alguém que se sente acolhido. O fumo, em contrapartida, só aumenta o risco da mortalidade em uma vez e meia.[4]

Resultados ainda mais impressionantes foram obtidos em um experimento da Universidade de Stanford, na Califórnia. Formaram-se dois grupos de pacientes com câncer de mama. As integrantes de um dos grupos receberam o tratamento médico convencional com quimioterapia. As demais mulheres, além de se submeterem ao tratamento, participaram de encontros semanais em que trocavam experiências e encontravam compreensão para os seus problemas. Embora todas já estivessem em um estágio avançado da doença, sem chance de cura, as que compareciam às reuniões disseram sentir menos dores e estavam mais animadas do que as outras pacientes. Mais importante: elas também apresentaram uma sobrevida em média duas vezes maior do que as demais.[5]

Estudos dos quais participaram pacientes com leucemia e pessoas que haviam sofrido infartos revelaram conclusões semelhantes. Todos esses resultados podem parecer estranhos, uma vez que, pelo que sabemos até agora, a origem do câncer não é psíquica, embora algumas pessoas acreditem que os tumores sejam causados por uma espécie de interiorização dos sofrimentos. De qualquer forma, as numerosas pesquisas científicas realizadas sobre o assunto não encontraram o menor indício para a hipótese de que fatores psíquicos possam desencadear essa doença. Por outro lado, são altamente preocupantes as provas da influência dos genes no aparecimento de tumores. Muitas vezes, substâncias tóxicas do meio ambiente, o cigarro e uma alimentação errada contribuem para que genes defeituosos desenvolvam seus efeitos fatídicos.

Diante de tudo isso, como interpretar a influência do calor da companhia no estado dos doentes? O controle sutil exercido pelo grupo talvez explique, ao menos em parte, essa melhora relativa, pois a pessoa passa a se sentir ouvida e compreendida por outros indivíduos que estão na mesma situação que ela. O fato de saber que está sendo observada pode até contribuir para que se cuide mais e, por exemplo, tome a medicação com mais regularidade. Mas a explicação não pode se resumir a isso porque, no caso das pacientes estudadas, a atenção do grupo provou-se eficaz para melhorar seu estado de ânimo, inclusive quando elas estavam sob a mais rigorosa supervisão médica.[6]

A solidão é um grande fardo, tanto para a mente quanto para o corpo. Para lidar com o estresse, poucas estratégias são tão eficazes quanto procurar o amparo de pessoas com as quais possamos efetivamente contar. Aos solitários resta somente se conformar com a ausência do calor humano que torna as agruras da vida mais suportáveis. Além disso, a própria solidão produz estresse, pois apenas o fato de se sentir só pode ser uma experiência dolorosa, ainda que não haja outras fontes externas de tensão.

O poder dos sentimentos sobre a saúde é tão grande que justificou até o surgimento de uma nova disciplina científica, a psiconeuroimunologia. Nos últimos anos, ela vem enriquecendo significativamente a documentação relativa às interações entre o corpo e a mente. Entre os efeitos dos hormônios do estresse, como o cortisol e outros glucocorticóides, está a inibição da atividade do sistema imunológico.[7] Foi o que constataram os pesquisadores tanto entre pessoas solitárias[8] quanto entre filhotes de macacos separados da mãe.[9] Existem também numerosas evidências de que o estresse pode desencadear de simples resfriados a doenças cardiovasculares.

Assim, o mistério em torno das pacientes com câncer de mama tem uma dupla explicação. Em primeiro lugar, o estresse, mesmo não sendo a causa principal dessa doença, acelera o crescimento dos tumores, como mostraram experimentos com animais.[10] Por outro lado, os organismos das pacientes que se sentiam solitárias não apenas lutavam contra o câncer como também estavam com o sistema imunológico enfraquecido, o que as deixava mais suscetíveis a infecções.

A sensação de ter que lidar com a vida de forma solitária pode, portanto, tornar o corpo mais vulnerável. Em contrapartida, os vínculos emocionais ajudam a superar circunstâncias adversas. Talvez isso também explique os dois mil históricos de uma pesquisa sobre o estado de saúde da população masculina da cidade sueca de Gotemburgo. O objetivo era descobrir sob que condições as aflições comuns podem ser nocivas.[11] A análise estatística destacou um fator de proteção surpreendente e mais eficaz do que o melhor dos sistemas de tratamento médico: por mais duros que sejam, os golpes do destino são superados com mais facilidade quando se tem alguém com quem falar – essa foi a resposta de todos os entrevistados.

O medo de sermos abandonados

O medo da solidão é um dos temores mais profundos do ser humano. Mesmo as pessoas mais frias são sensíveis aos gemidos de crianças e filhotes abandonados. Até o sofrimento de um extraterrestre de pele enrugada que quer telefonar para casa nos deixa com os olhos cheios d'água. Isso acontece porque na dolorosa saudade sentida pelo E.T. há algo de familiar para cada um de nós, tenhamos oito ou oitenta anos. E é isso que explica o enorme sucesso do filme de Spielberg.

Para o neuropsicólogo Jaak Panksepp, a busca de contato com outras pessoas deve-se em grande parte ao medo que temos da solidão. Mais do que nos incentivar a procurar companhia, a natureza literalmente nos empurra nessa direção. Segundo a hipótese de Panksepp, esse instinto social está arraigado em circuitos recônditos nas regiões mais antigas do cérebro. De fato, em experimentos com animais, a estimulação de certas partes do diencéfalo, como o tálamo e a área pré-óptica, faz com que eles soltem gritos de desespero que só filhotes abandonados costumam emitir.[12]

Visto pela perspectiva da evolução, trata-se, portanto, de um comportamento bastante primitivo, que remonta aos primeiros mamíferos e provavelmente serve para garantir a sobrevivência do recém-nascido. Um filhote de camundongo, por exemplo, chega ao mundo cego, surdo e incapaz de se locomover. Seu corpinho sem pêlos não consegue gerar o calor necessário para a sobrevivência. Sem a mãe, morreria de frio. Trata-se de uma criatura totalmente dependente, cujo mundo gira em torno da mãe. Quando ela está distante, o filhote fica em pânico e grita de medo como um bebê humano.

Muitos jovens mamíferos e até pintinhos emitem esses sinais de abandono. Os gritos das crias de ratos foram especialmente pesquisados. São inaudíveis para o ser humano por causa de sua alta freqüência (cerca de quarenta quilohertz), mas os ouvidos das ratas são sensíveis o suficiente para captá-los. No instante em que os ouve, a mãe é capaz de fazer qualquer coisa para acalmar os filhotes. Ela os lambe como se quisesse limpá-los, mas, na verdade, sua intenção é estabelecer um contato para que saibam que está ali cuidando deles. Além disso, os carrega de um lado para outro e trata de colocá-los em um lugar mais protegido para que deixem de sentir medo.

Na idade adulta, os ratos perdem o medo da solidão, pois não são criaturas muito sociáveis. Mas outros animais que gostam de viver em comunidade conservam esse temor a vida inteira. Muitos cachorros ganem e arranham o chão ou as portas quando deixados sozinhos em casa. Papagaios desenvolvem hábitos autodestrutivos, como arrancar as penas com o bico. No caso da espécie humana, os adultos tentam disfarçar a angústia quando sofrem de solidão, porém os sintomas no corpo e na mente não são menos violentos: inquietação, vazio interior, tensão, insônia, falta de apetite e problemas com a autoestima. Tudo isso torna a nossa vida uma tortura.

Essa semelhança entre as reações de seres humanos e animais permite pesquisar os efeitos da solidão usando esse modelo simplificado. Os animais também ficam estressados quando lhes falta o contato com outros de sua espécie, e o hormônio CRH (*corticotrophin releasing hormone* – ou hormônio que libera a corticotropina) atua na reação dos gritos de pânico.[13] Isso explica muita coisa, pois o CRH libera o hormônio cortisol, que no organismo humano é responsável por vários dos efeitos prejudiciais causados pelo estresse.

Assim como acontece com os seres humanos, o preço da solidão também é alto para os filhotes de ratos. Eles são mais vulneráveis a doenças e em seus cérebros se formam menos conexões neuronais, o que afeta o seu desempenho. Além disso, têm dificuldade para aprender e jamais deixam de ser animais medrosos e irritadiços. No caso das crias que recebem carinho com regularidade, a situação é diferente: elas se desenvolvem muito mais e seu crescimento é bem mais rápido.

Isso também se verifica com os bebês humanos. O carinho estimula o desenvolvimento, como mostrou a cientista Tiffany Field, da Universidade de Miami. Ela realizou um simples experimento com um grupo de recém-nascidos prematuros que, por estarem em uma incubadora, recebiam pouco calor humano. Field os acariciava três vezes por dia, movimentando levemente seus bracinhos e perninhas. O resultado foi um verdadeiro milagre. As crianças ganharam peso mais rapidamente, tornaram-se mais resistentes a infecções e conseguiram sair das incubadoras uma semana antes que os outros prematuros daquela unidade.[14]

No caso de bebês que ficam muito tempo sem contato, as conseqüências são mais trágicas do que entre os ratos. Desde o século XIII, quando o rei Frederico II da Sicília realizou o que podem ser considerados os primeiros experimentos controlados de psicologia, sabe-se que os carinhos e a presença da voz humana são necessários para o desenvolvimento de recém-nascidos. A curiosidade científica desse rei o induziu a averiguar qual teria sido o primeiro idioma comum da humanidade. Para isso, mandou isolar um grupo de bebês antes que aprendessem a dizer as primeiras palavras. Frederico II acreditava que, afastando-os do mundo exterior, eles começariam a falar espontaneamente na "língua natural" mais cedo ou mais tarde. Os serviçais alimentavam as crianças, vestiam-nas e supriam-nas de todo o necessário, mas estavam proibidos de falar com elas. O experimento fracassou de forma terrível: todos os bebês morreram. Segundo um historiador contemporâneo, "eles não foram capazes de sobreviver sem a presença de gestos, semblantes amorosos e carinhos".[15]

Segurança gera felicidade

Quando a solidão chega ao fim, se estabelece uma calorosa sensação de segurança. Esse efeito certamente se deve às endorfinas, hormônios que têm uma estrutura química semelhante à do ópio e cuja liberação origina sensações de bem-estar. Isso pode ser comprovado com filhotes de ratos separados da mãe: ao receberem morfina, cessam os seus gritos de desespero. As endorfinas combatem os hormônios do estresse, como o CRH, que desencadeiam a gritaria. Mas quando se bloqueia o efeito natural das endorfinas, os filhotes continuam exigindo a presença da mãe mesmo que ela já esteja ali cuidando deles.[16] Foi comprovado que os macacos também liberam endorfinas durante sua prática habitual de catar pulgas uns dos outros.

As endorfinas desempenham a função geral de indicar ao cérebro uma situação desejável, como vimos no capítulo 7. Por exemplo, essas substâncias transmitem uma sensação de prazer quando estamos roxos de fome e devoramos uma comida gostosa. De maneira parecida, servem para regular a necessidade de companhia. Seres sociáveis, como os macacos, quando privados da indispensável convivência com outros de sua espécie, sofrem graves desequilíbrios, demonstrando fortes sintomas de abatimento e depressão. Mas assim que esses animais encontram seus semelhantes, as endorfinas dão o sinal de que a normalidade foi restabelecida e eles voltam a se sentir protegidos.

As drogas têm o poder de enganar o cérebro e fazê-lo esquecer a solidão: basta ministrar-lhe artificialmente os opiáceos que ele próprio libera nos momentos de contato social.[17] O bebedor solitário, que eleva o nível de endorfina consumindo álcool, não precisa de amigos. A pessoa que é alucinada por doces persegue esse mesmo efeito. Por isso, a personagem Bridget Jones, protagonista do romance de Helen Fielding, come chocolate de manhã cedo para conseguir suportar melhor o dia. Da mesma forma, o poeta francês Jean Cocteau deixou registrado em seu diário que o ópio o "livrava das visitas".[18]

O bem-estar produzido pela proximidade de pessoas íntimas pode estar relacionado principalmente às endorfinas. Mas elas não são as únicas responsáveis por esse tipo de felicidade. A oxitocina e a vasopressina, por exemplo, têm seu papel na produção dos sentimentos amorosos; e como são indispensáveis para a memória social, também influenciam outros aspectos das relações humanas. A serotonina – neurotransmissor que as pessoas com depressão possuem em pouca quantidade – parece desempenhar uma função importante na gênese dos sentimentos de simpatia. Essas descobertas da neurofarmacologia não resultaram de experimentos com animais, mas com uma droga moderna usada em festas, o ecstasy.

Essa substância faz com que o cérebro libere grandes quantidades de serotonina e provavelmente também de dopamina.[19] Assim o usuário tem a sensação extremamente agradável, ainda que irreal, de que todo mundo é amigo dele. Surgem sentimentos de afeição e compreensão. Essa droga foi chamada de *empathy* (empatia) até 1980, quando um traficante do Texas lhe deu o novo nome. Para alguns cientistas, o ecstasy faz parte de um grupo de substâncias que afetam o íntimo das pessoas. O químico californiano Alexander Shulgin, que produziu a droga em laboratório em 1965 e foi o primeiro a experimentá-la, descreveu sua experiência assim: "Eu me senti leve, feliz e dono de um poder extraordinário, como se asas tivessem nascido em mim (...) e como se eu vivesse em um mundo melhor, quer dizer, como se o universo inteiro fosse meu."[20]

Costumamos nos sentir de maneira parecida, embora não tão intensa, quando estamos na companhia de alguém que estimamos: desarmados, plenos de confiança. Mas quanto a esses aspectos da amizade, chegamos aos limites da neurociência atual, porque ninguém ainda conseguiu decifrar em detalhes os efeitos do ecstasy.

Dar e receber

Por que precisamos de amizades? Diferentemente dos filhotes de rato, que dependem apenas da mãe, os seres sociáveis necessitam do apoio de um grupo. Uma pessoa até pode escolher viver só ou confinar-se em uma relação de casal. Nas sociedades primitivas, contudo, indivíduos solitários ou mesmo um casal isolado praticamente não tinham chances de sobreviver. Eles precisavam da tribo ou do clã para proteção e ajuda. Ao contrário de um recém-nascido, que conta com a mãe, um adulto não pode simplesmente exigir comida e atenção sem dar algo de si em troca. Todos somos convidados a compartilhar o que é nosso em benefício do bem comum. Quanto mais próximos estamos uns dos outros, mais damos; e quanto mais damos e recebemos, mais unidos nos sentimos.

Para ter o domínio da situação em uma sociedade regida por normas como essas é preciso uma boa dose de bom senso. Cada membro do grupo tem que se lembrar do tipo de relação que os demais mantêm entre si, bem como do que pode esperar deles e do que pode lhes dar em troca. Estabelecer uma relação de casal, em compensação, é relativamente simples, pelo menos entre os animais: basta que os parceiros se reconheçam como um só ser e que seus instintos os guiem na defesa incondicional um do outro e da prole. Apenas as espécies mais inteligentes, como certas espécies de macacos, têm uma vida social mais complexa, na qual as amizades e as funções sociais podem mudar. Roedores, aves e outros animais dotados de cérebros mais simples não conhecem mais do que relações de casal e relacionamentos de grupo completamente rígidos, caracterizados por ritos invariáveis.

Muitas espécies de macacos organizam-se em grupos para que possam buscar alimentos e se defender. Os vínculos que se formam entre eles mostram como se estabelecem os compromissos mútuos de amizade. Isso ocorre porque suas relações são mais abrangentes do que as humanas. Além disso, os animais não têm como confundir seus atos por meio de palavras.

É gostoso compartilhar uma refeição com alguém que apreciamos. Em qualquer lugar do mundo essa prática está no centro da vida social. As famílias reúnem-se em torno da mesa, homens de negócios fecham importantes contratos em restaurantes, visitas de chefes de Estado geralmente culminam em banquetes. Os macacos também dividem seu alimento, o que mostra como as refeições em comum são importantes para estabelecer relações sociais.

O pequeno macaco-prego, por exemplo, que vive na América do Sul, sai em grupo para caçar e roubar filhotes de quatis – uma incursão de risco, porque os quatis têm dentes afiados. Essas caçadas seriam impossíveis se não houvesse a garantia de que cada um dos participantes receberia a sua parte depois.

Em experimentos controlados, o etólogo Frans de Waal investigou sob que circunstâncias esses macacos estão dispostos a ceder alguma coisa e que tipo de cooperação está envolvida nesses casos.[21] O pesquisador colocou dois deles em jaulas vizinhas por cujas grades se podiam passar frutas. Por meio de um sistema de roldanas, os macacos podiam puxar uma espécie de trenó carregado de maçãs. No entanto, como o dispositivo era muito pesado, esse esforço exigia a colaboração dos dois animais. Toda a instalação foi construída de tal forma que, no fim, só um deles conseguiria alcançar as frutas. Para pegá-las, ele precisaria contar com a ajuda do outro e acreditar que o pacto da partilha seria cumprido. E foi exatamente o que aconteceu. Portanto, o macaco-prego é perfeitamente capaz de confiar nas intenções de um membro do seu grupo.

Em todo caso, a confiança tem limites. Os animais dessa espécie só se ajudam mutuamente quando conseguem ver a recompensa. Para eles, simplesmente não dá para imaginar que o favorecido possa pagar ao ajudante mais tarde. Portanto, suas alianças têm um caráter imediato e efêmero. A cada vez que surge uma oportunidade, estabelecem uma nova negociação, ou seja, esses animais desconhecem as associações duradouras.[22]

No caso de espécies mais inteligentes de símios, porém, as coisas são diferentes. Os chimpanzés, por exemplo, não apenas mantêm relações durante vários anos como trocam outros favores. Se um macaco limpa o pêlo do outro, este pode retribuir em uma oportunidade futura, compartilhando a comida ou ajudando-o a combater um inimigo comum. A vida desses animais é um constante dar e receber. Os machos caçam juntos e as fêmeas cuidam alternadamente das crias. Os líderes do bando asseguram sua primazia estabelecendo complexos sistemas de alianças e, por meio delas, alcançam um equilíbrio de poder extremamente parecido como o que vemos na política e no mundo dos negócios.

Essas redes de interdependência surgem apenas quando cada membro do grupo conhece o caráter e as intenções de seus companheiros, o que lhe permite saber o que esperar deles. Assim como nós, um chimpanzé só divide algo com os demais quando está certo de que, mais cedo ou mais tarde, obterá uma contrapartida. Mas, diferentemente dos macacos-prego, esses símios mais inteligentes são capazes de adiar a cobrança da dívida. Sua memória lhes permite realizar a contabilidade dos direitos e obrigações ao longo de períodos mais longos. Dessa forma, De Waal registrou como uma fêmea dessa espécie, chamada Gwinnie, que não gostava de dividir sua comida, era rechaçada pelos companheiros quando queria provar a refeição deles.[23]

O julgamento instintivo

Obviamente é difícil intuir o que se passa na cabeça de um chimpanzé, mas tudo indica que o egoísmo de Gwinnie suscitava nos demais uma tremenda antipatia. Isso permite imaginar que os macacos são capazes de ter sentimentos desse tipo.

Na nossa espécie, a simpatia e a antipatia também podem se estabelecer em decorrência das experiências que temos com as outras pessoas. Muitas vezes ocorre algo espantoso: a inclinação em um dos dois sentidos surge sem que nos lembremos conscientemente do tipo de relação que firmamos anteriormente com o indivíduo em questão. Existem situações em que fazemos julgamentos muito mais com base na intuição do que em considerações puramente racionais. É o caso, por exemplo, de quando gostamos de alguém à primeira vista, sem que saibamos exatamente por quê.

O neurologista Antonio Damasio mostrou como se estabelecem essas atitudes ao analisar um paciente a que deu o nome fictício de David. Por causa de uma lesão cerebral, ele sofria de um dos mais graves distúrbios de memória já relatados pela literatura médica. David não conseguia se lembrar nem do rosto, nem da voz, nem do nome de alguém a quem acabava de ser apresentado. Algum tempo depois, tampouco se recordava do que havia acontecido entre ele e a pessoa. Ao longo de uma semana, Damasio confrontou David repetidamente com dois assistentes: um deles sempre se mostrava extremamente gentil e simpático, enquanto o outro se comportava de forma grosseira, recusando tudo o que David pedia, além de submetê-lo a testes psicológicos extremamente enfadonhos – os mesmos que são aplicados para medir a capacidade intelectual de macacos.

Passado algum tempo, mostravam a David fotografias dos dois assistentes, dos quais naturalmente ele não se lembrava, perguntando-lhe a qual deles preferiria recorrer em caso de necessidade e qual dos dois poderia ser considerado seu amigo. Sem pestanejar, David apontava sempre para aquele que o tratara bem, desprezando o outro – que, na realidade, era uma mulher jovem e bonita. Embora ele efetivamente não conseguisse se recordar de uma situação desagradável com essa pessoa, suas experiências com ela haviam deixado, no nível inconsciente, um resquício, um sentimento que, para David, tinha uma coloração negativa.[24]

Trata-se de um caso extremo. Pessoas saudáveis costumam ser capazes de explicar os motivos de suas atrações e aversões, pelo menos parcialmente. Mesmo assim, a história de David é interessante por revelar que o cérebro dispõe de dois caminhos para preservar as experiências que vivemos, assim como um filme de cinema, que é composto de fotogramas e canais de áudio. De um lado, o cérebro registra as memórias conscientes, que seriam como os fotogramas, acessíveis cena a cena. Separadamente, ele grava a música de fundo, que são os sentimentos vividos na situação concreta. Determinados estímulos são capazes de despertar esses sentimentos sem que as cenas correspondentes se apresentem para nós no nível consciente. É como se ouvíssemos a trilha sonora sem assistir ao filme. A recordação sentimental depende da memória implícita, enquanto a lembrança das imagens necessita da memória explícita (ou declarativa), que, no caso de David, fora destruída.

Segundo esse raciocínio, a atração seria um fruto da memória implícita, pois ela se baseia mais nas emoções do que na lembrança consciente. No sentido positivo, a atração é necessária para que uma amizade possa se desenvolver, uma vez que nos predispõe a nos doar e também a ver as qualidades da outra pessoa. Assim tem início um círculo "virtuoso", ou ascendente: criamos confiança, e esta nos torna capazes de atos de entrega e aceitação cada vez mais sublimes.

Capítulo 11 | Pequeno manual das paixões

Mais do que qualquer pensamento, são as paixões que determinam a nossa vida. Podemos modificar os pensamentos conscientemente, mas as paixões humanas apresentam uma notável firmeza. Temos que aceitá-las do jeito que são: forças motrizes da felicidade, mas que também podem nos jogar na mais profunda desgraça. Por isso, a arte de viver consiste em conhecer as próprias paixões, conviver com elas e usufruí-las.

Assim não surpreende que a humanidade tenha desde sempre refletido sobre essa questão. O problema é que quem procura conselho nessa área acaba ficando confuso. Quase tudo o que sabemos sobre como viver de forma prudente e como lidar com os sentimentos foi dito há muitos anos por alguns sábios. Infelizmente, porém, nunca faltaram outros sábios que dissessem exatamente o contrário a respeito de cada uma dessas teorias. Depois de dois milênios de filosofia, de um século de psicologia, de uma avalanche de livros repletos de conselhos, de intermináveis debates na televisão e de revistas especializadas, continuamos na mesma: devemos buscar a aventura no amor? Ou será que a longo prazo a fidelidade proporciona mais felicidade? O trabalho é fundamental para sermos felizes? Ou será o ócio que faz a vida valer a pena?

Enquanto isso, os conhecimentos científicos sobre tais questões continuam progredindo. A neurobiologia tornou possível algo mais do que a mera descrição dos sentimentos: por meio de experimentos reproduzíveis, ela explica como eles se originam e para que servem. Assim, abre-se um novo acesso à natureza humana que apresenta muitas aplicações práticas. Um estilo de vida que esteja de acordo com a nossa natureza se revelará mais produtivo a longo prazo e nos proporcionará mais felicidade do que outro que esteja em desacordo com as nossas características.

Se isso estiver certo, a pesquisa científica poderá servir de filtro para separar os bons conselhos de outras orientações que não sejam tão boas para nos conduzir na vida. Por isso, neste capítulo passo em revista alguns dos provérbios, aforismos e lugares-comuns que estão enraizados em nosso modo de pensar, com o objetivo de descobrir se eles coincidem com as revelações das neurociências. Assim, voltarei a falar de algumas descobertas mencionadas no capítulo anterior.

Ao longo dessa análise teremos a oportunidade de reiterar três verdades que podemos considerar definitivamente aceitas e que volta e meia aparecem em diferentes contextos. Primeiro: os sentimentos positivos são capazes de afugentar os sentimentos negativos. Segundo: não existe felicidade que dure eternamente, mas está em nossas mãos viver os momentos felizes com mais freqüência e prolongar a alegria que eles nos dão. Terceiro: não importa tanto *o que* vivemos, e sim *como* vivemos os fatos. Tudo isso pode parecer bastante óbvio e até banal. No entanto, é impressionante o número de mensagens instaladas em nossas mentes que dizem exatamente o contrário.

"Não consigo ter satisfação." MICK JAGGER (ROLLING STONES)

"A ociosidade entristece." SANTO TOMÁS DE AQUINO

É espantosa a coincidência entre o que o roqueiro Mick Jagger expõe na letra de *Satisfaction* e o pensamento de Santo Tomás de Aquino. Ambos acertam quando chegam à seguinte conclusão: o ser humano não foi feito para passar a vida de papo para o ar, na bonança eterna. É por isso que a natureza nos premia quando levamos uma vida ativa e nos castiga com sentimentos dolorosos se optamos pela comodidade excessiva. Como diz o vocalista dos Rolling Stones na referida canção, por alguns momentos pode ser bom nos deixarmos distrair passivamente pelo rádio e pela televisão, mas a longo prazo não obtemos satisfação. A evolução soube evitar isso.

Não seria prático para o ser humano viver na ociosidade durante muito tempo. A vantagem competitiva que garantiu nossa sobrevivência em relação a outras espécies foi justamente o fato de sermos mais inteligentes e mais hábeis. E isso tem que ser preservado. Por esse motivo o cérebro nos impulsiona a permanecer ativos, a entrar no mundo e testá-lo, em vez de somente observá-lo. O neurotransmissor que assume o papel-chave nesse processo é a dopamina.

Isso explica por que tantas pessoas ricas, ainda que tenham mais dinheiro do que tempo para gastá-lo até o fim da vida, continuam se ocupando em lugar de ficar tomando sol na praia. Também é por esse motivo que Bill Gates não pára de perturbar a vida dos seus concorrentes com novos inventos. Ou seja, o trabalho não nos serve apenas para ganhar o pão de cada dia. Até mesmo os filósofos e os cidadãos ricos da Antiguidade que pregavam as vantagens do ócio sabiam que uma vida sem atividade e objetivo acaba conduzindo à depressão. Por isso, eles preenchiam o tempo escrevendo livros, discutindo em praça pública e organizando campanhas políticas, além de refinadas comemorações.

No que diz respeito à vida contemporânea, nós também preferimos nos dedicar a alguma coisa nos momentos livres, exceto quando estamos totalmente exaustos, o que é mais raro. Dependendo do temperamento de cada pessoa, é mais fácil ou mais difícil vencer a inércia e realizar algo que não seja indispensável. Engana a si mesmo quem acredita que o ideal é viver sem fazer nada. O ócio quase nunca traz felicidade, e os cientistas têm conseguido provar isso nos últimos anos.[1]

Por essa razão, vale a pena voltar atrás na história da civilização. Pode até ser bom comer pizza pré-cozida, mas o prazer não dura muito mais do que o tempo necessário para colocá-la no forno e saboreá-la. Experimentaremos muito mais sentimentos positivos se nós mesmos a prepararmos em casa. Enquanto folheamos o livro de receitas, o circuito de expectativa entra em ação no cérebro. E será melhor ainda se for difícil conseguir alguns ingredientes. Isso provocará a liberação de dopamina para nos induzir a realizar as ações necessárias para obtê-los. Ao mesmo tempo, os opióides antecipam a sensação do prazer que está por vir e fazem com que todo esse pequeno esforço valha a pena.

Dessa forma, a atividade aumenta o prazer preliminar e, portanto, a intensidade do futuro gozo. Como o circuito de expectativa não está focado em um objetivo específico, não importa muito o que estamos fazendo. Qualquer coisa funciona: trocar os móveis da casa, aprender a voar de ultraleve, engajar-se em um projeto social, etc. Albert Einstein adorava rachar lenha. O imperador romano Diocleciano plantava hortaliças. Até varrer o quintal pode ser bom. “O ser humano ocupa-se em encontrar a felicidade, mas sua maior felicidade está no fato de ele se ocupar”, disse o filósofo francês Alain.

"Nada de esportes, só uísque e charutos." WINSTON CHURCHILL

Esse era o elixir da juventude do primeiro-ministro britânico, pelo qual ele acabou pagando caro. Churchill foi vítima de reiteradas e profundas crises de depressão. "Meu cão negro" – era assim que ele se referia ao sofrimento que nunca mais o deixou. Essas formas graves de melancolia seguramente têm origem genética. Mesmo assim, a prática de exercícios físicos torna possível aliviar até mesmo as depressões mais intensas e melhorar o ânimo, como revelam numerosos estudos realizados nas últimas duas décadas. Outras pesquisas mostram que, em caso de depressão leve, uma corrida pode ser tão eficaz quanto uma psicoterapia.[2]

Quando se trata de pessoas saudáveis, basta um pouco de atividade física para fazer o mundo ficar cor-de-rosa. Mais de oitenta grandes pesquisas sobre esse tema foram realizadas na Europa e nos Estados Unidos. Praticamente todas elas apresentaram o mesmo resultado: quem pratica esporte regularmente melhora a condição física, tem mais autoconfiança, sente menos angústia e evita a incidência freqüente da depressão.[3] O ser humano foi feito para se movimentar.

Surpreendentemente, a prática esportiva beneficia mais o sexo feminino. Muitos estudos revelaram que o número de mulheres que dizem sentir-se melhor após se exercitarem é superior ao dos homens em 20%. Os motivos para essa diferença são desconhecidos.[4]

Correr, nadar, dançar – todas essas atividades são eficazes, porque não é o tipo de exercício que importa. E alcançar determinadas marcas ou resultados tem menos importância ainda. Na verdade, há indícios de que o exagero prejudica mais do que resolve. Metas muito ambiciosas podem não ser atingidas, o que leva à frustração e, com isso, ao fim das boas intenções. Meia hora de atividade física por dia é mais do que suficiente, pois o objetivo não é desenvolver músculos maravilhosos, e sim, como dizia Rousseau, "exercitar o corpo em benefício da alma".[5]

A atividade física eleva o astral de várias maneiras. Quando os músculos se movem, o cérebro libera mais hormônios como a serotonina e provavelmente também endorfinas, as quais produzem uma leve euforia. Mas é principalmente o ânimo que melhora. Por todo o nosso corpo há sensores que o sistema nervoso utiliza para supervisionar o funcionamento dos órgãos. Graças a esses chamados receptores viscerais, podemos verificar o estado do coração, do estômago, dos pulmões e do intestino. Eles também medem constantemente a tensão de todos os grandes músculos. A cada instante, uma verdadeira sinfonia de mensagens chega ao cérebro proveniente de várias partes do corpo. Com treinamento, somos capazes de aprender a escutar esses sinais com atenção e usufruir os benefícios do bom funcionamento do organismo.

Mesmo quando não percebemos essas mensagens conscientemente, o cérebro as interpreta como emoções. Reações como uma forte tensão muscular e mãos geladas são entendidas como sintomas de medo. Sentimos um leve desconforto e provavelmente nem sabemos por quê.

Depois de um pequeno esforço, porém, os membros se aquecem, os músculos relaxam, o pulso se acelera. Isso espelha exatamente a imagem do bem-estar corporal. É assim que a atividade física nos permite manipular sutilmente os neurônios. Quando o organismo se encontra nas condições que normalmente ocorrem nos momentos de felicidade, o cérebro recebe sinais correspondes e produz sentimentos positivos.

"Quero tudo e quero agora, antes que meu último e sombrio sonho se desfaça em cinzas." GITTE HAENNING

Será que de fato queremos tudo? Infelizmente parece que sim, pois fomos programados para isso. Tentamos possuir tudo o que podemos e nunca ficamos satisfeitos. O que cai nas nossas mãos não basta, e sim nos desperta o desejo de ter mais.

É assim que funcionam os circuitos cerebrais. Não é muito diferente do que aconteceu com os macacos do neurologista Schultz: quando se habituaram a receber maçãs como recompensa, seus neurônios, que antes percebiam essas frutas como iguarias, passaram a ficar silenciosos. Os animais começaram a querer passas. As necessidades crescem quando parece que se pode obter algo mais. Da mesma forma, o ser humano também nunca se contenta com o que tem.

Essa ânsia insaciável é descrita de forma contundente nos versos da cantora Gitte. Mas ela se esquece de que os desejos, uma vez realizados, tornam-se enfadonhos. É difícil sermos moderados em um mundo de excessos, em que tudo parece estar ao alcance da mão. Assistir a novelas de TV pode fazer nossa vida parecer terrivelmente pobre e triste. Afinal, quando teremos aventuras amorosas em festas da alta sociedade, um poder enorme no trabalho, uma família feliz e filhos maravilhosos que todos os dias se divertem ao sol sobre um gramado impecavelmente aparado – e tudo isso ao mesmo tempo? Em comparação com esse nível de vida, é natural que a nossa existência pareça miserável. Os anúncios publicitários durante os intervalos propõem alguns remédios, mas o encanto com o novo modelo de celular ou com o carro do ano se dissipa com a mesma rapidez que a sensação de fome depois que passamos em uma lanchonete.

De qualquer forma, não estamos necessariamente atados aos desejos: basta adotarmos uma atitude um pouco mais crítica do que propõe Gitte em relação ao nosso circuito de expectativa, que é controlado pela dopamina. Ao contrário dos macacos, somos capazes disso. Muitas vezes chegaremos à conclusão de que o desejo nem sempre conduz ao prazer – basta imaginar como seria a vida alguns meses após a realização do sonho. Como dissemos, desejar e gostar são coisas diferentes.

Mas isso não significa que devemos optar pela renúncia nem que temos que abrir mão do consumo ou de nossas vontades. A ânsia de ter mais e mais é tão arraigada em nós que praticamente ninguém escapa a ela. Com um pouco de ironia e distanciamento, somos capazes de controlar tais desejos e não levá-los tão a sério. A soprano Maria Callas deu um exemplo original. No auge da fama, quando era a cantora mais bem paga do mundo, ela mal tinha tempo para gastar tanto dinheiro. Mesmo assim, cada vez que fechava um contrato, exigia um aumento de um dólar: nem mais nem menos.

"A variação é o próprio tempero da vida, é o que lhe dá todo o sabor."
PROVÉRBIO ROMANO

É verdade. Mudar as formas de extrair prazer da vida é um caminho para fugir da monotonia dos sentidos. Quem acaba de comer frango ensopado preferirá uma banana a outra porção de frango. Depois da banana, a maioria das pessoas vai querer comer peixe, como constataram os pesquisadores Edmund Rolls e John O'Doherty. Seus experimentos revelaram que a região no lobo frontal é responsável pela diminuição progressiva do interesse à medida que nos habituamos a um sabor ou aroma. Cientistas de Oxford, na Inglaterra, identificaram mais um efeito: depois que comemos uma banana, o sabor do peixe é sentido com uma intensidade superior à que estávamos acostumados.[6]

A gastronomia nos ensina que os contrastes podem ser fonte de felicidade. Isso é uma boa notícia, pois significa que existem alternativas para a insaciabilidade do ser humano. É verdade que os sistemas de expectativa habituam-se muito rapidamente a tudo o que é belo e agradável. Algo que na primeira vez apreciamos como uma deliciosa surpresa começa a parecer a coisa mais natural do mundo, e isso desperta o desejo por estímulos ainda mais fortes, que muitas vezes estão fora do nosso alcance. Atribui-se a Goethe a seguinte frase: "Nada é mais insuportável do que uma seqüência de dias divertidos." No entanto, se variarmos os estímulos em vez de buscarmos uma forma de intensificá-los, voltaremos a ter prazer. E, se o contraste for bem escolhido, isso se dará em um grau até maior do que antes.

Se você acabou de passar uma noite agradável jantando com amigos em casa, não é recomendável voltar a convidar essas mesmas pessoas em uma data próxima, pois a expectativa de todos terá crescido muito. O melhor será variar ligeiramente a composição do grupo e fazer outro programa: ir ao teatro ou ao cinema, por exemplo. Depois de certo tempo, você poderá repetir o jantar em casa, pois a memória do nosso circuito de expectativa não dura muito. Portanto, a arte está em praticarmos uma espécie de rotatividade das coisas prazerosas.

Pela mesma razão, também é bom sabermos valorizar o imprevisto. Temos uma relação ambígua com tudo o que é novo. De um lado, o desconhecido causa estresse. "A cidade não é para mim", diz o homem do campo. Por outro lado, uma surpresa agradável é uma das sensações prazerosas mais intensas que existem, pois fomos programados para buscar novidades.

Essas duas tendências competem dentro de nós, mas muitas vezes o medo do desconhecido vence. Como acontece com todos os seres vivos, o nosso temor de sofrer uma experiência desagradável fala mais alto do que a tentação de usufruir um novo prazer. Quando a esperança enfrenta o medo, este último geralmente sai vencedor – essa é outra herança da evolução.

Ainda que nossa vida não esteja mais tão rodeada de perigos, os programas ancestrais continuam funcionando. Muitas vezes a prudência nos impede de fazer descobertas prazerosas. É o caso, por exemplo, de quem sempre pede sushi em um restaurante japonês, embora há muito tempo venha pensando em escolher outros pratos. No entanto, graças à nossa tendência inata de aprender, temos todas as condições de apreciar o inesperado.

Existem numerosas situações cotidianas em que poderíamos aproveitar as riquezas que existem nos contrastes. O clima é um exemplo. Em vez de nos queixarmos do mau tempo, seria mais benéfico extrair prazer do contraste entre a chuva e o sol, que acaba atravessando as nuvens e produzindo uma luminosidade nova e variada.

Quando aprendemos a apreciar o encanto do imprevisto, passamos a descobri-lo em toda parte. Conhecer novas pessoas pode ser interessante porque não temos como prever suas reações. Um romance policial nos cativa com as reviravoltas da trama. Para os pais, uma das maiores alegrias é ver os filhos se transformando e construindo uma personalidade própria a cada dia.

"A beleza está nos olhos de quem vê." PROVÉRBIO GREGO

Uma das indústrias que mais prosperam no mundo é a do turismo. Viajar proporciona variação, e é emocionante conhecer terras diferentes. O problema é que, depois de uma ou duas semanas, até mesmo o lugarejo mais exótico começa a nos parecer familiar. Isso ocorre porque habitualmente só vemos uma mínima fração do ambiente que nos rodeia. Foi o que também observou com espanto o poeta bengalês Rabindranath Tagore:

Durante muitos anos, sem pensar nos custos,
percorri muitos países,
vi as mais altas montanhas
e os oceanos.
A única coisa que não soube ver
foi o brilho do orvalho
na grama diante da porta da minha casa.[7]

Sem dúvida, em tudo o que nos cerca poderíamos ver, ouvir, cheirar e saborear mil vezes mais do que fazemos normalmente. Para o observador atento, a vida cotidiana tem uma infinidade de atrativos que passam despercebidos para as demais pessoas.

Precisamos treinar os sentidos para descobrir a novidade naquilo que já conhecemos. A maioria das pessoas não percebe mais do que o estritamente necessário. Nesses processos atuam circuitos cerebrais controlados pela dopamina, que orientam a percepção e só anunciam uma experiência como agradável quando o novo estímulo promete uma vantagem para o organismo. Mesmo assim, temos todas as condições de superar essa limitação: embora a nossa espécie não apresente nenhuma tendência natural para andar de bicicleta, somos capazes de aprender a fazer isso.

Podemos treinar até a nossa sensualidade. Qualquer que seja o caso, devemos dirigir a atenção de forma consciente. Um dos caminhos é parar de considerar a utilidade e o sentido das coisas por alguns instantes e nos fixar apenas na percepção. Pode ser, então, que deixemos de ver as folhas que caem no quintal como sujeira a ser varrida e passemos a nos concentrar, por exemplo, no leve farfalhar que elas fazem quando se desprendem das árvores e caem no chão. Ou que paremos de avaliar rostos desconhecidos segundo o velho padrão simpático/antipático e comecemos a perceber os desenhos das rugas, que contam a história de uma vida.

Em condições como essas, os sentimentos positivos surgem espontaneamente. Isso acontece porque passamos a gostar mais do mundo quando o conhecemos melhor. A explicação psicológica desse fato é um surpreendente efeito psicológico demonstrado pelo cientista californiano Robert Zajonc: quanto maior a freqüência e a intensidade com que percebemos determinado estímulo, melhor reagimos a ele. Zajonc mostrou a estudantes americanos ideogramas chineses, que, para eles, não tinham o menor significado. Mas o simples fato de terem começado a ver esses símbolos com certa constância foi suficiente para que passassem a apreciá-los e até mesmo a se animar diante da visão de seus ideogramas preferidos.

Esse efeito funciona com quase tudo o que podemos perceber: se olharmos com freqüência o retrato de uma pessoa desconhecida, ela se tornará cada vez mais simpática para nós. A música popular oriental, quando ouvida regularmente, começa a ser agradável aos ouvidos ocidentais. Pratos que experimentamos várias vezes passam a nos apetecer mais.[8] Essa preferência pelo que é conhecido e familiar talvez explique por que as emissoras de rádio vivem tocando os mesmos sucessos e por que a moda se move em ciclos que periodicamente propõem tendências já vistas.

O tédio só chega quando desprezamos o princípio da rotatividade das coisas prazerosas. Para evitar a monotonia, basta modificarmos ligeiramente aquilo a que estamos habituados (como o faz a moda) ou procurarmos conhecê-lo melhor. Assim, seguiremos identificando aspectos sempre novos. Portanto, não há contradição entre a ânsia de descobrir coisas diferentes e a preferência pelo que é conhecido e familiar.

Para muitos de nós, uma mosca não passa de um bicho chato, no entanto um entomologista amador pode encontrar um verdadeiro universo nesse inseto. Cheio de entusiasmo, ele explicará que não estamos diante de uma mosca doméstica comum, mas de um exemplar da espécie rara *Hippobosca equina*, cujo olho, com mais de setecentas facetas, é capaz de captar a luz ultravioleta e cujas asas são tão finas que representam uma verdadeira obra-prima da engenharia natural. Enquanto diz isso, nosso interlocutor parecerá possuído de um modesto êxtase, como um cientista apresentando uma descoberta pioneira.

Mais uma vez: pouco importa o objeto do fascínio. Teatro, futebol, o motor de uma moto – qualquer interesse apaixonado aumenta a alegria de viver. Essa fonte de felicidade pode ser inesgotável, ao contrário do que ocorre com as alegrias geradas pelo consumo, que inevitavelmente nos levam a recair na insatisfação. Toda experiência nova – e assim toda aquisição de conhecimento – abre portas para outras descobertas. É como iniciar uma viagem que durará a vida inteira, desfrutando um prazer após outro.

"O forte é mais poderoso quando está só." SCHILLER

Não devemos nos deixar contagiar pelo enganoso culto ao herói solitário. A literatura, o teatro e o cinema da civilização ocidental estão repletos de personagens desse tipo, geralmente masculinos, prontos a enfrentar o mundo inteiro: um contra todos. A começar por essa vigorosa solidão, o herói tem lutado contra todos os poderes das trevas. Ele não apenas os vence como arrebata o amor da mais bela dama a oeste do Mississippi. Agora, poderia assumir o alto cargo que ajudou a reconquistar. Mas, desdenhando essas recompensas, na última cena do filme, ele se afasta de todos, bons e maus, em direção ao sol poente. Como John Wayne: acompanhado apenas de seu cavalo.

A cultura alemã, sobretudo, tem cultivado a nefasta idéia de que a solidão orgulhosa é uma qualidade nobre e especialmente admirável. Basta nos lembrarmos do quadro com o monge solitário ao mar, de Caspar David Friedrich; do protagonista de *O lobo da estepe*, de Hermann Hesse; e dos artistas de Thomas Mann. Predestinados a um fim trágico, todos eles transmitem a mensagem de que o ser humano precisa ficar só para conhecer a sua essência.

O mais correto, porém, é exatamente o contrário, como revelam estudos clínicos e neurobiológicos. A solidão significa antes de tudo um estresse sombrio para o corpo e a mente. O solitário vive em uma inquietação constante: sua capacidade de compreensão e sua sensibilidade ficam embotadas pelos efeitos dos hormônios do estresse e sua saúde acaba comprometida pelo enfraquecimento do sistema imunológico. O isolamento torna os seres humanos tristes e doentes.

Em algumas culturas a solidão é interpretada como ela é: uma maldição, um estado doloroso e antinatural. Os indianos, por exemplo, ficam admirados quando vêem um turista ocidental circulando desacompanhado. O autor indiano V. S. Naipaul, ganhador do Prêmio Nobel de Literatura de 2001, descreveu habitantes de Bombaim de origem humilde que, apesar de terem conseguido prosperar e comprar apartamentos de luxo, preferiram voltar para os barracos pobres, pequenos, sujos e cheios de gente onde se criaram. Uma mulher casada caiu em depressão porque não conseguiu suportar o silêncio na nova residência.[9]

Trata-se do oposto do individualismo ocidental, que, segundo o especialista Martin Seligman, é responsável pela disseminação quase epidêmica da depressão entre nós. Os europeus, por exemplo, têm dificuldade de entender essa extrema necessidade de contato social dos asiáticos. No entanto, pesquisas sobre as devastadoras conseqüências da solidão indicam que muitas pessoas estão excessivamente isoladas das outras – mais do que convém ao seu próprio bem-estar.

"Antes só do que mal acompanhado." George Washington

Embora essa frase pareça contradizer o que afirmamos na seção anterior, ela encerra uma grande verdade. Exatamente porque a proximidade humana é tão importante para o bem-estar, as más companhias podem nos causar mais estresse do que se vivermos sozinhos. Os conflitos permanentes causam danos não apenas ao equilíbrio psíquico como também ao corpo.

Foi o que revelaram numerosos estudos realizados pela psiquiatra norte-americana Janice Kielcot-Glaser e seu marido, o imunologista Robert Glaser. Segundo os resultados dessas pesquisas, uma relação de casal destrutiva afeta diretamente o sistema imunológico. Em seus experimentos, os dois cientistas induziram conflitos entre cônjuges em laboratório. Poucas horas depois, ao verificarem os hemogramas dos voluntários, constataram um grande redução em seu sangue da quantidade de linfócitos e anticorpos, que são os elementos responsáveis por combater as invasões de germes no organismo. Quanto maior a hostilidade entre o casal, maior a diminuição da eficácia de seus sistemas imunológicos. Os desentendimentos que ocorriam com menos freqüência causavam repercussões insignificantes. Assim, os casais que estão sempre brigando devem se preparar para inevitáveis prejuízos à sua saúde.[10]

Em outro estudo, esses mesmos especialistas demonstraram que estudantes que compartilhavam aposentos ficavam gripados com muito mais freqüência do que os que ocupavam cômodos separados em uma casa. Há muito tempo se sabe que o estresse enfraquece as defesas imunológicas contra a gripe e outras pequenas infecções.[11] Existem, portanto, indícios seguros de que uma circunstância desagradável prejudica o organismo de maneiras diferentes e sutis. Assim, quando não temos simpatia pela pessoa com quem convivemos e se constatamos que a relação não tem como melhorar, vale mais a pena optarmos pela separação.

Mas como lidar com a solidão que provavelmente resultará dessa decisão? O filósofo francês Montaigne extraiu de sua própria experiência um conselho bastante original: "Educo e estimulo a minha inclinação por algo (...) segundo a satisfação do corpo, pois é essencial nos agarrarmos com unhas e dentes a todos os prazeres que estejam ao nosso alcance."[12] Será que isso significa recorrer a banhos quentes, massagens, perfumes, música e boa comida contra as dores da solidão? Sim! Um dos maiores perigos da solidão é a perda da autoestima. E quem satisfaz os caprichos do corpo evita esse problema. Do ponto de vista neurobiológico, a sugestão do nobre cavaleiro francês é totalmente acertada, pois prazeres desse tipo provocam a liberação de opióides, que amenizam a tensão e a tristeza nos momentos em que nos sentimos abandonados pelo mundo.

As substâncias da felicidade também estimulam a atividade social. Em altas doses, os opiáceos reduzem a necessidade de nos relacionarmos socialmente, mas em pequenas quantidades surtem o efeito contrário, como mostraram experimentos com ratos.[13] Quando sentimos que o sol voltou a brilhar para nós, desejamos compartilhar nossas alegrias. Somos mais sociáveis quando estamos de bom humor. A razão para isso é que o alto-astral dissolve os temores que muitas vezes sentimos na hora de fazer contato com outras pessoas.

"Quem dorme duas vezes com a mesma mulher faz parte do *establishment*." GRITO DE GUERRA, 1968

"Uma mulher sem marido é como um peixe sem bicicleta." GLORIA STEINEM

Assim como a fé cega na revolução mundial ficou antiquada, o grito de guerra da geração de 1968 também perdeu a validade. Não é preciso que um homem viva com cinco mulheres para ser progressista. E assim como ocorreu com tantos outros ideais dessa geração, a esperança de escapar à monotonia burguesa por meio da promiscuidade deixou traços no nosso modo de pensar. Quem dorme há anos com a mesma pessoa já não terá perguntado a si mesmo se não se transformou num chato ou, pior ainda, em alguém enquadrado no sistema?

A afirmação da feminista americana Gloria Steinem, por sua vez, tornou-se o lema da geração dos solteiros. Por que suportar todas as restrições de uma parceria estável, se casos esporádicos e um grupo de amigos podem trazer mais felicidade? Embora essa visão ainda seja defendida em revistas e livros, ela não é aconselhável para a maioria dos homens e das mulheres.

Certamente, a pessoa que vive se lançando em aventuras amorosas experimenta muito mais emoções. Mas, algumas vezes, o compromisso com a fidelidade também tem suas recompensas. Vínculos estáveis produzem sentimentos positivos, e o amor físico favorece a convivência. Há indícios de que o ser humano, diferentemente da maioria das outras criaturas da natureza, foi feito para relacionamentos duradouros. A maior parte de nós possui uma tendência natural para a monogamia, que é determinada por complicados circuitos cerebrais nos quais a oxitocina desempenha a função principal. Pode ser por isso que as relações amorosas de longa data oferecem mais calor e aconchego do que as amizades passageiras.

Várias pesquisas de opinião confirmam essa tese. Elas revelam que as pessoas que têm uma relação de casal são geralmente mais felizes do que as que vivem sozinhas. Nos Estados Unidos, por exemplo, somente 25% dos adultos solteiros se dizem "muito felizes"; entre homens e mulheres casados, porém, esse percentual chega a 40%. Portanto, não é impossível encontrar a felicidade sozinho, mas a dois fica mais fácil.[14]

Pessoas solteiras costumam adoecer mais de depressão do que as casadas, e homens e mulheres divorciados apresentam mais esse problema do que indivíduos solteiros.[15] Tanto as estatísticas européias quanto as norte-americanas demonstram que pessoas casadas também sofrem menos indisposições físicas do que as que são solteiras ou separadas.[16]

Em tudo isso, a segurança e a tranqüilidade emocional têm um papel muito importante. Bons amigos podem ser de grande ajuda, mas não substituem um relacionamento amoroso, porque o apoio mútuo entre os parceiros é mais constante.[17] Afinal, basta o toque do ser amado para amenizar o desânimo e o estresse – o que também decorre da ação de neurotransmissores como a oxitocina e os opióides, que são liberados nos momentos de intimidade.[18]

Em suma, a escolha acertada de um relacionamento traz felicidade. Esse dado e a freqüência das relações sexuais (que está relacionada à primeira decisão) são os principais indicadores do nível de satisfação. Comparado a eles, a situação financeira, o trabalho, a casa e as atividades de lazer têm bem menos importância. Mesmo assim, costumamos investir muito mais tempo e energia nessas coisas do que na harmonia da vida a dois. Vale a pena mudar isso. A longo prazo, nada promete tanta felicidade como o tempo e a atenção que dedicamos ao companheiro ou companheira.

Antes tarde do que nunca: até a feminista Gloria Steinem reconheceu isso. Casou-se recentemente, aos 63 anos de idade.

PARTE 3 | AS ESTRATÉGIAS CONSCIENTES

Capítulo 12 | Vitória sobre a escuridão

Há manhãs em que seria melhor nem sairmos da cama. Desanimados e sonolentos, nos arrastamos ao longo do dia. Até as coisas mais simples parecem exigir um esforço descomunal. Choramos por qualquer bobagem e vemos motivo para irritação em toda parte. Se apenas fosse possível esquecermos o mundo inteiro e nos isolar! Mas tampouco suportamos nossa própria companhia. Os pensamentos fluem mais devagar do que normalmente. Repreendemo-nos, sentimo-nos inúteis e sem valor, interpretamos esse estado miserável como uma punição justa por alguma transgressão. "Eu bem que mereço."

Todos nós conhecemos essas fases cinzentas, esses dias de melancolia e de quebra da autoconfiança. Mas por mais desagradável que seja, isso corresponde a um programa cerebral que também tem a sua utilidade. O organismo reage com tristeza quando perdemos algo ou alguém e quando não conseguimos alcançar um objetivo esperado. Esse sentimento serve como sinal de que não vale a pena insistirmos em uma iniciativa sem sentido. Por meio do desânimo, a natureza nos impõe um programa de contenção de energia. Quando desejamos nos sentir fortes, nos recolhemos, refletimos e reavaliamos nossos recursos. E geralmente acabamos saindo dessa prova mais fortes e esclarecidos.

Um programa perigoso

Tristeza em excesso também pode fazer mal. Isso acontece quando a depressão se instala e ganha autonomia sem ter muita relação com o motivo inicial. Nesse caso, a melancolia não surge porque o cérebro precisa de um tempo para se reorientar após uma frustração – ela aparece por conta própria. Em vez de se colocarem a serviço do organismo, as emoções se voltam contra ele, iniciando o movimento descendente da depressão. Sentimentos negativos provocam pensamentos desesperados que nos angustiam ainda mais. É como a história do ovo e da galinha. Como a situação nos parece terrível, sentimo-nos sem forças e adotamos uma atitude passiva. E, uma vez que abrimos mão da responsabilidade por nosso destino, as coisas não podem melhorar. É assim que o desânimo, valendo-se desse caminho traiçoeiro, constrói um quadro que aparentemente justifica a tristeza. E quem fica preso nesse círculo vicioso não consegue ser feliz.

Em suas formas graves, a depressão é uma doença que requer tratamento. Da mesma forma que devemos ir ao dentista assim que o dente começa a doer, é aconselhável não perdermos tempo para combater esse mal. Se permitirmos que a depressão siga fazendo estragos por muito tempo, será muito mais difícil nos livrarmos dela, seus danos serão mais extensos e o risco de recaídas aumentará. Deve procurar rapidamente um médico quem, durante um período de duas semanas, se sente inútil, sem ânimo e constantemente cansado, além de apresentar distúrbios do sono e pensamento constante na própria morte.[19]

Nada disso é motivo de vergonha ou desespero. Uma em cada oito pessoas já passou por essa experiência ou passará em alguma época de sua vida. A depressão é um dos grandes males da nossa época, não menos universal do que a hipertensão e o reumatismo. Mas, diferentemente dessas duas doenças, ela pode ser curada. Temos grandes chances de voltar a rir de novo. O tratamento é eficaz para praticamente todos os pacientes, e 80% deles recuperam totalmente o equilíbrio psíquico.

As orientações neste capítulo servem contra as formas mais leves desse mal, como a depressão psicogênica, ou reativa (a que ocorre como reação a experiências desagradáveis e a conflitos íntimos). Embora não seja tão grave como a depressão endógena (causada pelo próprio organismo), ela acarreta doenças e rouba a felicidade. Psicólogos e especialistas no estudo do cérebro humano passaram muito tempo pesquisando se a tristeza comum que todos nós conhecemos é parente das depressões graves. À luz das últimas descobertas, parece que sim. Em última análise, todos os tipos de depressão decorrem da capacidade que o cérebro tem de se modificar. Da mesma forma que aprendemos a ser felizes, também podemos aprender a ser infelizes. Em boa parte, a melancolia e as preocupações obsessivas não são mais do que infelicidade aprendida. Mas isso significa que temos o poder de nos livrar delas.

Desamparo aprendido

Para combater os sentimentos negativos devemos entender como eles nascem. Historicamente, as reiteradas tentativas de explicar a depressão demonstram que, felizmente, a ciência também é capaz de progredir no sentido da desmistificação. No século II, o anatomista grego Galeno apontou o excesso de bílis negra como a causa desse mal. Sigmund Freud, por sua vez, suspeitou de que a depressão tinha origem nos conflitos mal resolvidos na infância, que continuariam promovendo estragos no inconsciente pela vida afora. Hoje em dia, partimos de uma hipótese muito mais simples: o desânimo cotidiano é resultado de uma experiência – a de não podermos fazer nada para mudar uma situação. Por isso as teorias atuais falam de "desamparo aprendido". Segundo essas teses, é a resignação que provoca a melancolia. Quando uma pessoa que tem um temperamento triste por predisposição genética sofre uma grande decepção, é bem provável que ela caia em depressão.

O primeiro especialista a suspeitar dessas correspondências foi Martin Seligman, psicólogo da Universidade da Pensilvânia. Em 1965, ele realizou um experimento simples com seus próprios cães. Formou dois grupos com os animais e os prendeu em jaulas em cujo chão havia fios elétricos que davam leves choques desagradáveis, porém inofensivos, como os de uma cerca eletrificada. Os cães de um dos grupos podiam desconectar a corrente desligando o interruptor com o focinho. Mas aos animais do outro grupo não restava outra alternativa a não ser suportar as descargas elétricas.

Quando todos os cães já estavam habituados aos seus ambientes, Seligman os transportou para jaulas que tinham uma divisória baixa. Bastava pular esse anteparo para escapar das descargas elétricas. Os animais do primeiro grupo, que haviam aprendido uma maneira de driblar os choques, fizeram isso rapidamente. Os que estavam no segundo grupo, no entanto, entregaram-se passivamente àquele desconforto, ainda que a escapatória estivesse à vista. Permaneciam deitados e gemendo enquanto levavam um choque atrás do outro. Aparentemente, a sensação de desamparo na antiga jaula os havia afetado tanto que eles simplesmente a transferiram para a nova situação, por mais absurdo que isso fosse. Além disso, apresentaram todos os sintomas de um desânimo depressivo: passaram a comer pouco e perderam o interesse por sexo e brincadeiras.[20]

O ânimo para viver depende tanto da realidade de uma situação quanto da avaliação que fazemos dela. Isso também foi comprovado em experimentos com pessoas que ficaram expostas a um alto nível de ruído. Um grupo de voluntários podia se livrar do barulho apertando um botão, enquanto o outro grupo não dispunha de nenhuma solução para o problema. Em seguida, todos os participantes foram levados para ambientes diferentes em que o ruído só podia ser desligado por meio de uma alavanca. As pessoas do primeiro grupo conseguiram descobrir rapidamente o macete. As demais, que anteriormente haviam ficado impotentes contra o barulho, resignaram-se e não tentaram sequer saber para que servia a alavanca.[21] No fim do experimento, os voluntários que tinham agido de modo passivo continuaram sentados em um canto sem dizer nada. Quando foram convidados a participar de um jogo, não se esforçaram em ganhar. E mesmo depois de conduzidos a um local tranqüilo, eles se mostraram incapazes de resolver até simples palavras cruzadas. Sentiam-se e comportavam-se, em todas as situações, de forma desamparada.

A anatomia da infelicidade

"Não há o que fazer" – esse é o lema de uma pessoa deprimida, e sua imagem reflete esse estado de ânimo: ela arrasta os pés ao caminhar, tem o olhar vago e inexpressivo, os ombros pendem para baixo. Não são apenas seus músculos que parecem enfraquecidos, mas a mente também. Ela dá a impressão de ter restringido ao mínimo toda a sua atividade biológica.

Essa redução do impulso vital pode ser igualmente constatada no cérebro. O exame de tomografia, que permite observar esse órgão ao vivo, mostra com grande nitidez o quanto diminui a atividade no hemisfério esquerdo.[22] Como essa área é responsável tanto pela motivação e pelo prazer quanto pelas emoções negativas, a melancolia acaba prejudicando o bem-estar mental por esses dois caminhos. A pessoa necessita de motivação, mas ao mesmo tempo apresenta grande dificuldade para vencer a tristeza, a vergonha e também o medo do futuro. Por um lado, a depressão é uma decorrência dos sentimentos negativos; por outro lado, é uma conseqüência da ausência de prazer.[23]

É assustador comprovar a facilidade com que o desânimo se instala até mesmo entre pessoas psicologicamente saudáveis. Em um experimento, os neurologistas londrinos Chris Frith e Raymond Dolan descobriram que para isso basta a sugestão de frases como "a vida não vale a pena ser vivida", acompanhada de uma música fúnebre (no caso, *A Rússia sob o domínio mongol*, de Prokofiev, reproduzida em velocidade lenta para soar ainda mais triste). Logo em seguida, os voluntários começaram a se queixar: tinham sensações de desânimo, desinteresse e inutilidade. A atividade de seus cérebros correspondia ao padrão observado em pessoas sob tratamento por transtornos depressivos.[24] Mas enquanto os que sofrem de depressão vêem esse distúrbio como um túnel sem saída, os participantes do experimento recuperaram o equilíbrio em poucos instantes. Isso leva a crer que o abatimento comum é efêmero – e é isso o que o diferencia da depressão clínica, mas o efeito emocional é o mesmo em ambos os casos.

A melancolia alimenta-se de si mesma

A leitura de determinadas frases pode causar alterações de humor, mas a recíproca também é verdadeira: o estado de ânimo influencia a maneira como percebemos as coisas. A fronteira entre percepção e emoção pode ser ultrapassada nessas duas direções. Em alguns experimentos psicológicos, propõe-se a pessoas deprimidas e indivíduos com humor normal que encontrem mensagens com sentido ocultas em textos rebuscados e confusos. Entre os dizeres são incluídos presságios alegres e previsões catastróficas. Os participantes deprimidos logo encontraram todas as expressões de teor sombrio, como "o futuro é negro", ao passo que demoram muito mais para descobrir as frases do tipo "o futuro parece promissor". Além disso, conseguem memorizar melhor as predições negativas.[25]

Isso também tem a ver com a estrutura da região frontal do cérebro. Essa área, que exerce uma forte influência sobre os nossos estados de ânimo, funciona ao mesmo tempo como memória de trabalho, armazenando temporariamente as informações das quais voltaremos a necessitar em breve. É por esse motivo que a disposição de espírito está profundamente relacionada ao modo como lidamos com o que acabamos de ver, ler e ouvir. Vários feixes nervosos ligam a região frontal à memória de longo prazo, e talvez sejam essas conexões que nos façam recordar com mais freqüência os acontecimentos tristes quando estamos melancólicos (o que foi igualmente demonstrado em experimentos psicológicos).[26]

Quando começamos a ver o mundo com tristeza, o cérebro procura manter o estado de ânimo negativo, escolhendo os estímulos que combinem com esse quadro. Assim, os pensamentos sombrios, as experiências desagradáveis e as lembranças amargas ganham prioridade de acesso à consciência. Passamos a ver miséria em toda parte, e todo o organismo reage de forma correspondente. "Pode-se imaginar a depressão assim: o córtex cerebral formula um pensamento abstrato negativo e consegue convencer o restante do cérebro de que esse pensamento é tão real quanto um fator de estresse físico", disse o cientista Robert Sapolsky, especialista em estresse.[27]

Nós reagimos com muito mais intensidade ao aviso de um perigo, seja ele real ou imaginário, do que a qualquer mensagem feliz. O que conseguimos com isso? A oportunidade de salvarmos a pele ao menor sinal de uma situação de risco, esquecendo momentaneamente todas as alegrias e esperanças. No estado de melancolia, essa função de sobrevivência se volta contra nós mesmos. E a depressão crônica está tão disseminada porque esse mecanismo sai dos trilhos com excessiva facilidade. Infelizmente, o cérebro nos permite não apenas perceber a ameaça como também imaginá-la. Não raro, inventamos com riqueza de detalhes o que pode dar errado e nos preocupamos com um emaranhado de probabilidades que nunca se concretizarão. E toda essa ruminação por si só já é suficiente para abater o ânimo. Em última análise, portanto, a melancolia é o preço que a nossa espécie paga por ter imaginação e inteligência.

Por esse motivo uma cura para a depressão faz falta, ainda que seja um remédio radical como o que consiste em privar o córtex cerebral de uma parte de seu poder. Quando as regiões que fantasiam cenários tenebrosos são impossibilitadas de manter algumas de suas conexões com o resto do cérebro, o humor melhora imediatamente. A chamada terapia eletroconvulsiva, geralmente aplicada depois de uma pequena anestesia, age de forma semelhante. Ela trabalha com correntes elétricas de baixa intensidade e têm um efeito parecido com o botão "reiniciar" do computador. Os impulsos elétricos apagam instantaneamente os arquivos na memória de curto prazo na região frontal do cérebro, interrompendo o círculo vicioso dos pensamentos que causam o sofrimento. Tanto essa terapia quanto as intervenções cirúrgicas têm conseguido debelar muitas das depressões que não cedem a nenhum dos demais tipos de tratamento.

Felizmente, são raras as vezes em que os médicos se vêem diante da necessidade de recorrer a procedimentos tão drásticos. Mas o fato de existirem tratamentos que permitem curar as pessoas até mesmo das depressões mais graves contém um ensinamento importante sobre a tristeza cotidiana, pois mostra como o mundo da mente e a fantasia influenciam os estados de ânimo. Muitas vezes, o que nos torna infelizes é a nossa excessiva capacidade de imaginar o infortúnio.

Toda forma de desânimo provém da mente, e é comum recorrermos a construções realmente absurdas com a intenção de conservar o mau humor. Um exemplo são as piadas sobre judeus que os próprios judeus contam para ironizar a si mesmos. Moisés, um pão-duro, manda um telegrama de Nova York para um amigo em Jerusalém: "Pode começar a se preocupar. Mais detalhes em breve."

A depressão prolongada atrofia as células cinzentas

Sempre que nos sentimos ameaçados, nossa mente fica mais vigilante do que o normal. A natureza criou esse mecanismo para que sejamos capazes de reagir ante ao menor sinal de perigo. Esse estado especial de alerta é alimentado por hormônios do estresse, como o cortisol, que são lançados na corrente sangüínea, mas desaparecem no momento em que não há mais motivo para medo.

Quando estamos deprimidos, porém, essas substâncias não desaparecem do sangue. A depressão é um estresse permanente: qualquer bobagem nos parece uma catástrofe e uma prova dos males do mundo. Com isso, mais hormônios do estresse são liberados, o que nos deixa ainda mais irritados. Esse círculo vicioso continua até que, nos casos extremos de depressão grave, o único refúgio possível passa a ser uma cama em um quarto escuro.[10]

Pior ainda: quando a depressão é muito prolongada, a substância do cérebro é afetada. Essa é uma das descobertas mais desalentadoras que os estudos sobre esse distúrbio revelaram nos últimos anos. Em outras palavras: a depressão não apenas está associada a um desequilíbrio dos neurotransmissores como danifica as conexões permanentes entre os neurônios. Ainda ignoramos até que ponto seus estragos são reversíveis.

Assim, a plasticidade do cérebro, isto é, sua capacidade de se modificar, torna-se reduzida. Nesse sentido, a depressão é um estado de enrijecimento, pois vai minguando a nossa disposição para agir e enfrentar os desafios da vida. A melancolia então ganha consistência e se consolida.

A sensibilidade diminui, o raciocínio e a concentração são prejudicados. Isso foi revelado por testes em que pessoas deprimidas apresentaram um desempenho muito ruim até mesmo na execução de tarefas relativamente simples, como reordenar cartas de maços de baralho.[11] No início de uma fase depressiva, a memória de trabalho fica relativamente incapacitada e os hormônios do estresse afetam o raciocínio.

As habilidades que não são exercitadas degeneram. Começa então uma regressão dos circuitos cerebrais menos usados. É isso que acontece enquanto a depressão vai se desenvolvendo. À medida que a sensação de desesperança aumenta, degradam-se os tecidos do cérebro, que se encontra constantemente inundado de hormônios do estresse, prejudiciais aos neurônios.[12] Quando esse estado persiste por um tempo excessivo, as conseqüências podem ser terríveis: as células cinzentas se atrofiam e as faculdades mentais se reduzem progressivamente. Assim vai girando o círculo vicioso que, por fim, conduz ao abismo.

Em pessoas que tiveram várias recidivas de depressão grave, certo tipo de neurônio apresenta uma densidade inferior em um terço à que se observa na região frontal de indivíduos que não sofrem desse distúrbio. A descoberta foi feita pela psiquiatra Grazyna Rajkowska, da Universidade do Mississippi.[13] Outras partes do cérebro chegam a perder tanta substância que parecem cidades devastadas. A área mais afetada nos casos de depressão é o hipocampo, o centro responsável por fixar as lembranças.[14]

Normalmente, quando o cérebro adquire conhecimentos e acumula recordações, os neurônios vão se ramificando cada vez mais para estabelecer contatos uns com os outros, em um tipo de crescimento que se assemelha ao da hera. O cérebro de pessoas deprimidas, em contraste, parece estagnar como a vegetação no inverno.

Pílulas contra a infelicidade

A revelação de que os estados depressivos devem-se a um crescimento neuronal insuficiente representa uma grande guinada no estudo da infelicidade.[15] Até então, os cientistas apontavam um desequilíbrio químico como a origem dos estados de ânimo negativos, isto é, os níveis de determinados neurotransmissores não alcançariam índices suficientes do ponto de vista fisiológico. Essa hipótese era fundamentada em resultados clínicos. Há quase cinqüenta anos, os médicos vêm prescrevendo medicamentos que elevam os níveis cerebrais de serotonina e noradrenalina, que são substâncias similares à dopamina. Mesmo em casos de depressões graves, esses remédios ajudam mais de 60% dos pacientes, percentagem que provavelmente cresce quando o tratamento com antidepressivos é acompanhado de psicoterapia. O produto mais conhecido entre esses medicamentos é o Prozac (fluoxetina), que ultimamente está sendo substituído por outros mais eficazes no grupo dos chamados inibidores da recaptação de serotonina. Portanto, parecia bastante óbvia a correlação entre um déficit de serotonina e noradrenalina e a origem das depressões.

Depois se verificou que essa explicação não era suficiente. Quando se reduz artificialmente o nível de serotonina no cérebro de um indivíduo saudável, ele não apresenta depressão. Portanto, a melancolia não é um estado causado pela falta dessa substância, como algumas pessoas chegaram afirmar. Medicamentos como o Prozac, muitas vezes elevado pela mídia à condição de "pílula da felicidade" e "óculos cor-de-rosa para a mente", não surtem praticamente nenhum efeito para pessoas sãs. Eles só melhoram o ânimo de quem sofre de depressão. O Prozac e produtos similares não levam indivíduos saudáveis ao sétimo céu simplesmente porque não são pílulas para a felicidade, e sim para atenuar a infelicidade. Esses remédios talvez eliminem os sentimentos negativos, mas não criam sentimentos prazerosos.

Em parte, uma provável explicação seria o fato de que os circuitos da serotonina estão acoplados aos sistemas de estresse. Quando uma grande quantidade desse neurotransmissor circula no cérebro, menos hormônios causadores desse problema são liberados. Ao melhorarem a disponibilidade da serotonina, os antidepressivos amenizam o estresse crônico e os sentimentos negativos que o acompanham, como demonstraram Juan López e Elisabeth Young, da Universidade de Michigan, em Ann Arbor.[16] Em pessoas que não sofrem de estresse, evidentemente não se registra nenhum efeito desses medicamentos – assim como a aspirina também não beneficia em nada alguém que não tenha dores nem febre.

E por que os antidepressivos levam tanto tempo para dar resultado? Foi observado que os níveis dos neurotransmissores no cérebro começam a mudar não muitas horas depois que o remédio passa a circular na corrente sangüínea. Mesmo assim, geralmente demora de duas a quatro semanas até que os pacientes relatem uma melhora em seu estado de ânimo. Isso indica que o Prozac e medicamentos similares atuam por um caminho um pouco mais complicado e que requerem seu próprio tempo.

Podemos supor que a ação dessas pílulas consista em tirar o cérebro do estado de hibernação.[17] Com o aumento da circulação de serotonina e noradrenalina, as células cinzentas começam a despertar. Os neurotransmissores provavelmente conseguem esse efeito de duas formas. Em primeiro lugar, a redução do nível dos hormônios do estresse permite recuperar o crescimento das células cinzentas. Em segundo lugar, a serotonina e a noradrenalina devem atuar diretamente no interior dos próprios neurônios, talvez deflagrando uma série de reações que ativam determinados genes do núcleo. Esses genes, por sua vez, desencadeiam a produção de fatores de crescimento dos neurônios, que atuam como uma espécie de fertilizante natural do cérebro.[18] À medida que as células cinzentas voltam a se desenvolver, os sintomas da melancolia vão desaparecendo. O cérebro antes enrijecido retorna à vida.

Como escapar da melancolia

A depressão se instala quando a atividade cerebral não está sendo desenvolvida de forma plena. É por esse motivo que a habitual reação de recolhimento diante da infelicidade não ajuda: quem se fecha em si mesmo piora as coisas, pois o cérebro não recebe estímulos para que possa retomar a atividade normal. O desânimo se enraíza cada vez mais, assim como a paralisia dos sentimentos e da razão. Não fazer nada é um péssimo remédio para a tristeza.

De fato, nos casos de depressão grave, apenas os medicamentos são capazes de libertar o cérebro da passividade. Mas quando se trata da tristeza comum do cotidiano, podemos nos valer de uma estratégia dupla: adotar uma prática que estimule suavemente o cérebro e, ao mesmo tempo, controlar os pensamentos e sentimentos para evitar que o estado depressivo ganhe consistência.

O abatimento também pode ser conseqüência de uma carga excessiva: a perda de uma pessoa querida, um baque nas finanças, pressões no trabalho ou em família e até uma mudança repentina, como ocorre no início das férias. Tudo isso causa estresse; e quando a tensão é muito grande, o organismo às vezes pede um tempo para se recolher. Essa necessidade se exterioriza na forma de sensações de desânimo, tristeza e cansaço. Em geral, o mais indicado é nos rendermos a tais estados e evitar esforços por um período cuja duração dependerá do fator que desencadeou o abatimento. Com toda a certeza, podemos prescindir de várias semanas de recolhimento para nos recuperar do cansaço causado por uma longa viagem, mas não quando se trata da morte de um familiar, por exemplo. *Reculer pour mieux sauter*, recomenda a sabedoria francesa – "recuar para poder saltar melhor".

É comum, porém, que a melancolia ganhe vida própria. Ainda que o fato que desencadeou a tristeza já tenha ficado para trás, ela prossegue alimentando-se de si mesma. Nada mais nos chama a atenção. Mas nesses momentos é um grande erro adotar uma atitude passiva, pois esse comportamento fortalece o círculo vicioso inatividade-desânimo-inatividade. No estado de melancolia, o cérebro pode ser comparado a uma perna engessada há muito tempo. Quem já passou por isso sabe como os músculos se enfraquecem pela falta de exercício e como é difícil e doloroso dar os primeiros passos, a tal ponto que pensamos em desistir. No entanto, precisamos reaprender a caminhar. Da mesma forma, o cérebro tem que ser submetido a uma recuperação que possa ajudá-lo a superar o episódio depressivo.

Acelerando o cérebro

Qualquer tipo de atividade é valido para combater a tristeza. É como retomar as rédeas da própria vida. Quando nos ocupamos de alguma coisa, as faculdades cerebrais são mobilizadas e assim nos sobra menos tempo para alimentar pensamentos sombrios.

A forte interação entre o raciocínio e as emoções é identificada com clareza nos experimentos em que se utiliza o tomógrafo de emissão de pósitrons. Um dos testes com esse equipamento envolveu pessoas com estados de ânimo distintos que receberam a tarefa de resolver problemas de lógica. As imagens mostraram que o processamento tanto do raciocínio quanto das emoções ocorria em áreas vizinhas e até sobrepostas no cérebro.[19] Isso significa que, quando concentramos a atenção em uma atividade concreta, deixamos menos espaço para pensamentos e sentimentos pessimistas.

Para que o humor realmente melhore, o ideal é que a atividade escolhida proporcione a vivência do êxito. Portanto, durante uma fase de desânimo, é aconselhável estabelecermos metas alcançáveis, evitando exageros inadequados, uma vez que o cérebro está menos ágil do que antes e não podemos contar com toda a sua capacidade de desempenho.

Nesses períodos é mais apropriado optarmos por tarefas simples, que funcionem como um suave programa de preaquecimento da mente. Podemos realizar pequenos trabalhos domésticos, fazer compras, atualizar a correspondência ou nos ocupar de qualquer outra coisa que não exija muito esforço, não cause estresse e proporcione a sensação de sucesso. Como afazeres desse tipo não costumam ser prioritários em nosso dia-a-dia, parece lógico que na fase de melancolia lhe dediquemos o tempo que não estamos conseguindo empregar em atividades mais importantes. Ao vermos os resultados, temos a agradável experiência de comprovar que fomos capazes de realizar algo útil apesar do abatimento.

Embora a vivência do êxito seja sempre interessante, ela ganha ainda mais importância quando ocorre durante um período de melancolia. Segundo o neuropsicólogo Richard Davidson, isso se explica pelo funcionamento dos dois hemisférios cerebrais.[20] Nas fases de desânimo ocorre uma drástica redução da atividade da região frontal esquerda – a que nos impulsiona a estabelecer objetivos mas que também controla as emoções negativas. No entanto, se nos propusermos a atingir uma meta, por mais modesta que seja, voltaremos a acionar essa metade do cérebro que é fundamental para o bom humor. Quando conseguimos realizar nosso propósito, os neurônios da região frontal emitem o sinal que desencadeia a percepção do êxito e que nos permite saboreá-lo.

Correndo da tristeza

Já vimos que a atividade física produz sentimentos positivos. Dessa forma, ela se torna um meio ideal para afugentar o desânimo. O exercício corporal tem um efeito duplo. De um lado, se corretamente praticado, sempre proporciona uma sensação de sucesso, pois cada um pode fixar suas metas de acordo com a própria capacidade. Se uma pessoa que não está habituada a exercitar-se regularmente decidir correr um quilômetro e meio, ela desfrutará da mesma sensação de triunfo que um atleta experimenta no fim de uma maratona. Mais importante do que o desempenho em termos absolutos é sabermos estabelecer a meta para não acabarmos jogando a toalha. Depois, a persistência é fundamental. Muita gente não gosta de praticar exercícios porque isso exige esforço, faz suar e algumas vezes causa dor. Mas é precisamente nisso que está a eficácia da atividade física. Quem consegue vencer a inércia está dando o primeiro passo para adquirir um conceito melhor de si mesmo.

Além disso, o efeito da atividade física para o cérebro é imediato. Os exercícios favorecem o crescimento e até mesmo a formação de novos neurônios, como constatou o neurocientista californiano Fred Gage. Bastou que ele colocasse uma simples roda na gaiola de ratos de laboratório para que esses roedores obtivessem resultados muito melhores em testes de memória. Até mesmo os animais que antes tinham dificuldade de aprender mostraram um desempenho superior por causa da atividade física. Gage descobriu uma parte da resposta a esse enigma em regiões do cérebro que são essenciais para a memória. Os ratos que tinham a oportunidade correr apresentaram níveis elevados dos fatores de crescimento neuronal e o dobro de neurônios novos em comparação com os que eram obrigados a ficar sedentários nas gaiolas.[21]

Além tornar a mente mais ágil, a prática de exercícios físicos estimula o crescimento das conexões neuronais, fazendo frente ao mais perigoso de todos os sintomas da depressão: a atrofia das células cinzentas. Podemos dizer que ela é uma espécie de Prozac natural. Essa comparação é reforçada pelo fato de que o esforço físico libera serotonina, isto é, produz o mesmo efeito que se pretende alcançar com o uso de medicamentos antidepressivos.[22] Mas ao contrário dessas pílulas, que apenas atenuam a melancolia, a atividade física também gera um sentimento positivo, pois o esforço libera as endorfinas, que causam euforia. Isso explica por que a prática regular de exercícios três vezes por semana durante meia hora pode ser tão eficaz contra a melancolia quanto os melhores antidepressivos disponíveis nas farmácias.[23]

A terapia Robinson Crusoé

Uma das medidas que podemos adotar contra a depressão é exercitar o cérebro. A outra é defender-se de pensamentos e sentimentos negativos.

Um herói da literatura inglesa, Robinson Crusoé, deu o exemplo. Ele também caiu em depressão quando se viu só e desamparado em uma ilha deserta após o naufrágio do seu navio. Sem seus companheiros, que haviam se afogado, e sem esperança de ser salvo, disse com convicção a si mesmo que nenhuma situação pode ser tão ruim que leve ao desespero. Assim, usando um lápis que encontrou nos destroços da embarcação, fez um balanço:

Ruim	**Bom**
Estou numa ilha deserta, sem a menor esperança de conseguir sair daqui.	Mas estou vivo, não me afoguei como aconteceu com os meus companheiros.

Completamente só, fui escolhido entre todos os seres humanos para uma vida de infelicidade.	Mas fui escolhido entre toda a tripulação do meu navio para ser salvo de uma morte prematura.
Não tenho sequer roupas para cobrir minha nudez.	Mas estou numa região quente em que não necessito delas.

Depois disso, chegou à seguinte conclusão: "Assim deduzi que conseguiria me sentir mais feliz na minha lamentável situação de desamparo do que possivelmente já me havia sentido em qualquer outro lugar do mundo..." Esse otimismo lhe salvou a vida. Se ele tivesse se entregado a um compreensível desalento, não demoraria a morrer na solidão. Perderia a chance de encontrar o seu futuro companheiro Sexta-Feira e, no fim, ser salvo por um navio inglês.

Será que Crusoé estava enganando a si mesmo quando resolveu dourar a pílula dessa maneira? Não, pois os dois pontos de vista são válidos. A questão é apenas saber qual deles nós vamos adotar, e geralmente é mais útil ser otimista. Decidir que o copo está meio cheio em vez de meio vazio é um dos remédios mais eficazes contra o desânimo.

Tudo isso soa muito simples – quase simples demais para ser verdade. Por esse motivo, o Instituto Nacional de Saúde Mental dos Estados Unidos destinou dez milhões de dólares para investigar o método de Robinson Crusoé, o que resultou em um dos maiores estudos de eficácia terapêutica já realizados. Claro que os cientistas não lhe deram o nome "terapia Robinson", embora a homenagem fosse justa. Preferiram denominá-lo terapia comportamental cognitiva. O estudo durou seis anos e envolveu centenas de participantes, todos com depressões de gravidade média a alta. Mesmo assim, sessenta por cento deles foram curados, o que correspondeu a um nível de eficácia tão alto quanto os obtidos com os tratamentos por medicação.[24] Combinando remédios e terapia comportamental cognitiva, o percentual de cura aumentou e os riscos de recaída diminuíram.[25]

O método bem mais dispendioso da psicanálise, entretanto, mostrou-se menos eficaz. Depois de longas e caras sessões no divã, apenas um em cada três pacientes com depressão apresentou melhoras.[26] Daria no mesmo se eles tivessem tomado pílulas de açúcar, uma vez que essa proporção de cura também foi obtida em diversos experimentos nos quais os voluntários receberam placebos, isto é, comprimidos sem nenhum princípio ativo. Às vezes, o bom senso é mais eficaz do que as construções de raciocínio mais elaboradas.

Na terapia comportamental cognitiva se pode recorrer à colaboração de um psicólogo com o objetivo ajudar o paciente a mudar de perspectiva. Isso é bastante útil quando o período de melancolia está instalado há muito tempo, com a conseqüente interiorização dos padrões mentais negativos. Para as depressões leves, no entanto, essa terapia não é necessária. O método Robinson Crusoé é tão fácil e ao mesmo tempo tão eficaz que seu aprendizado é recomendável para qualquer pessoa.

Mudando o enfoque

Como induzir a mudança de perspectiva? Quando estamos desanimados, uma interminável procissão de pensamentos sombrios desfila em nossa mente. Prevemos que todos os nossos planos fracassarão e ficamos convencidos de que eles só podem mesmo falhar, já que não passamos de uns incapazes. Qualquer motivo serve para confirmar nossos piores temores.

É assim que nascem monólogos como o seguinte: "Minha colega de trabalho acaba de passar sem me dirigir o olhar e sem me cumprimentar. Será que ela está com antipatia por mim? Pelo jeito como se comportou, só pode ser isso. E será que ela não tem razão? Afinal, sou mesmo muito irritante. Até a minha voz tem um tom desagradável, forçado. É melhor eu nem ir ao refeitório hoje para não aborrecer também os outros colegas com a minha presença."

Freqüentemente, estamos tão habituados a esses encadeamentos de idéias que elas passam automaticamente pela nossa cabeça e com a velocidade de um reflexo. A primeira recomendação, portanto, é percebê-las. Existem diversas estratégias para isso. Uma das mais eficazes é a que Robinson Crusoé utilizou. Devemos anotar todos os temores, as autocríticas e as dúvidas quanto ao nosso próprio destino. Às vezes, essas reflexões brotam em uma quantidade tão grande que nós mesmos ficamos assustados. Mas o simples fato de colocarmos no papel tudo o que nos atormenta já é um primeiro passo para nos livrarmos dessas aflições.

Ao mesmo tempo, isso nos permite formar uma idéia mais precisa sobre esses pensamentos sombrios acerca do futuro ameaçador e dos julgamentos depreciativos que fazemos a nosso respeito. Parece que o que está no papel se torna mais concreto e mais fácil de analisar do que as fantasias que se desenvolvem em nossa mente. O truque consiste em descartar esses devaneios pessimistas no momento em que os percebemos. Para isso, existem duas possibilidades. A melhor delas é voltarmos a atenção imediatamente para outras coisas e não deixar que os pensamentos tristes fiquem nem em segundo lugar. Mas isso nem sempre é possível, porque alguns temores retornam sucessivamente à consciência com força renovada. Nesses casos, a solução é fazer como Robinson Crusoé: listar argumentos que rebatam as más suposições. Quem sabe, aquela colega que não nos cumprimentou estava simplesmente distraída.

Mas ninguém precisa achar que vai ter que passar o resto da vida andando com lápis e papel para anotar as fantasias depressivas. Escrever é apenas um pequeno apoio para começarmos, assim como as rodinhas que são colocadas nas bicicletas das crianças quando elas ainda estão aprendendo a se equilibrar. Rapidamente, o autocontrole sobre os pensamentos sombrios e as sensações ruins torna-se um hábito. Tudo leva a crer que essa reprogramação das células cinzentas treina a capacidade da região frontal esquerda do cérebro de dominar as emoções negativas assim que elas surgem. À medida que essa habilidade se aperfeiçoa, vão desaparecendo também os sentimentos amargos.[27]

Capítulo 13 | A força da perspectiva

O cérebro é a central de comando dos sentimentos positivos. Mas infelizmente esse órgão tende a fazer certos truques de ilusionismo que não nos permitem ser tão felizes quanto poderíamos. Nós os aceitamos – não porque nos sirvam para alguma coisa, mas simplesmente porque não temos idéia do quanto eles nos enganam.

Por exemplo, somos praticamente incapazes de imaginar como uma situação desconhecida influirá de forma real em nosso ânimo. Em princípio, o cérebro tende a superdimensionar tanto as conseqüências positivas quanto as negativas. Pense no seguinte extremo: em que situação você se sentiria melhor, ganhando na mega-sena ou sofrendo um acidente que o condenará à cadeira de rodas pelo resto da vida?

Provavelmente a sua escolha será a vida de milionário. Algumas pessoas chegam a responder que prefeririam morrer a ficar paralíticas para sempre. Mas essas afirmações espontâneas pouco têm a ver com o que é sentido de verdade vários anos após um acontecimento desse tipo, como já provaram pesquisadores americanos. Em vez de limitarem essas perguntas a pessoas comuns, eles as estenderam a ganhadores de jogos lotéricos e a vítimas de acidentes. O tema desse estudo – que já virou um clássico da sociologia[1] e demonstra a capacidade de adaptação dos seres humanos tanto às situações de alegria quanto às de tristeza – era saber se esses indivíduos viviam satisfeitos. Os resultados mostraram que, a longo prazo, os milhões recebidos não aumentam o nível de satisfação com a vida, tampouco a cadeira de rodas faz com ele diminua tanto como se poderia supor. É claro que, durante as primeiras semanas, os sortudos ganhadores do prêmio andam nas nuvens, assim como os paralíticos se queixam da perda dos movimentos. Mas, depois disso, tudo volta a ser como antes. Os novos-ricos não se sentem melhor só porque trocam seu Gol por um Porsche. Dependendo do seu temperamento, a pessoa pode até achar que teria feito melhor negócio comprando uma Ferrari. As vítimas de paralisia, por sua vez, vão se acostumando a contar com a ajuda alheia. Transcorrido o período inicial de tristeza, a maior parte delas recupera quase toda a antiga alegria de viver, e o grau de sua satisfação, em média, não é muito inferior ao de quem não possui essa deficiência física. Vítimas de acidentes ou ganhadores de prêmios milionários, não importa: quem já estava satisfeito com a vida antes permanecerá assim, enquanto os ranzinzas continuarão reclamando.

O mesmo ocorre em transformações menos radicais das condições de vida. Fazemos um investimento financeiro esperando que ele nos torne mais ricos e, portanto, mais felizes. Trocamos de emprego porque achamos que o trabalho novo nos trará mais prazer. Mudamos de cidade na esperança de encontrar mais bem-estar. Tudo isso para depois chegarmos à conclusão de que a vida segue da mesma forma.

O que não quer dizer que as transformações não sejam importantes. A questão é que geralmente superestimamos os efeitos que elas terão no nível da nossa satisfação. Temos a capacidade de nos habituar muito rapidamente tanto às mudanças positivas quanto às negativas. Por isso, as condições externas influem muito menos em nosso bem-estar do que pensamos. (Existem, é claro, exceções: algumas pessoas jamais se acostumam a certas dores crônicas, como a da artrite, ou mesmo a ruídos.[2] Assim, quem é sensível ao barulho nunca deve acreditar no corretor de imóveis quando ele assegura que a barulheira do trânsito diante das janelas da frente deixará de ser percebida com o tempo.)

Quando paramos para avaliar a vida, muitas vezes incorremos no erro de confundir satisfação com felicidade. Qual é a diferença? A felicidade é algo momentâneo que coincide com uma experiência. Portanto, ela só existe no presente. A satisfação é aquilo que permanece na mente; portanto, tem uma origem retrospectiva. Para exemplificar, a felicidade seria o que vemos durante a projeção de um filme, enquanto a satisfação corresponderia à breve opinião que podemos dar depois sobre as coisas a que assistimos.

Quando alguém nos pergunta se estamos felizes no novo apartamento, com certeza recebe uma resposta sobre o grau de nossa satisfação. Provavelmente ninguém, antes de responder, se detém em passar interiormente em revista tudo o que aconteceu desde que se mudou para a nova moradia. É verdade que as pessoas que têm momentos de felicidade com muita freqüência declararam-se satisfeitas com a vida. Mas há igualmente quem se considere satisfeito ainda que não tenha motivos para dizer que é feliz. E uma terceira situação também acontece: existem indivíduos que se sentem insatisfeitos de um modo geral, mesmo tendo vivenciado um momento de felicidade. Aparentemente, nada disso está além da nossa capacidade de compreensão, no entanto precisamos distinguir com a devida clareza entre satisfação e felicidade para evitar decisões erradas que podem nos privar de muitos sentimentos agradáveis.

Primeira armadilha: o auto-engano

Passamos mais tempo no trabalho do que com a família e os amigos. Assim, é natural que valorizemos uma atividade profissional que nos proporcione um sentido de realização e que possamos desempenhar em um ambiente agradável.

Se você é professor, provavelmente prefere ensinar em uma boa escola a trabalhar em uma instituição de ensino ruim. Essa preferência se baseia no fato de que o emprego em uma escola do primeiro tipo lhe dará mais satisfação. Se usarmos os Estados Unidos como exemplo, essa escolha se torna ainda mais acertada, pois lá uma escola ruim significa, entre outras coisas, detectores de metal na entrada para encontrar armas nas mochilas dos alunos, móveis resistentes a atos de vandalismo, assédio de traficantes de drogas nos portões e gangues que agridem professores.

Nos bancos das boas escolas, no entanto, estão filhos de advogados, de médicos e de empresários. Eles saem de casa bastante motivados, convencidos de que estão sendo educados para serem futuros vencedores. Seus pais pagam altas mensalidades que permitem equipar as salas de aula com ótimos recursos, como computadores de última geração conectados à Internet. Diante de uma necessidade ou problema, os alunos podem sempre contar com uma estrutura de apoio, que inclui de aulas particulares a psicólogos. Para os professores dessas instituições, portanto, o trabalho é fácil e satisfatório quando comparado com o que é desenvolvido por seus colegas em escolas de bairros pobres.

Mas essa pode não ser a opinião dos próprios envolvidos na questão. Para descobrir que relação existe entre o ambiente profissional e o grau de satisfação, o psicólogo social Norbert Schwarz, de origem alemã, entrevistou duzentos professores em escolas boas e ruins em Houston, no Texas. Todas as noites, os voluntários preenchiam um questionário relatando como tinha sido o seu dia – se o trabalho havia sido satisfatório, se estavam se sentindo felizes, etc. Além disso, respondiam a uma pergunta de caráter mais geral sobre o seu nível de satisfação com a vida. O resultado foi surpreendente: os mestres das escolas localizadas em periferias pobres e violentas diziam, em média, exatamente o mesmo que seus colegas que trabalhavam nos bairros ricos. Seria possível que tivessem deixado de lado as frustrações cotidianas e o temor constante de serem vítimas da violência escolar?[3]

Schwarz resolveu investigar a questão a fundo. Ele distribuiu aos professores agendas eletrônicas que emitiam um sinal a cada hora. Quando escutavam o alarme, os voluntários tinham que tocar com o lápis eletrônico na tela, indicando o grau de sua satisfação naquele momento. Esses dados mais detalhados delinearam uma estatística bastante diferente da que Schwarz obtivera com o questionário inicial. Os professores das escolas para estudantes ricos mantinham-se mais animados durante a parte da manhã; à tarde, quando voltavam para casa, seu ânimo caía até atingir o nível normal. Com os voluntários que ensinam nas áreas carentes da cidade ocorria o contrário: deprimidos durante as horas letivas, animavam-se significativamente ao deixar as escolas.

Esse estudo nos faz deduzir que vivemos de modo pouco consciente. Os professores das escolas pobres não tinham a menor idéia do quanto eram afetados pela degradação do seu ambiente de trabalho. Por outro lado, seus colegas que atuam nos bairros ricos não valorizavam sua situação vantajosa. Tais erros de perspectiva prestavam um mau serviço a todos eles: os do primeiro grupo não se lembravam de procurar um trabalho melhor nem de lutar por mudanças em suas instituições; os demais não percebiam sua sorte nem que deveriam sentir-se muito mais satisfeitos.

Como se explica isso? Eles eram ludibriados pela memória. Em vez de tentarem ouvir suas próprias emoções, os professores baseavam seu julgamento na comparação com o que lhes era habitual. Portanto, ao preencherem o questionário à tarde, os que ensinavam nas escolas pobres constatavam que o dia havia sido como todos os outros. Como tudo transcorrera dentro da ordem normal, nesse momento eles não se lembravam do mal-estar que tinham enfrentado no período das aulas. O mesmo processo, porém em sentido contrário, acontecia na mente de seus colegas empregados nas escolas de alto nível.

Os profissionais dos dois grupos confundiram felicidade com satisfação. Uns eram felizes e os outros infelizes, mas todos se consideravam satisfeitos. Na verdade, estavam completamente equivocados quanto aos motivos de sua própria avaliação. Como já disse, muitas vezes estamos pouco conscientes da nossa própria vida.

Mas isso é prejudicial? Sim, sem dúvida. De fato, quem não reclama da situação em que está não sofre com ela, mas o mal-estar crônico deixa conseqüências físicas. O medo e o desânimo são emoções estressantes, mesmo quando não os percebemos conscientemente. E, como mostraram vários estudos, o estresse prejudica a saúde. Entre outras coisas, ele enfraquece o sistema imunológico e aumenta o risco de doenças cardiovasculares.

Segunda armadilha: os momentos mal escolhidos

No exato instante em que estamos saindo de uma festa na qual nos divertimos tremendamente, uma pessoa conhecida passa na nossa frente sem nos cumprimentar. Um encontro breve e desagradável como esse pode estragar a lembrança da noite inteira. A memória lida livremente com a realidade que percebemos, e às vezes alguns segundos de chateação influenciam mais o ânimo do que duas horas de alegria.

A mente pinta a realidade com suas próprias cores, e é comum ela transformar a verdade exatamente no contrário. Como vimos no capítulo 4, cada estímulo exterior desencadeia vários milhões de sinais no cérebro, e assim esse órgão dispõe de um número extraordinário de possibilidades para manipular os fatos. E ele não deixa de aproveitá-las.

As falsas lembranças dos próprios sentimentos são como um crime perfeito do cérebro, dificílimo de ser desvendado. Isso ocorre porque não existem parâmetros objetivos que nos permitam verificar o que de fato sentimos em determinado momento do passado. Enquanto as emoções podem ser identificadas pelas reações físicas que desencadeiam, os sentimentos permanecem ocultos em nosso íntimo. Eles existem apenas no cérebro. Dessa forma, quando esse órgão apaga seus rastros, tudo o que nos resta são indícios indiretos.

O psicólogo social Daniel Kahneman, da Universidade de Princeton, encontrou um meio de seguir as pistas desses equívocos e identificar as regras de sua formação. Participaram do experimento pacientes internados que estavam sendo submetidos a dolorosos exames para a verificação de seus órgãos internos, a fim de se estabelecerem diagnósticos. Foi pedido a eles que descrevessem minuto a minuto a dor que sentiam durante as intervenções médicas e que a pontuassem numa escala de um a dez. A soma desses valores revelava o resultado total do sofrimento de cada pessoa ao longo do exame.

Os médicos, porém, foram orientados a não tratar todos os voluntários da mesma maneira. Com um grupo, eles agiam exatamente como mandava o protocolo. Nesses casos, a dor aumentava cada vez mais e atingia o ponto máximo no fim do procedimento. O método adotado para o outro grupo foi o de prolongar o exame por alguns minutos. Nessas condições, a dor não desaparecia repentinamente, mas de forma gradual. Uma vez que a intervenção durava mais tempo para esses pacientes, as somas dos pontos para aferir sua dor alcançavam valores maiores do que os registrados pelos voluntários do primeiro grupo.

Mas quando os pesquisadores, pouco depois, entrevistaram todos os participantes, as pessoas do segundo grupo não se recordavam de ter sofrido mais do que os integrantes do primeiro grupo. Ainda que o exame prolongado tivesse aumentado objetiva e subjetivamente a dor que sentiram, elas se declararam mais satisfeitas com o procedimento e dispostas a submeter-se a ele novamente se necessário. (Com isso, constatou-se a utilidade de se prolongar o exame, embora tal medida fosse prescindível para o estabelecimento do diagnóstico.)

Esse teste nos mostra mais uma vez como somos enganados pela memória. A duração de uma experiência não tem relação com o sentimento que ela acarreta, como Kahneman constatou em outro estudo. O cérebro limita-se a arquivar o auge da sensação e os últimos instantes que precedem seu desaparecimento. No exemplo do exame para estabelecer o diagnóstico, o momento de maior mal-estar era idêntico para as pessoas dos dois grupos, mas o instante final tornava-se mais suportável quando o procedimento era mais longo. Isso explica por que os pacientes do segundo grupo não tiveram lembranças tão ruins. A última impressão é a que fica. O cérebro prefere os finais felizes.[4]

Podemos nos beneficiar disso no dia-a-dia. Quem vai embora no melhor da festa age de forma inteligente, porque será essa última impressão que permanecerá no futuro. As pessoas que desfrutaram de muitos momentos breves de máxima felicidade podem ser invejadas, pois a memória segue o princípio de registrar os pontos culminantes: os instantes de auge são os que sempre serão lembrados.

Terceira armadilha: as expectativas equivocadas

De fato, a memória nos engana em relação ao que sentimos, mas as expectativas são capazes de provocar uma distorção muito maior. Os atletas que sempre ocupam o segundo lugar nos Jogos Olímpicos sabem muito bem disso: ganhar a medalha de prata pode ser honroso, no entanto o bronze traz mais felicidade. Enquanto eles se irritam com as lembranças dos detalhes que lhes tiraram o ouro, impedindo sua subida ao mais alto do pódio, onde por momentos chegaram a se ver, os ganhadores do bronze se sentem transportados ao sétimo céu, como constatou a psicóloga social Victoria Medcec na Olimpíada de 1992, em Barcelona. Os terceiros colocados, para quem a hipótese de nem subir ao pódio já era considerada, recebem uma medalha que não tinham esperado e com ela inscrevem seus nomes nos anais do esporte. Por outro lado, os premiados com a medalha de prata não conseguem esquecer que lhes escapou o ouro, no qual haviam depositado todas as suas esperanças.[5] "Nada é bom ou ruim, só o seu pensamento o torna assim", diz o Hamlet de Shakespeare.

Será então que os pessimistas são pessoas mais felizes porque de vez em quando a realidade lhes proporciona surpresas agradáveis? Isso vem sendo afirmado com freqüência, e o psicólogo social Allen Parducci desenvolveu uma teoria da felicidade baseada no princípio de que o pessimismo se origina de uma seqüência de esperanças não muito exageradas. Segundo ele, momentos de felicidade esporádicos tornam os seres humanos infelizes porque os induzem a elevar suas expectativas. "Se o que é ótimo só acontece raramente, seria melhor nem chegarmos a experimentá-lo", disse ele.[6] Para esse especialista, o segredo de muitas pessoas felizes é o fato de terem passado por experiências ruins. Elas sempre esperam pelo pior, e em seguida a vida as surpreende de forma agradável, mostrando que "Deus tarda, mas não falha".

Parducci está errado. Suas conclusões baseiam-se, entre outras coisas, em experimentos de laboratório que são jogos de azar manipulados e não aplicáveis à realidade cotidiana. A vida é mais complicada do que isso. O pessimismo alimenta preocupações e medos exagerados, o que já é suficiente para reduzir a capacidade de desfrutar o prazer e ser feliz. Além disso, esse sentimento tende a dificultar previamente as experiências positivas, pois a atitude de quem espera algo agradável tem uma eficácia diferente da de quem sempre imagina o pior, ou seja, a maneira de abordar uma situação influi no resultado. O desânimo não é o mais indicado para enfrentarmos grandes questões.

O estudante que acredita que jamais será aprovado em uma prova deveria desistir logo. O otimismo é um estímulo indispensável em qualquer esforço. Ele mobiliza recursos. Muitos estudos demonstram que os otimistas não só têm um humor melhor como também alcançam resultados superiores como estudantes, atletas e vendedores.[7] Quem tem expectativas positivas geralmente se sai bem no que faz. Esperanças realistas em relação às coisas que, pelo menos em parte, dependem de nós tendem a se realizar. Por outro lado, as pessoas que têm uma visão exageradamente cor-de-rosa do futuro estão mais sujeitas a sofrer decepções. Portanto, uma atitude inteligente para aquele estudante é a expectativa de simplesmente passar no exame, e não a de tirar a nota máxima.

Quarta armadilha: a comparação malfeita

Quem nunca deu uma olhada invejosa para o vizinho ou colega de trabalho? Quando surge uma dúvida no momento em que estamos fazendo uma comparação, as coisas sempre nos parecem ter corrido melhor para eles. Mas a inveja é uma via de mão dupla. Essas mesmas pessoas certamente contemplam a nossa felicidade com uma mistura de admiração e contrariedade. Esse efeito foi comprovado estatisticamente pelo psicólogo social norte-americano Ed Diener.[8] Assim, quem está equivocado? Nós ou as pessoas? Ou será que estamos todos errados?

Não existe uma medida objetiva para o grau de satisfação. Avaliamos a realidade segundo o parâmetro da esperança e dos temores. Muitas vezes, precisamos comparar a nossa situação com a dos outros para decidir se nos sentimos como príncipes e princesas ou como pobres-diabos. "Se quiséssemos apenas ser felizes, não seria tão difícil. A questão é que sempre desejamos ser mais felizes do que os outros, e isso muitas vezes não é fácil, pois todos tendemos a nos mostrar mais felizes do que somos", escreveu o filósofo francês Montaigne.[9]

Quem se compara já sai perdendo. Olhar com inveja para as pessoas nos torna dependentes delas e pode nos induzir a decisões erradas. Experimentos do psicólogo social Schwarz mostraram de que forma sutil e pouco consciente nós nos iludimos nesse processo. Ele resolveu pesquisar o grau de satisfação na vida a dois, o que, em princípio, deveria independer do fato de outros casais serem mais ou menos felizes em sua relação amorosa.

Mas não foi bem assim. Schwarz entrevistou jovens estudantes que viviam com uma companheira. Usando muitas perguntas destinadas a desviar sua atenção do tema da pesquisa, ele simulava querer averiguar com que freqüência os voluntários se masturbavam. As respostas tinham que ser escritas em um formulário anônimo, elaborado em duas versões. Em uma delas, dada a um dos grupos de participantes, era possível escolher entre diversas opções que iam de "menos do que uma vez por semana" até "muitas vezes por dia". A maior parte desses jovens assinalou uma opção na parte inferior da escala, que dizia "uma ou duas vezes por semana", o que, em outras pesquisas realizadas por sexólogos, corresponde quase à realidade para a maioria dos homens. Ao segundo grupo ofereceu-se o outro modelo do formulário com respostas que iam de "nunca" a "muitas vezes por semana". Nessas condições, os estudantes que quisessem ser honestos teriam que responder "muitas vezes por semana", colocando-se assim no extremo mais alto da escala. Isso os induzia à conclusão de que se masturbavam mais do que o normal, o que os perturbava. E esse fato era ainda mais inquietante porque a pergunta sobre a freqüência das relações sexuais com a parceira também estava em uma escala manipulada. Dessa forma, eram levados a duvidar da normalidade de suas relações íntimas.

E eles de fato tiveram dúvidas, como constatou Schwarz ao entrevistá-los pouco depois sobre seu grau de satisfação com a vida de casal. Como as escalas manipuladas haviam semeado a intranqüilidade em suas mentes, esses estudantes se mostraram desencantados com seus relacionamentos de uma forma incomum. Quando o pesquisador lhes perguntou se eles já tinham pensado em trair a parceira, um número excessivamente alto deles respondeu que sim. É dessa forma que permitimos que julgamentos casuais e quase sempre inconscientes determinem a nossa vida.[10]

Cada um de nós vivencia diariamente esse tipo de situação. A diferença é que, no cotidiano, o que gera o descontentamento e nos induz a conclusões erradas não são experimentos planejados com astúcia, mas outras armadilhas. Nas revistas e outdoors, legiões de lindas modelos nos levam a acreditar que um corpo escultural e uma pele perfeita são as coisas mais comuns do mundo. Os relatos de outras mães fazem nossos filhos parecer monstrinhos mal-educados e estudantes medíocres. As histórias de empresários de sucesso contadas em publicações especializadas em finanças nos fazem crer que não passamos de uns fracassados. No fim do experimento, Schwarz explicou aos estudantes qual havia sido a verdadeira finalidade da pesquisa. No dia-a-dia, porém, somos nós mesmos que devemos nos lembrar de que o hábito de nos comparar com as outras pessoas nos sujeita a conclusões equivocadas.

Quinta armadilha: a inveja

– Quando é que o corcunda ri?

– Quando vê uma corcova maior do que a dele.

Essa piada mostra o quanto podemos olhar com satisfação para a infelicidade alheia quando nos consideramos mais sortudos do que alguém. Experimentos psicológicos controlados confirmaram essa triste verdade. Basta a presença de um deficiente físico em cadeira de rodas para melhorar o ânimo da maioria das pessoas. E, se elas estiverem respondendo a um questionário sobre o seu grau de satisfação com a vida, escolherão as notas mais altas para dimensioná-lo.[11]

Mas esse tipo de felicidade não costuma durar muito. Embora seja fácil descobrir pessoas que estão em situação pior do que a nossa, sempre há alguém para invejar. Disso não se livraram nem grandes nomes da história. "Napoleão invejava César, César invejava Alexandre, o Grande, e este provavelmente invejava Hércules, que nunca existiu", disse o filósofo Bertrand Russel.[12]

A afirmação de que a inveja não pode ser extirpada do ser humano é explicada pela biologia evolucionista com base na hipótese darwiniana da luta pela sobrevivência. Uma vez que na natureza todos disputam com todos, não basta sermos bons e termos tudo de que necessitamos. Precisamos ser mais hábeis e possuir mais do que os outros. Por esse motivo, a inveja constaria do nosso programa básico de sobrevivência.

Na realidade, é tão difícil provar quanto refutar esse raciocínio. Ainda que a inveja cumpra uma função, isso não significa necessariamente que ela seja inata. Por outro lado, é verdade que o invejoso não vacila em prejudicar a si mesmo se a recompensa for causar um mal muito maior à pessoa que ele inveja. Foi o que se observou numa assembléia de trabalhadores de uma fábrica inglesa de turbinas de avião. Um grupo de funcionários concordou em renunciar a uma parte de seus salários, contanto que lhes garantissem que os membros de outro grupo continuariam a receber remunerações inferiores às suas.

O absurdo foi tão grande que surpreendeu até os psicólogos chamados para ajudar na solução do impasse.[13] Os líderes sindicais que intermediavam as negociações tinham plena consciência de que estavam prejudicando os interesses dos trabalhadores que representavam, mas recusavam-se a ceder afirmando que se tratava de uma questão de princípios.

A inveja também carece de qualquer lógica quando o invejoso não tira nenhuma vantagem dela e não faz mais do que sofrer. Muitas vezes, o sentimento de pesar pelo bem alheio baseia-se em uma percepção distorcida, pois vemos os "haveres", e não os seus "deveres" da outra pessoa. Ficamos irritados ao assistir a 15 minutos de glória de alguém, porque nos esquecemos do que eles talvez tenham custado ao vencedor. Há dois milênios, essa atitude foi duramente criticada pelo filósofo estóico Epicteto: "Foste preterido, preferiram outro (...) Não foste convidado para o banquete? Foi porque não pagaste o preço exigido pelo anfitrião: bastava um elogio, uma pequena atenção. Se quiseres desfrutar de algo, assuma o custo. Mas se aspiras a ter sem pagar, és tão descarado quanto ingênuo."[14]

Nosso julgamento não precisa ser tão severo quanto o de Epicteto. É possível que tenhamos uma tendência inata a ser invejosos. Nesse caso, dificilmente nos livraremos dela por completo. Mas um pouco de lógica pode nos ajudar a empregá-la de forma útil: para conhecermos melhor os nossos próprios desejos.

Sexta armadilha: a ambição desmedida

"Quem acha que dinheiro não traz felicidade está gastando mal." Com esse slogan, a fábrica de automóveis Lexus anunciava nos Estados Unidos as suas limusines de luxo, das quais uma pertence a Bill Gates. Às vezes o dinheiro pode ser maravilhoso. Quem o possui volta para casa de táxi enquanto os outros esperam o ônibus na chuva. Ele torna as pessoas bonitas e atraentes, porque belos vestidos e bons cabeleireiros são caros. Também compra certas liberdades, como a dos pais que querem sair à noite e podem pagar os serviços de uma babá. E os indivíduos extremamente ricos, que não precisam formar fila com os assalariados, vivem sem depender de ninguém e realizam seus sonhos. Em vez de terem que aturar as grosserias de um chefe e conformar-se com quatro semanas de férias por ano, eles viajam quando lhes dá na telha, fundam sua própria empresa ou patrocinam um projeto social.

"Fui pobre e rica, e posso lhe garantir: é melhor ser rica", disse a cantora americana Sophie Tucker. Sua opinião é compartilhada por 40% dos alemães da área ocidental, por 50% dos alemães da área oriental e por todos os adolescentes do país. Em todas as pesquisas recentes, "viver sem preocupações financeiras" figura entre as preferências mais altas.[15] O dramaturgo Bertolt Brecht, de origem burguesa, já havia afirmado em sua *Ópera dos três vinténs* que "só vive bem quem vive confortavelmente".

Por outro lado, causa surpresa constatar que o dinheiro representa muito pouco quando se trata da satisfação subjetiva. Como essa é uma questão de importância fundamental em todas as sociedades capitalistas, os sociólogos não têm poupado esforços para investigar o assunto. Desde o fim da Segunda Guerra Mundial foram realizadas 154 grandes pesquisas de opinião sobre esse tema na Europa, nos Estados Unidos e em outros países.

Todos esses estudos revelaram as mesmas conclusões: dinheiro traz felicidade, sim, mas o efeito é mínimo. Ter um ou vários zeros a mais no contracheque pode ser comparado a beber um champanhe de excelente marca em vez de qualquer champanhe. Ou seja: a diferença existe, mas não é tão grande assim. Cada um dos cinqüenta americanos mais ricos entrevistados pelo psicólogo Ed Diener possuía um patrimônio superior a cem milhões de dólares. O resultado mostrou, no entanto, que o grau de satisfação dessas pessoas ficava somente um pouco acima da média.[16] A maioria dos multimilionários concordou com a tese de que "o dinheiro traz felicidade, mas que também produz infelicidade". Essa conclusão está sendo útil ao psicoterapeuta Jens Corssen. Ele a usa nos cursos que organizou para ensinar filhos de milionários a lidar de forma saudável com as heranças que vão receber, de modo que o bem-estar não lhes cause necessariamente infelicidade. "Eu mostro aos jovens que é possível ser feliz apesar da riqueza."[17]

Pelo visto, nosso grau de satisfação com a vida é determinado por outros fatores, além da conta bancária. Somente para as pessoas que têm uma renda muito baixa, cada real extra eleva a satisfação de forma significativa.[18] Para a mãe solteira que trabalha em uma lanchonete fritando batatas, um aumento de salário, por menor que seja, corresponde a uma melhora em sua capacidade de suprir as necessidades dos filhos. Se o aumento fosse considerável, ela poderia até deixar o turno da noite e dedicar um pouco mais de tempo às crianças, bem como parar de sentir remorso por não ter condições de permitir que elas participem dos passeios com os amigos. Precisamos notar que as necessidades mínimas não se limitam à moradia e alimentação. A renda média das pessoas que nos rodeiam também determina em boa medida a sensação subjetiva de que somos pobres quando não estamos no mesmo nível que elas. Quanto mais bem vestidos os amigos dos filhos, mais a mãe pobre terá que gastar com roupas para que suas crianças não sejam menosprezadas.

Mas no momento em que a pessoa não faz mais parte do grupo da pobreza, a correspondência entre tranqüilidade financeira e bem-estar vai se tornando cada vez mais tênue. A felicidade com um aumento salarial, por exemplo, dura exatamente o tempo necessário para que nos habituemos ao novo padrão de vida. Quem ganha trinta mil reais por ano inveja alguém que ganha três vezes mais. Mas essa pessoa, por sua vez, vê a situação de forma diferente

– O que o senhor faria se de repente tivesse um milhão de marcos? – perguntaram certa vez ao banqueiro Hermann Josef Abs.

– Teria que cortar gastos – respondeu ele.

Logo se dissipa o entusiasmo com restaurantes sofisticados, carros possantes e casas luxuosas. No cérebro humano entram em ação os mesmos mecanismos de adaptação que levaram os macacos do experimento de Schultz a esquecer as passas em pouco tempo. "A rotina do hedonismo", foi como o psicólogo social Donald Campbell denominou esse processo.[19]

E o que é pior: a ânsia por fama e fortuna reduz o grau de satisfação com a vida. Diversos estudos realizados nos últimos anos revelam que a ambição é um verdadeiro instrumento de tortura. Isso foi mostrado em amplas pesquisas realizadas nos Estados Unidos, na Alemanha, na Rússia e na Índia pelos psicólogos sociais norte-americanos Richard Ryan e Tim Kasser. De acordo com esses estudos, pessoas que dão muita importância a dinheiro, sucesso, fama e boa aparência vivem menos satisfeitas do que indivíduos que priorizam os relacionamentos, o desenvolvimento de seus talentos ou a participação em projetos sociais. A corrida pelo sucesso, entendida como acumulação de dinheiro e influência, nunca é compensadora. O ambicioso não descansa nem mesmo quando essas expectativas se cumprem: alcançados os objetivos, ele passa a se ocupar de outros ainda mais difíceis.[20]

Essas pesquisas também demonstram que existe uma alta correlação entre a ambição desmedida e a tendência a fobias e depressão. Não se sabe se a corrida por fama e fortuna é causa ou conseqüência dessa fragilidade psíquica. Muitas vezes, quem quer alcançar a glória precisa adiar recompensas. Assim, em lugar de passar as férias em uma ilha grega, a pessoa tem que ficar horas e horas atrás de uma mesa de escritório. E isso nem sequer garante o êxito. Uma carreira vitoriosa pode depender tanto do próprio desempenho quanto da boa sorte e de indicações de amigos e conhecidos. Dessa forma, não é incomum que surjam sentimentos de desamparo e de submissão a alguém, e são eles que abrem caminho para as fobias e a depressão.

A saída: o autoconhecimento

Todos nós cultivamos ilusões sobre aquilo que nos convém. No entanto, é mais fácil abdicarmos desses erros e aprender a identificar o que nos proporciona felicidade e infelicidade. Basta escolhermos uma perspectiva adequada e um momento oportuno.

Raramente ajuda vermos a nossa própria vida do ponto de vista de outras pessoas. Todos nós nos parecemos na maneira como vivenciamos o medo e a alegria, a aflição e a raiva. Mas os motivos que desencadeiam esses sentimentos são diferentes para cada um de nós. Enquanto a maioria das emoções é inata, as preferências e aversões são adquiridas. A cultura, a educação e a história de vida contribuem, por exemplo, para que uma pessoa goste de ópera e outra prefira rock. Além disso, existem pequenas diferenças genéticas que influem sobre as coisas que nos interessam: quem nasceu com uma visão espacial deficiente tem poucas probabilidades de chegar a ter prazer com esportes como pingue-pongue e voleibol.

Por isso, se nos fixarmos demasiadamente nos parâmetros alheios não encontraremos felicidade nem satisfação. O convite a viver a própria vida pode parecer banal, mas a experiência mostra que não costumamos ficar atentos a isso. Mal nascem os filhos, os pais começam a impor seus valores a eles. Na escola, todas as crianças são submetidas a um mesmo método de aprendizagem, embora saibamos há bastante tempo que as capacidades humanas são diferentes. Muitos acontecimentos infelizes poderiam ser evitados se conhecêssemos a origem de nossas reações. Como descobrimos essas respostas do cérebro? Não adiantaria muito refletirmos sobre as experiências vividas, porque a memória manipula as lembranças. A solução é prestarmos mais atenção nas percepções no exato instante em que elas surgem.

Observada no momento em que se manifesta, a emoção ainda não está distorcida pelas comparações, pelos pensamentos e pela memória. Nesse instante, os sentimentos podem ser indicadores de preferências e aversões, em seu estado original. Basta uma fração de segundo para tomarmos consciência de uma emoção. Não é aconselhável despender mais tempo do que isso – quando a situação é negativa, pode ser até prejudicial. Se o motorista imprudente nos irrita, é útil nos conscientizarmos de que isso acontece porque nos sentimos desrespeitados. Uma vez compreendido esse fato, não precisamos nos aborrecer mais; será melhor manter a cabeça fria e pensar em outras coisas.

No caso dos sentimentos agradáveis, porém, a situação é diferente: vale a pena saboreá-los. Muitas vezes, nos descuidamos das emoções agradáveis e cometemos o erro de nos render à raiva ou à tristeza. Por exemplo: quando estamos na companhia de uma pessoa querida e permitimos que nossa mente retorne a assuntos que nos preocupam. Saímos perdendo com isso. Se somos felizes, mas não nos mantemos inteiramente atentos a esse sentimento, não apenas nos privamos de uma parte do prazer como deixamos de conhecê-lo.

Diários da felicidade

Não basta sermos felizes, também precisamos ter consciência de que somos. Essa é a opinião do psiquiatra italiano Giovanni Fava, que criou a "terapia do bem-estar", destinada a todos que desejam desenvolver sentimentos positivos com mais freqüência.

Ele teve a idéia quando estava trabalhando com pacientes deprimidos que se encontravam em processo de recuperação. Fava observou que entre esse tipo de doentes é bastante disseminado o hábito de não querer reconhecer a própria felicidade, o que adia a cura. Mas as pessoas que sofrem de insatisfação crônica são muito menos infelizes do que imaginam. O psiquiatra desenvolveu um procedimento bastante simples para combater essa tendência: pediu que os pacientes levassem para as sessões o que chamou de "diário da felicidade". Nele anotariam seus melhores momentos, o que correspondia a jogar uma luz mais intensa em tudo o que produzisse algo agradável. Assim, mantida a constância desses instantes de alegria, mais tarde seria impossível para os doentes negá-los com sofismas.

Os pacientes, muitos dos quais ainda apresentando desânimo, resistiram a essa proposta. Eles temiam comparecer diante do médico com as páginas em branco. Mas o psiquiatra os incentivou a fazer a tentativa de qualquer maneira. Como estavam se restabelecendo, essas pessoas freqüentemente encontravam algo para escrever, pois sempre existem bons momentos, até mesmo durante os estados de maior abatimento e insatisfação.

Quando identificassem um desses instantes felizes, os pacientes de Fava deveriam relatar a situação em seus diários com o maior número possível de detalhes, acompanhando-a de uma descrição dos sentimentos que tinham vivenciado, os quais deveriam receber uma "pontuação de bem-estar", numa escala de um a cem. Dessa forma, as pessoas descobriam que a vida lhes oferecia muito mais momentos felizes do que pensavam e assim aprendiam a se fixar no que lhes fazia bem.

O passo seguinte era comentar os julgamentos errados que negavam a felicidade percebida. Um dos pacientes, por exemplo, relatou um momento de alegria quando um sobrinho o recebeu calorosamente durante uma visita. Mas a esse sentimento agradável se seguiu imediatamente a reflexão: "Ele só está feliz porque eu lhe trouxe um presente." Quem se mantém alerta a essas armadilhas do cérebro consegue evitá-las mais facilmente.

Depois de dez semanas, as pessoas que usaram o método de Fava tinham se libertado de suas preocupações incessantes, apresentavam menos fobias e estavam mais satisfeitas com a vida do que antes.[21] Principalmente, haviam compreendido que não existe um grande acontecimento que mude a nossa vida para melhor. A satisfação é como um mosaico de muitos e pequenos momentos felizes, e tomar consciência deles é a maneira mais eficaz de afugentar a infelicidade.

Cabe a cada pessoa descobrir por si mesma o que lhe proporciona sentimentos agradáveis. A vida não é uma corrida de cem metros em que todos partem do mesmo ponto e devem cruzar a mesma linha de chegada.

Capítulo 14 | Momentos de êxtase

Bliss é uma bela palavra da língua inglesa cuja sonoridade quase nos revela seu significado: o estado de máxima euforia. Deve ter sido em um desses momentos de extrema felicidade em que o mundo inteiro parece se iluminar que a revolucionária Rosa Luxemburgo escreveu as seguintes linhas:

Sabe onde estou e como lhe escrevo esta carta? Coloquei uma mesinha do lado de fora e agora estou sentada, escondida entre o verde das folhagens. À minha direita, a groselheira de flores amarelas e perfumadas; à esquerda, a alfena (...); e, diante de mim, um choupo-branco, grande, sério e triste, me envia o farfalhar suave de suas folhas (...) Como tudo é belo! Como estou feliz! Quase já dá para notar a proximidade das festas de São João, a plenitude do verão e a embriaguez de viver.

Essa carta, endereçada a Sophie Liebknecht, foi escrita por Rosa Luxemburgo em 1917 quando estava em uma prisão na Rússia. Já era o seu terceiro ano de detenção, e ela sabia que, por ser defensora do pacifismo, ficaria presa até o fim da revolução bolchevique. Mas o enfado, os maus-tratos e a incerteza não a desencorajavam. Levava consigo algo muito mais forte, como ela própria reconhece em outra carta desse mesmo ano.

Estou sozinha, calada, envolta nos panos fúnebres da escuridão, do tédio, da gélida falta de liberdade (...) Ainda assim, o meu coração bate movido por uma alegria interior inexplicável e desconhecida, como se eu estivesse passeando sob um sol esplendoroso em um campo de coberto de flores. (...) Estranho sentimento, pois mesmo sem ter nenhum motivo especial para isso, vivo continuamente embriagada de um intenso contentamento.

Na verdade, Rosa Luxemburgo sabia perfeitamente qual era a origem da sua felicidade. Os temores a tocavam e ricocheteavam sem lhe causarem dano porque ela estava vestida com um armadura invulnerável: a convicção de que estava presa por uma causa que valia a pena. Suportava tudo com a certeza de que seu sofrimento tinha um sentido. Mas era à intensidade de suas percepções que Rosa Luxemburgo devia essa excepcional capacidade de ser feliz em tais circunstâncias. Ela mesma chegou a escrever que seus sentimentos positivos vinham da aptidão que tinha para entusiasmar-se com o canto dos pássaros e com o farfalhar das folhas: "Acho que o segredo é simplesmente a própria vida."[1]

Hoje em dia sabemos que Rosa Luxemburgo estava certa. A percepção e o estado de ânimo são estreitamente ligados. Quando uma pessoa está em depressão, nada no mundo consegue despertar seu interesse. Ela se fixa apenas em sua vida interior e vive permanentemente absorta em pensamentos, tentando descobrir a origem de seu mal. Por outro lado, quem volta o olhar para fora está pouco sujeito a temores e angústias. Ocupar-se de outras coisas e pessoas rompe o círculo vicioso dos pensamentos e sentimentos sombrios. O cérebro que se mantém atarefado se esquece de si mesmo e é feliz: entrega-se ao que está sendo realizado e ao que acontece ao redor. Apenas com isso, sem que seja necessário um maior estímulo externo, temos condições suficientes de experimentar o que talvez seja a felicidade mais pura e mais bela: a alegria de viver.

Caminhando sobre as águas

O cérebro comporta-se como se não pudesse suportar o vazio. Imagine que estamos em um quarto sem ter o que fazer. Ao longe, um rádio toca música. Querendo ou não, ouvimos os sons, pois a atenção nem sempre obedece à vontade. Ao captar qualquer estímulo externo, o cérebro se junta a ele. (É por essa razão que quando passeamos pela cidade acabamos lendo muito mais anúncios publicitários do que gostaríamos.) Portanto, só conseguimos ignorar esses ruídos de fundo se estivermos fazendo algo. Quando estamos em uma conversa importante ao telefone, o próprio cérebro trata de ignorar a música que vem do rádio, colocando as células cinzentas a serviço do que realmente interessa.

As preocupações também são ruídos de fundo prejudiciais, cuja presença se evidencia sobretudo quando o cérebro não tem o que fazer. Quem nunca ficou insone, rolando na cama, refletindo sobre os imponderáveis do futuro? É por isso que contar carneirinhos funciona tão bem contra a insônia: ocupando os neurônios, impedimos que as preocupações permaneçam. Melhor ainda é imaginar cenas animadas e coloridas – isso distrai mais.

A programação do cérebro determinada pela evolução faz com que nos momentos de ociosidade nos ocupemos mais com fantasias desagradáveis do que com lembranças boas. Quando algo que inspira medo e uma idéia agradável surgem simultaneamente, o pessimismo sempre ganha, pois é o que mais atrai a nossa atenção.

Durante o dia, não é raro que em momentos de distração nos entreguemos a preocupações. É quando começamos a sentir medo, a duvidar de nós mesmos. O Evangelho de Mateus descreve essa correspondência entre percepção e sentimento quando relata o milagre no lago de Genesaré. Da barca, Pedro vê Jesus caminhando sobre as águas e quer fazer a mesma coisa para se aproximar dele. Encorajado pelo Mestre, ele consegue. Mas logo depois deixa de olhar para Jesus – o vento fica mais forte e lhe causa medo. No mesmo instante, Pedro começa a afundar na água.[2]

A neuropsicóloga londrina Nilli Lavie conseguiu demonstrar que os estímulos prejudiciais, em sua maioria, não atingem os centros principais do córtex cerebral – portanto, não chegam à consciência – quando estamos profundamente concentrados em outras coisas. Ela solicitou aos voluntários do experimento que fixassem a atenção nas palavras que estavam em primeiro plano em uma tela e que desconsiderassem os desenhos de pontos que se moviam aleatoriamente ao fundo. As pessoas conseguiam fazer isso sempre que se dedicavam à tarefa com atenção suficiente, pois a memória de trabalho não reservava nenhuma parte de sua capacidade para os desenhos que se deslocavam.

Como o estímulo que deveria ser percebido (as palavras) se diferenciava fortemente dos ruídos de fundo (os desenhos), Lavie conseguiu provar que os voluntários não eram afetados pela distração. Isso se explica pelo fato de que o cérebro utiliza regiões distintas para processar imagens paradas e imagens em movimento. Com o tomógrafo, foi demonstrado que os participantes usavam unicamente os centros encarregados de interpretar as palavras, enquanto as áreas responsáveis pelo processamento de imagens em movimento não apareciam ativadas.[3]

O prazer com os sentidos

Quando estamos olhando, escutando ou sentindo intensamente, somos capazes de nos esquecer de tudo, até mesmo de nós. Às vezes, essa profunda concentração ocorre de forma espontânea – por exemplo, quando assistimos absortos ao movimento das ondas no mar agitado ou durante o ato sexual.

Mas focalizar a percepção intencionalmente é bem mais difícil. O que nos ajuda a fazer isso é a curiosidade, o prazer de descobrir no mundo aspectos diferentes dos habituais. Você já reparou, por exemplo, na variedade de sons que a chuva produz ao bater nas vidraças, nos telhados e nas árvores? Já observou como um raio de sol ao se refletir em suas unhas faz brilhar uma profusão de pequenos pontos luminosos com todas as cores do arco-íris?

Poderíamos dizer que, em momentos de contemplação como esses, os medos e as preocupações perdem toda a importância. Mas isso não é suficiente para explicar a sensação de bem-estar que experimentamos em tais instantes. De onde vem, então, o prazer sensorial de ver e escutar? Algo que está ligado a isso é a satisfação de descobrir as coisas, pois estímulos novos excitam o circuito de expectativa. A dopamina faz com que a atenção se dirija para esses sinais, o que nos proporciona uma tensão agradável. Esse programa também se desenvolve nos cérebros dos animais – por exemplo, no de um gato quando ele está espreitando um pássaro.

No caso dos seres humanos, soma-se a isso uma habilidade que é própria da espécie: lidar com símbolos. Um vaso de flores em cima da mesa nos dá prazer, mesmo que elas não tenham nenhum valor prático para o organismo. Afinal, não temos a intenção de comer os talos das rosas. Nesse caso, nossos sentimentos se movem em uma ordem parecida com a que eventualmente nos faz dar uma gargalhada quando fixamos a atenção nas letras de um texto. Na verdade, não estamos vendo mais do que tinta de impressão em uma folha em branco. Mas o cérebro estabelece significados para aqueles sinais, e em nossa mente ocorre um desfile de imagens – cenas e emoções nas quais podemos mergulhar como se formassem outra vida. A capacidade de imaginar fundamenta-se em nossa tendência inata de interpretar todos os símbolos que estão ao redor. Os devaneios românticos são um produto secundário da evolução.

Quando o sol se põe, a maioria de nós vê muito mais do que simplesmente a imagem de uma bola alaranjada descendo lentamente no céu. Involuntariamente, nos lembramos de que o dia está perto de terminar e que se aproxima a hora de dormir e sonhar. Talvez nos recordemos do primeiro amor ou de nossos filhos jogando na praia ao entardecer. Há também quem comece a refletir sobre o passo inexorável do tempo ou sobre a própria morte.

Senhorita, não fique triste,
pois o espetáculo é permanente:
há de se pôr aqui na frente
para que lá atrás amanheça.

Com esses versos, o poeta Heinrich Heine ironiza a tendência exagerada dos seus contemporâneos ao romantismo. Mas ele não sabia que o cérebro, de modo automático, carrega de emotividade a maior parte das cenas. O que diferenciava os românticos do século XIX de artistas pertencentes a movimentos de natureza mais objetiva não era o fato de eles se comoverem com os espetáculos da natureza, e sim a inclinação para celebrar tais sentimentos na forma de poesia, pintura e música.

Também encontramos algo desse tipo nas cartas de Rosa Luxemburgo, uma revolucionária que certamente não tinha a menor tendência ao sentimentalismo. Quando ela vê os arbustos em flor e escuta o farfalhar do choupo-branco, lembra-se da primavera e antecipa as alegrias do verão. Mas essas associações possivelmente iam ainda mais longe: talvez lhe trouxessem à memória o ciclo das estações, a fertilidade, a mudança e, quem sabe, a esperança de um mundo melhor. Nesse momento, ela simplesmente usufruía o fato de estar viva. É assim que pequenas experiências cotidianas nos transportam em devaneios – basta que nos entreguemos a elas por alguns instantes. Esquecemos muito facilmente o imenso trabalho prévio que o cérebro tem que realizar para nos dar esse prazer. Nenhum macaco jamais se distrai contemplando flores ou o pôr-do-sol, nem mesmo os das espécies mais inteligentes.[4]

Quando o tempo pára

Assim como ocorre com uma percepção intensa, a profunda dedicação a uma atividade cativa a atenção, por isso também está associada a sentimentos agradáveis. Não importa tanto o tipo de tarefa, desde que seja desempenhada com muita concentração. Caminhar, ler, conversar, seja o que for que levemos a sério: tudo vale quando mantemos o cérebro completamente ativo.

Mergulhar em uma ocupação pode ser tão agradável que às vezes voltamos a realizá-la repetidamente. Nesses casos, não parece que nos propusemos a fazer algo, e sim que estamos sendo impulsionados por uma energia independente que se utiliza de nós como um instrumento. O eu é esquecido e até os pensamentos ficam em segundo plano enquanto toda a atenção é concentrada no que estamos executando.

O próprio tempo parece parar. Heinz Konsalik, autor de best-sellers e escritor incansável que publicou nada menos do que 155 livros, assim descreveu esse estado: "Quando estou mergulhado nos meus personagens e na ação, não existem horários nem refeições. Que me deixem tranqüilo. Se a minha disposição acaba depois de eu passar oito ou dez horas diante da máquina de escrever, preciso de uns vinte minutos para sair do mundo em que estava e retornar ao universo cotidiano."[5]

O psicólogo Mihaly Csikszentmihalyi resolveu documentar esse tipo de experiência que chamou de *flow* ("fluxo"). Entrevistou esportistas, cirurgiões, maestros e outros profissionais cujo ofício requer concentração máxima, bem como centenas de trabalhadores e operários de fábrica que desenvolvem atividades comuns. Chegou à conclusão de que todas as tarefas se assemelham nos instantes de maior atenção, sem importar muito o que está sendo executado. Como Csikszentmihalyi sabia que a memória distorce as experiências vividas, não se baseou apenas em informações retrospectivas. Pediu aos voluntários que anotassem regularmente seus sentimentos. Uma das suas constatações foi a de que as pessoas costumam idealizar as horas livres. De maneira geral, todos os entrevistados se sentiam melhor durante a realização de uma atividade que exigia muita concentração do que quando passavam as tardes ou os fins de semana sem fazer nada. Cinqüenta por cento dos operários de fábrica disseram que sua sensação de bem-estar era maior durante o período de trabalho. Entre outros trabalhadores e altos executivos, esse percentual foi ainda mais alto.[6]

Isso não quer dizer que seja mais agradável passarmos o tempo em um banco de fábrica ou à mesa de um escritório do que no sofá de casa. O fato é que no local de trabalho nos mantemos ocupados, o que melhora o estado de ânimo. No ambiente doméstico, porém, temos a oportunidade de nos entregar à ociosidade. Os voluntários da referida pesquisa apontaram três vezes mais sentimentos de mal-estar e desânimo durante o seu tempo de lazer do que nas horas de trabalho.

Fácil demais é pior do que difícil demais

Pode Sísifo ser feliz? Condenado pelos deuses a rolar eternamente uma rocha até o topo de um monte, esse personagem da mitologia sofre com o castigo, mas não tanto porque seu fardo seja pesado – a inutilidade do esforço talvez o atormente mais. Seus êxitos são efêmeros: cada vez que ele alcança o pico da montanha, a rocha volta a despencar. Mas isso também não é o pior. Existem muitos trabalhos, como o de limpeza doméstica, por exemplo, que sempre têm que ser repetidos, e o resultado dura pouco. O mais difícil para Sísifo é justamente a monotonia da tarefa.

Durante as entrevistas, Csikszentmihalyi descobriu que uma pessoa só alcança o estado de "fluxo" quando a atividade que ela está executando solicita seu cérebro na medida certa. Nesses casos, esse órgão não denuncia necessariamente o esforço com sensações de cansaço ou esgotamento, mas, ao contrário, com uma agradável excitação e até mesmo com uma leve euforia. No entanto, esses sentimentos positivos não surgem quando uma tarefa é difícil demais nem quando é excessivamente fácil.

É simples entender por que uma atividade que supera nossa capacidade de executá-la não desperta sentimentos positivos. A falta de êxito produz frustração, dúvidas a respeito de nós mesmos e sensação de desamparo. Mas a situação contrária não é menos desagradável: o tédio é umas das coisas mais insuportáveis, porque a mente se aborrece com a ociosidade. Quando as células cinzentas não têm o que fazer, vêm à tona os pensamentos ruins, os medos e o desânimo. Fugimos dessas situações a todo o custo, buscando um estímulo qualquer que atraia o cérebro um pouco (razão pela qual muitas pessoas ligam o rádio assim que entram no carro).

As pesquisas da neuropsicóloga Nilli Lavie demostram que uma tarefa excessivamente fácil desalinha a mente quase tanto quanto uma atividade muito complexa. Quando não exigimos o suficiente do cérebro, ele deixa de distinguir entre os estímulos principais e os secundários. Nos experimentos que ela realizou, logo depois os voluntários começavam a se distrair e a prestar tanta atenção nos desenhos dos pontos em movimento quanto nas séries de palavras nas quais deveriam se concentrar.

Da mesma forma, a atenção cai quando a dificuldade da tarefa supera a capacidade das células cinzentas. A cientista pediu aos voluntários que memorizassem simultaneamente séries de cifras e nomes de políticos famosos enquanto fotos de astros populares apareciam na tela. Foi quando a maioria das pessoas começou a ter dificuldade. À medida que as seqüências de números se tornavam mais complicadas, as imagens produzidas pelo tomógrafo mostravam como seus cérebros se fixavam cada vez mais nas fotos, embora estas fossem irrelevantes para a execução da tarefa.[7]

O motivo, nesse caso, é que a memória de trabalho estava sendo solicitada de forma excessiva. Normalmente, os neurônios da região frontal funcionam como um filtro que seleciona o que interessa para a mente consciente e descarta o que é irrelevante. Mas se a memória de trabalho recebe um grande número de informações – como aconteceu quando se solicitou às pessoas que memorizassem simultaneamente as seqüências de cifras e os nomes –, ocorre uma falência e, então, a consciência é inundada por uma profusão de estímulos. Portanto, a atenção fica debilitada nas duas situações: quando o cérebro está pouco ocupado e quando está atarefado demais.

A utilização insuficiente da capacidade cerebral pode ser tão nociva para o equilíbrio psíquico quanto o cansaço por excesso de atividade. Um amplo número de estudos psicológicos revela que estão mais propensas a sofrer de depressão e angústia as pessoas cuja ocupação habitual não solicita sua capacidade de modo satisfatório.[8] Outro exemplo são as crianças superdotadas, para quem a rotina das aulas de ritmo normal é uma verdadeira tortura. Elas se aborrecem mortalmente, e não se trata apenas de uma maneira de falar: muitas vezes o sofrimento psíquico resulta em fantasias suicidas. Essas crianças precisam receber um desafio extra. A solução pode ser permitir sua transferência para uma fase mais avançada do curso ou orientá-las para atividades extra-escolares que representem uma dificuldade. Nesses casos, alguns pais costumam matriculá-las em cursos de japonês.

Para que as crianças alcancem um bom desempenho na escola e os adultos em seu trabalho, é necessário que exista uma correspondência entre sua capacidade cerebral e a tarefa. Em uma sala de aula com trinta alunos, equilibrar essa exigência entre todos eles também é um desafio, pois o limite entre o "muito fácil" e o "muito difícil" é bastante estreito. Mas esse é o único modo de se obter o máximo de rendimento dos estudantes (ou de membros de uma equipe de trabalho, por exemplo) e permitir que tenham prazer com sua atividade.

O segredo do agradável estado de "fluxo"

De onde vem o bem-estar que sentimos quando nos ocupamos intensamente de alguma coisa? Ainda não foi realizado um número significativo de pesquisas sobre esse assunto, mas é possível que, mais uma vez, a dopamina esteja envolvida. Como dissemos, esse neurotransmissor orienta a atenção e produz uma sensação de expectativa prazerosa.[9]

A dopamina age diretamente sobre os neurônios responsáveis pela memória de trabalho. Na opinião de alguns cientistas, uma das principais funções dessa substância é fazer com que o cérebro saiba distinguir entre informações importantes e ruídos, definidos como estímulos que não contêm dados relevantes para nós.[10] É possível que o ato da concentração esteja associado a um aumento da liberação de dopamina. Mas ao mesmo tempo esse hormônio é um lubrificante do intelecto. Sob sua influência, reagimos e pensamos com mais rapidez. Além disso, fazemos associações com mais facilidade, e as idéias nos surgem aos borbotões, pois o cérebro é capaz de processar as informações com mais eficiência. Isso explicaria o aparente paradoxo de que uma concentração intensa e um máximo de esforço mental produzam simultaneamente sentimentos agradáveis.

Também se atribui aos efeitos da dopamina o fato de o ser humano cultivar com tanta freqüência e intensidade certas práticas que são tão excitantes quanto inúteis, como futebol e xadrez. Poderíamos até dizer que os entusiastas dessas atividades são dependentes da droga natural que seus cérebros liberam nos momentos de máxima atenção.

A esse efeito se junta a expectativa do êxito. Quando temos um objetivo e achamos que podemos atingi-lo com um esforço extra, esse desafio nos estimula. E depois de percorrermos um trecho do caminho, experimentamos um pequeno sentimento de triunfo: o empenho valeu a pena. Ao mesmo tempo, porém, nos voltamos para a próxima etapa da meta, e a vontade se põe em andamento mais uma vez. Quando uma tarefa tem o grau adequado de dificuldade, a gangorra hedonista oscila constantemente entre o desejo e a recompensa – dois sentimentos que estão relacionados à liberação de opióides e dopamina. Por outro lado, se a atividade é fácil demais, falta desafio, e assim a excitação diminui; se ela é muito difícil, não alcançamos a recompensa.

Em princípio, para que o pêndulo possa oscilar próximo ao agradável estado de "fluxo", é essencial forçarmos um pouco a atenção, isto é, voltá-la à tarefa que estamos executando ao notarmos que o vaivém dos pensamentos está nos distraindo. Assim, o cérebro cruza mais rapidamente o limite a partir do qual a concentração se estabelece automaticamente. Desse ponto em diante, tudo fica mais fácil, sobretudo se a atividade exige um pouco mais do que estamos acostumados. Na maioria das vezes esse pequeno esforço extra é recompensado.

No início é melhor fixarmos pequenas metas. Nenhum alpinista, por exemplo, se animaria a encarar um paredão de rocha se pensasse unicamente no objetivo final, o cume da montanha. Por isso, consciente ou inconscientemente, quem pratica esse esporte divide a escalada em várias etapas, de modo que possa alcançar vitórias parciais desde o início. Depois de cinco metros, a pessoa se alegra quando consegue se fixar num ponto difícil; 15 metros depois, terá ultrapassado um diedro; após 45 metros, estará descansando num platô. E assim sucessivamente ao longo de várias centenas ou mesmo milhares de metros até o pico.

Essas vitórias parciais merecem mais atenção do que o resultado final. Além de proporcionarem sentimentos agradáveis, elas estão mais acessíveis do que o objetivo distante. Uma súbita ventania pode destruir a esperança do alpinista de atingir o topo. E quantas vezes não se terá negado a um cientista a glória por uma descoberta após anos de trabalho árduo só porque um rival conseguiu publicar seus resultados poucas semanas antes? Por isso se diz que o caminho deve ser a meta. Mas não é tão fácil assim abrir mão de uma expectativa de recompensa, porque o nosso circuito inato é muito poderoso. No entanto, podemos escolher onde e de que forma buscaremos – e encontraremos – a recompensa.

A mente relaxada e absorta

Para os gregos, os estados alterados de consciência eram dádivas dos deuses – crença que compartilhavam com muitas culturas antigas do Oriente. Também os místicos de quase todas as religiões experimentam técnicas para alcançar exatamente tais estados de exaltação. Seus métodos baseiam-se em mecanismos bastante parecidos com o prazer que sentimos quando fixamos a atenção intensamente ou quando desenvolvemos uma tarefa com a máxima concentração. A meditação, por exemplo, é uma forma de percepção dirigida que permite à pessoa esquecer o próprio eu e vivenciar sentimentos de euforia.

Seja um monge zen contando a sua respiração, um iogue repetindo um mantra ou um cristão absorto na oração, no fim se trata da mesma coisa: quem medita está dirigindo a percepção para um foco simples. Assim, mantém o cérebro ocupado, impedindo-o de se voltar para as preocupações do dia-a-dia. Isso tranqüiliza o espírito e relaxa o corpo.

Os neurologistas Robert Benson e Herbert Wallace, da Universidade de Harvard, provaram pela primeira vez há três décadas que os efeitos da meditação podem ser medidos. Desde então, várias pesquisas confirmaram essa conclusão. Quando a mente se aquieta, os músculos se distendem e a atividade elétrica do cérebro entra no ritmo bem mais tranqüilo das chamadas ondas alfa. Ao mesmo tempo, a freqüência das pulsações, o consumo de oxigênio e a pressão sangüínea baixam. Além disso, menos hormônios do estresse circulam no sangue. Talvez por isso seja verdade que a prática regular da meditação pode fortalecer o sistema imunológico. Todo o organismo alcança um estado de maior equilíbrio, o que o cérebro interpreta como ausência de angústia e um relaxamento agradável.[11]

Não é qualquer pessoa que gosta de ficar muito tempo sentada, quieta e calada. Mas quem pratica a meditação – e não são poucos – vivencia uma espécie de bem-estar silencioso quando consegue aquietar os pensamentos. Embora isso por si só já possa ser extremamente agradável, os veteranos nessa técnica relatam que, além dos efeitos do puro relaxamento, é possível alcançar instantes de um êxtase sobrenatural. Segundo eles, à medida que a abstração se torna mais profunda, o próprio ego vai perdendo a identidade, e assim desaparecem as noções de tempo e espaço. É quando se produz a identificação com o universo. O médico Michael Baime, diretor do departamento de pesquisa sobre o estresse na Universidade da Pensilvânia, na Filadélfia, é adepto da meditação budista há trinta anos. Assim ele descreveu sua experiência: "A energia que senti se irradiava de mim, expandia-se para o espaço infinito e voltava seguidamente. Minha mente relaxou e eu senti um amor intenso, (...) uma clareza diáfana e alegria. A sensação de estar unido ao mundo inteiro era profunda, como se nunca tivesse havido uma separação."

A experiência mística sob o olhar científico

Baime foi um dos primeiros a propor o estudo científico dessas vivências cerebrais profundas. Poderia a experiência mística ser explicada com base na atividade neuronal? Será que em nossos cérebros existe o "circuito de Deus", como postulam várias publicações e também alguns pesquisadores?

Apenas há pouco tempo perguntas desse tipo passaram a integrar a pauta de cientistas sérios. O usual era a ciência ridicularizar relatos como o de Baime, considerando-os fantasias de pessoas "incomuns" e um tanto histéricas. A única explicação admitida era a de que se tratava de um transtorno neurológico. Sabe-se, por exemplo, que pacientes epilépticos dizem viver experiências insólitas durante algumas crises, e às vezes as interpretam como encontros com Deus. Assim também pode ser entendido, por exemplo, o episódio bíblico da conversão de Saulo na estrada para Damasco. Após esse acontecimento, esse fariseu se tornou seguidor de Jesus Cristo e iniciou uma nova vida com o nome de Paulo. A visão relatada por ele nos Atos dos Apóstolos tem muitos pontos em comum com as descrições clínicas da epilepsia do lóbulo temporal. No caminho para Damasco, Saulo viu uma luz intensa. Caiu no chão e escutou uma voz: "Saulo, Saulo, por que me persegues?"[12] Depois, ficou cego por três dias, sem conseguir comer nem beber. Outros místicos de séculos mais recentes, como Santa Teresa d'Ávila, narram episódios parecidos. A partir do século XIX, foram documentados com precisão muitos casos de personalidades famosas vinculadas à religião que eram epilépticas. Dostoiévski, que em seus romances criou trinta personagens com essa doença, teve a primeira crise de epilepsia aos nove anos de idade. Adulto, chegou a passar por fases em que desmaiava várias vezes por semana, freqüentemente após ter visões interiores de uma rajada de luz. Ele contou também que antes de perder os sentidos experimentava sensação de felicidade extraterrena.[13]

Mas agora alguns pesquisadores estão dispostos a provar que mesmo indivíduos clinicamente sadios podem ter experiências místicas. Entre esses cientistas está o radiologista Andrew Newberg, colega do budista Baime na Universidade da Pensilvânia. Quando Newberg convida voluntários para um experimento, ele prefere modificar o frio ambiente do laboratório: apaga as luzes, acende velas e utiliza incenso, envolvendo os colaboradores em perfume de jasmim. Sua intenção é que o lugar lembre um templo. As pessoas que meditam sentam-se em posição de lótus, protegidas por mantas de lã para o caso de a imobilidade lhes causar frio enquanto suas mentes mergulham na abstração. Em seus braços há uma cânula ligada a tubos finos que se prolongam até uma sala contígua e que são utilizados pelo cientista para instilar um líquido de contraste.

Quando atinge o auge da experiência meditativa, a pessoa dá um leve sinal por meio de um fio amarrado em seu dedo indicador. Ao perceber o aviso, Newberg libera o líquido de contraste, que flui das veias até o cérebro e se concentra nos neurônios que estejam apresentando maior atividade. Em seguida, o pesquisador leva o voluntário a outra sala para ser examinado em um tomógrafo SPECT (Single Photon Emission Computerized Tomograph). Esse equipamento registra a distribuição do líquido de contraste no cérebro, indicando, portanto, a configuração da atividade cerebral durante a meditação.[14]

Newberg avaliou o desempenho cerebral de oito participantes, todos com longa experiência em meditação budista, assim como Baime. Em outros experimentos, três freiras franciscanas rezaram em seu laboratório. "Senti paz, um vazio, mas também momentos da presença de Deus, como se Ele perpassasse todo o meu ser", relatou a irmã Celeste.[15]

A fusão com o universo

Segundo Newberg, é indiscutível que esses momentos de êxtase são reais, e não frutos da imaginação. Como prova, ele exibe as imagens do tomógrafo, as quais, segundo a sua concepção, revelam que a experiência mística é um processo biológico cerebral. Para ele, da mesma forma como é possível medir a influência da meditação no estado do corpo, seus experimentos são capazes de demonstrar os efeitos dessa prática no nível mental.

A tomografia computadorizada retrata com nitidez o instante em que o praticante da meditação consegue centrar sua percepção por meio da técnica que ele está empregando, que pode ser a de fixar-se na cadência da respiração, por exemplo. Nesses momentos, sempre entram em ação os centros da região frontal que habitualmente controlam a atenção. Ao mesmo tempo, ocorre uma extraordinária atividade de outros centros mais profundos, os que são responsáveis por comandar as funções do organismo.[16]

Outras mudanças não tão acentuadas aparecem na atividade dos lóbulos parietais e temporais do cérebro. Os primeiros são encarregados, entre outras funções, de produzir uma imagem mental dos contornos do próprio corpo. Sem ela, não teríamos noção, por exemplo, do lugar que nossos braços e pernas ocupam no espaço a cada momento. O cérebro necessita dessa representação sensitiva quando estamos aprendendo novos movimentos ou nos orientando em um ambiente desconhecido. Como durante a meditação a pessoa procura manter-se absolutamente imóvel, os lóbulos parietais recebem poucas informações. Newberg supõe que a máxima concentração em um ponto, típica da prática meditativa, serve para reduzir ainda mais o fluxo de dados que chegam a essa região. Quando esses circuitos estão, digamos, "desconectados", a interpretação realizada pelo cérebro produz a sensação de falta de limites do próprio corpo. Disso resulta o sentimento de união com o universo, o contato com o infinito, que é um dos efeitos comuns da experiência mística.

Encontros com Deus?

Nos lobos temporais, por outro lado, estão situados os centros que participam da produção dos sentimentos e da memória de longo prazo. Eles estão ligados a comandos mais profundos sob o córtex cerebral. Dessa forma, associam as percepções externas tanto aos impulsos mais elementares, como fome, instinto sexual e medo, quanto ao próprio histórico de recordações. Por isso, os pesquisadores chamam essa região de "guardiã das portas da consciência". Uma intensa estimulação dessas áreas produz fortes agitações de ânimo, que podem até culminar em estados de êxtase, após os quais algumas pessoas chegam a falar em profundas revelações interiores e experiências místicas. É exatamente o que pacientes epilépticos dizem sentir durante as crises: uma espécie de "fogo cruzado" de seus neurônios durante vários segundos. Nessas condições, os lobos temporais recebem uma tempestade de impulsos elétricos.

Já é possível provocar artificialmente tais experiências. O neuropsicólogo canadense Michael Persinger, da Universidade Laurentian, em Ontário, utiliza para esse fim uma espécie de capacete eletromagnético que algumas pessoas chamam de "máquina divina". Esse dispositivo contém uma série de bobinas, cujos campos magnéticos podem enfocar com alta precisão determinadas áreas do cérebro. O efeito dos eletroímãs influencia a atividade elétrica dos neurônios de forma parecida com o modo como os ímãs de deflexão desviam o feixe de elétrons dentro de um televisor. Por meio dessa "estimulação magnética transcraniana", os pesquisadores ativam a região cerebral que lhes interessa. Em um teste a que ele próprio se submeteu, Persinger dirigiu as ondas eletromagnéticas a seus lóbulos temporais. Depois, relatou ter tido, pela primeira vez na vida, a sensação da presença de Deus. Ao repetir o experimento com 15 voluntários, nove deles relataram vivências semelhantes.[17]

Esses estudos lançam no ar uma pergunta fascinante: será que os praticantes de meditação, graças a seus muitos anos de treino, aprendem a produzir em seus cérebros os mesmos efeitos provocados pelo estimulador magnético? Nesse caso, eles conseguiriam ativar intensamente algumas regiões cerebrais e ao mesmo tempo desconectar outras, com a finalidade de atingir estados alterados de consciência. Se fosse assim, teríamos um espantoso e triunfal exemplo da capacidade do cérebro humano de se reprogramar.

Persinger estimulou mais o lobo temporal esquerdo do que o direito porque supunha que este último tem o papel principal na formação da sensibilidade proprioceptiva (isto é, a capacidade de perceber impulsos originados no interior do próprio organismo). Ele supunha que, com a maior estimulação do lado esquerdo, deixando o direito relativamente tranqüilo, se estabeleceria um desequilíbrio antinatural, induzindo o cérebro a um estado paradoxal. Nessas condições, a recepção de dados contraditórios seria interpretada como uma separação entre a mente e o corpo. Ou como o efeito da intervenção de um poder externo capaz de penetrar o íntimo de uma pessoa: Deus?

De fato, o cérebro sempre procura evitar automaticamente todo tipo de ambigüidade e explicar as contradições. E é a história pessoal de cada indivíduo que determina a interpretação que ele prefere nesses casos. Quem foi educado no cristianismo ou em outra crença teísta tenderá naturalmente a entender a sua experiência como um encontro com Deus. Por outro lado, os budistas, que acreditam na imortalidade da alma, e não em um ser superior, entenderão a mesma experiência como um momento de iluminação, ou de visão da verdade da própria existência. Por esse motivo, a mesma experiência mística, acompanhada de processos cerebrais idênticos, é explicada de formas diferentes pelas distintas religiões.

PARTE 4 | UMA SOCIEDADE FELIZ

Capítulo 15 | O triângulo mágico

Quanto mais dispomos de tempo livre e de dinheiro, mais ansiamos pelo paraíso. Na Alemanha, quando se pergunta às pessoas que conceitos mais as fascinam, podem aparecer nos primeiros lugares "felicidade", "amor" e "amizade", bem antes de "sexo", "independência" e "sucesso profissional".[1]

Em meu país, a busca da felicidade assumiu uma dimensão quase religiosa. Sete entre dez alemães concordam com a tese de que "o sentido da vida é ser feliz e aproveitar todas as alegrias possíveis"[2] (em 1974, apenas metade dos entrevistados dizia isso). Mas só três entre dez alemães se consideram felizes e apenas metade se declara satisfeita com "a vida em geral".[3]

Temos buscado a felicidade, porém não estamos conseguindo encontrá-lá O índice de satisfação não sobe há cinqüenta anos, apesar do grande aumento da renda.[4] Na verdade, hoje em dia a vida está nos oferecendo muito mais: o que antigamente era considerado luxo pode ser adquirido por quase todos os alemães. O champanhe e o salmão defumado estão nos supermercados e um vôo para os Estados Unidos custa quase o mesmo preço de um terno. O tempo de lazer deixou de ser mercadoria rara para a maioria, e as possibilidades de aproveitá-lo são ilimitadas. Há cursos de cerâmica, de chinês e até de massagem erótica. Quem sempre sonhou em voar dispõe agora de uma escola de parapente. Todas essas amenidades da vida são mais do que comuns nas ricas sociedades da Europa Central, mas ao que parece não têm melhorado muito o bem-estar. Em sua *Ópera dos três vinténs*, o dramaturgo Bertolt Brecht já havia previsto esse dilema.

Sim, corre atrás da felicidade,
mas não corre demais!
Todos correm atrás da felicidade,
mas ela corre atrás de nós.

A política em um beco sem saída

Continuemos a tomar os alemães como referência. No que diz respeito ao grau de satisfação com a vida, nos situamos na média entre os países industrializados. Estamos emparelhados com os austríacos, melhor que os espanhóis, mas não tão bem quanto os italianos. Os povos que se consideram mais felizes são os suíços, os holandeses e os escandinavos. Os norte-americanos, a quem a Declaração de Independência já garantia o direito à busca da felicidade, estão no meio do caminho entre os primeiros colocados e a Alemanha.

Não importa se são estudos comparativos entre países ou pesquisas que têm o objetivo de espelhar as tendências dos últimos anos, todos levam à mesma conclusão: nos países industrializados, o grau de satisfação dos cidadãos não aumenta proporcionalmente ao padrão de vida. Não há relação entre renda e bem-estar subjetivo. Se considerarmos que o dever dos governos é trabalhar pela felicidade dos cidadãos, como exigiam os filósofos do Iluminismo, só nos resta constatar o fracasso dos políticos ocidentais das últimas décadas. Segundo o filósofo escocês Francis Hutcheson, o objetivo dos governantes deveria ser "a maior felicidade do maior número de pessoas", como registrou em 1726, em *Inquiry into the Original of Our Ideas of Beauty and Virtue* (Uma investigação do original em nosso pensamento sobre a beleza e a virtude). Esse princípio, no qual se fundamenta a Declaração de Independência dos Estados Unidos, continua a ser defendido por muitos democratas europeus.

Mas a realidade distanciou-se dessa exigência. Hoje em dia, os governos de praticamente todos os países tentam em primeiro lugar incrementar o desempenho econômico e, assim, o padrão de vida dos cidadãos. Isso serviria para a felicidade do maior número possível de pessoas sempre que o aumento da prosperidade econômica produzisse mais bem-estar, algo que, como vimos nas estatísticas, não acontece na maioria dos países industrializados.[5] Se o objetivo do trabalho dos seres humanos e das máquinas for o de gerar felicidade, então só podemos concluir que o nosso sistema econômico, apesar de toda a sua produtividade, é ineficiente, ou melhor, grotescamente ineficiente.

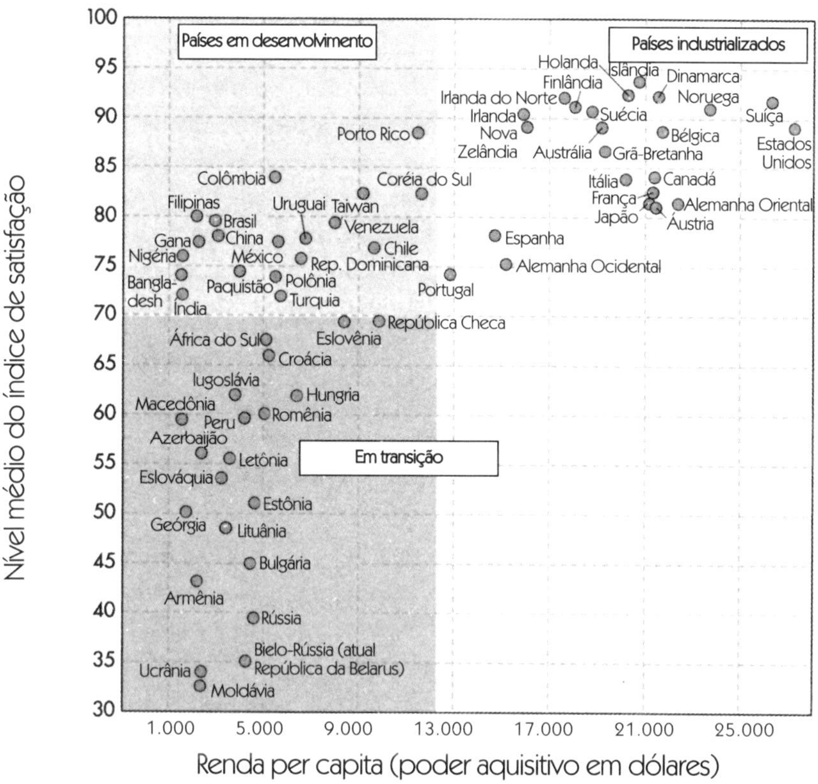

A felicidade das nações. A felicidade das pessoas, expressa por um "índice", aparece distribuída em três blocos: os cidadãos de países que passaram por uma transição ou uma profunda crise são os menos satisfeitos por causa da incerteza que têm que suportar. Nos países em desenvolvimento em que há estabilidade, o "índice de satisfação" cresce com a renda – da pobreza de Bangladesh a Porto Rico, cuja riqueza dez vezes maior o situa na fronteira com as nações industrializadas. Nos países altamente desenvolvidos, onde a maioria das pessoas já tem suas necessidades materiais atendidas, um pequeno aumento do bem-estar econômico não eleva a satisfação subjetiva. Os alemães, por exemplo, são quase três vezes mais ricos do que os irlandeses, mas são menos contentes do que estes. Embora os dados sejam do final da década de 1990, as informações relativas à antiga Alemanha Ocidental ainda refletem o desencanto causado pela transição.

Fonte: Ingelhart e Klingemann, 2000.

A situação é bem diferente em países menos desenvolvidos, onde cada dólar a mais pode significar um lucro verdadeiro. Dos países mais pobres, como a Moldávia, até os melhores colocados entre as nações em desenvolvimento, como a Coréia do Sul, a curva do grau de satisfação sobe bastante quando a renda aumenta.[6]

Os motivos são óbvios: onde falta o básico, a felicidade é mercadoria rara. Um pequeno camponês do Nepal, que acaba de conseguir o mínimo para sustentar a família, vive sob constante estresse. Será que a colheita vai ser suficiente para garantir a sobrevivência de todos no próximo ano? Será que o telhado da cabana agüentará a temporada de chuvas? Será que esse filho que não pára de tossir está gravemente doente? Qualquer aumento da renda, por menor que seja, representa uma verdadeira melhora para essa família. Isso permitirá chamar o médico e, quem sabe, até enviar os filhos para a escola no próximo ano.[7]

Um paraíso na Índia

Até mesmo nas regiões mais pobres do mundo, a economia não passa de um entre os muitos fatores que determinam a felicidade. Em alguns lugares, a vida é doce, apesar da precariedade dos recursos econômicos.

Entre eles está Kerala, um estado do sul da Índia. Nessa região de clima quente e úmido vivem trinta milhões de pessoas, e praticamente todo palmo de terra está cultivado com coqueiros, bananeiras e especiarias. As colheitas são muito fartas, mas a população, que vive quase somente da agricultura e da pesca, tem uma renda média mensal inferior a sessenta dólares.

Apesar disso, é uma região altamente desenvolvida em muitos aspectos. Enquanto em outros estados indianos metade da população masculina é composta por analfabetos (proporção ainda maior entre as mulheres), em Kerala todos sabem ler e escrever. A maioria tem um nível de instrução médio. Esse estado cultiva uma tradição milenar de artes marciais, medicina ayurvédica e danças teatrais. Além disso, filmes de excelente qualidade são produzidos em *malayalam*, a língua nativa. Ao contrário do que ocorre em muitas regiões do Terceiro Mundo, onde a população rural dá duro nas plantações de grandes latifundiários ganhando um salário de fome, em Kerala praticamente todas as famílias de lavradores são proprietárias de um pequeno pedaço de terra que garante o seu sustento.

Hoje em dia, quem nasce nessa região tem boas chances de atingir uma idade avançada. A expectativa média de vida é de 74 anos, o que é sensacional em um país tão pobre como a Índia. Os brasileiros, que são bem mais ricos, têm uma expectativa média de 71,3 anos.[8] Nem mesmo a população negra dos Estados Unidos, bem mais próspera, consegue alcançar a média de vida dos habitantes de Kerala.[9]

O corpo, um sensor da felicidade

O que tem a expectativa de vida a ver com a felicidade das pessoas? A saúde contribui para os sentimentos positivos; de forma recíproca, a ausência de problemas e estresse promove a saúde.

As pessoas de Kerala obviamente devem muito da sua alta expectativa de vida à qualidade do sistema sanitário e à higiene em sua região. Em vez de investir em siderúrgicas e aeroportos, Kerala construiu escolas e hospitais. Outro fator que favorece o bem-estar físico da população é a sua melhor qualidade de vida, quando comparada à de outros estados da Índia. Morando em um pedaço de terra próprio, com uma renda assegurada e em uma comunidade que funciona bem, as pessoas enfrentam o futuro com mais facilidade e têm menos estresse do que residindo em vilas miseráveis, onde a ameaça de despejo é constante.

Esses efeitos recíprocos entre o corpo e a mente ganham mais importância à medida que a população dispõe de mais assistência médica e adquire instrução. Nas regiões subdesenvolvidas, as infecções dizimam comunidades inteiras. Mas, tão logo melhoram as condições de saúde e higiene, poucas pessoas morrem de tuberculose, disenteria e cólera. Os indivíduos atingem uma idade avançada e morrem de outras causas. Quanto maior a expectativa de vida, maior a incidência de males relacionados ao estresse, como o infarto e os distúrbios cardiovasculares, que estão entre as principais causas de morte nos países industrializados.[10]

Portanto, existe uma relação direta entre o estado de ânimo positivo – e a conseqüente ausência de estresse – e a expectativa de vida, como comprovam muitos estudos. O modo como uma pessoa vive determina a idade que ela provavelmente atingirá, mais do que a genética, o ambiente e as condições sanitárias – essa influência pesa mais do que todos os outros fatores *juntos!*[11] O corpo é um sensor da felicidade.

O paradoxo entre o dinheiro e a felicidade

O índice de satisfação e a expectativa de vida estão relacionados ao que podemos chamar de justiça social. Em ambos os aspectos, a região de Kerala destaca-se entre as regiões em desenvolvimento. Em países onde o contraste entre os muito ricos e os muito pobres é imenso, as pessoas tendem a morrer mais cedo, como acontece no Brasil – embora um brasileiro pobre ganhe mais em termos absolutos do que alguém da classe média em Kerala.

Não é, portanto, o PIB em números absolutos, e sim a boa distribuição da renda que garante às pessoas uma vida mais longa. Isso se observa também nos países industrializados. A menor disparidade na distribuição da renda é registrada no Japão e na Suíça. Nesses dois países, a população é longeva, embora cada uma dessas nações adote sistemas de assistência social e de saúde totalmente diferentes. De modo contrário, a crescente desigualdade social está relacionada à baixa expectativa de vida. Entre os países industrializados, a Alemanha ocupa uma posição mediana em relação a ambos os critérios.

Tampouco deve ser coincidência o fato de que, quando a comparação é feita em escala internacional, os cidadãos que apresentam o índice mais elevado de satisfação são aqueles que vivem em países onde a distribuição de renda é mais equilibrada. Na Escandinávia, na Holanda e mesmo na Suíça, as diferenças entre pobres e ricos não são tão acentuadas quanto na Alemanha e na Itália.[12]

Nesse sentido, é muito revelador o que acontece nos Estados Unidos. Embora de uma forma geral o país disponha de excelentes hospitais, as diferenças quanto à expectativa média de vida entre os estados podem chegar a quatro anos. Na Dakota do Norte, que fica no noroeste, os habitantes vivem em média 77 anos, enquanto na Louisiana, no sul, as pessoas morrem em média aos 73 anos. Nem os números absolutos do PIB, nem a origem dos imigrantes, nem os índices de pobreza, nem o consumo de tabaco explicam esses contrastes. O número de mortes causadas por câncer e demais doenças de origem genética também é praticamente o mesmo nos dois estados.[13] A chave do mistério está na diferença das receitas entre ricos e pobres, que, na Louisiana, são uma vez e meia maiores do que na Dakota do Norte.[14] E a razão da menor longevidade nos estados com maiores desigualdades econômicas é seguramente o estresse.[15]

A relação entre dinheiro e felicidade é, portanto, paradoxal. Embora a satisfação só aumente a partir de um certo nível de prosperidade econômica, a divisão da riqueza em uma sociedade é da máxima importância.

Nas últimas três décadas, as disparidades de renda têm se acentuado em muitas partes do mundo.[16] Foi no Leste Europeu que mais se aprofundou o abismo entre os que ganharam e os que perderam com a transição para o capitalismo. As estatísticas mais lamentáveis são as da Rússia e da Lituânia, onde a taxa de mortalidade aumentou em um terço desde 1989 e a expectativa de vida para os homens está abaixo dos sessenta anos. Na Hungria, que foi o primeiro país a realizar essa transição, a taxa de mortalidade cresceu um quinto entre 1970 e 1990. Isso não significa que esse país tenha empobrecido: o PIB triplicou no mesmo período! Mas a prosperidade beneficiou apenas uma minoria, enquanto a maior parte dos húngaros tem hoje o mesmo que possuía em 1970.[17]

Em comparação com a média internacional, na Alemanha as desigualdades sociais não se acentuaram muito: na década passada, a disparidade de renda cresceu cerca de 6%.[18]

De acordo com a perspectiva neoliberal, ninguém sai prejudicado quando os ricos ficam mais ricos, desde que não ocorra uma queda no nível de vida dos menos favorecidos. Esse argumento seria até razoável se o único parâmetro de aferição fosse o nível da conta bancária. Mas, se considerarmos as conseqüências dessa idéia para o bem-estar e para a saúde, ela se torna um sofisma, pois, quando as diferenças sociais aumentam, todos perdem – ricos e pobres.

Uma cidade italiana nos Estados Unidos

Vejamos o exemplo dos habitantes de Roseto, pequena cidade do leste da Pensilvânia. Na primeira metade do século XX , eles pareciam ter assinado um pacto com alguma força superior, pois se mostravam praticamente imunes a doenças cardiovasculares, principal causa de morte nos países desenvolvidos. Ninguém morria desses males antes da aposentadoria. Entre os homens acima de 65 anos a taxa de mortalidade correspondia à metade da média nacional. Embora todos os habitantes da cidade fossem de descendência italiana, não se podia atribuir a sua excelente saúde à celebrada dieta do Mediterrâneo. Pelo contrário, nesse aspecto seria mais correto dizer que eles levavam uma vida pouco saudável. Além de fumarem e trabalharem muito, comiam as tradicionais frituras do sul da Itália preparadas com manteiga de origem animal, pois naquela época era difícil conseguir azeite de oliva nos Estados Unidos.

Também não foi descoberta nenhuma particularidade genética capaz de explicar a robusta constituição física daquelas pessoas.

O que as diferenciava do americano médio era a sua coesão social. Elas descendiam de algumas famílias da Apulia, uma região no sudeste da Itália, cujos membros emigraram juntos para o Novo Mundo e, mesmo depois de sua chegada, não quiseram se separar. Dessa forma, conservaram na Pensilvânia todos os costumes de uma pequena cidade italiana. Passeavam no final da tarde, reuniam-se para jogar em suas muitas tavernas e celebravam com toda a solenidade suas procissões e demais festas religiosas. Por compreenderem que a inveja poderia vir a destruir a comunidade, os habitantes de Roseto não julgavam adequadas as ostentações de riqueza. Embora muitas famílias tivessem conseguido prosperar bastante, era impossível distinguir os pobres dos ricos pelas roupas, pelas casas ou pelos coches. Os idosos viviam com os filhos – três gerações sob o mesmo teto. A criminalidade não existia.

Tudo isso mudou quanto os moradores de Roseto se igualaram aos demais habitantes dos Estados Unidos. À medida que a vida material das pessoas foi melhorando, a comunidade começou a se fragmentar. Na década de 1970, muitos jovens deixaram a cidade para estudar em outros lugares e voltaram com idéias diferentes das que tinham aprendido com os pais. Alguns circulavam em Cadillacs. Grandes casas com piscinas e jardins foram construídas, e as famílias optaram por desfrutar sua prosperidade financeira de forma privada. Assim, quanto mais Roseto ia se assemelhando a qualquer outra pequena cidade americana, mais os índices de doenças e de mortalidade se aproximavam da média nacional. Com o fim dos estreitos vínculos entre os cidadãos, desvaneceu-se também seu efeito protetor.[19]

A solidariedade: um escudo protetor

Enquanto a comunidade preservou seus valores, os habitantes de Roseto sofreram menos estresse do que os demais americanos, e isso se deu por dois motivos. Em primeiro lugar, ninguém se matava de trabalhar para poder se vangloriar diante dos vizinhos. E quem por acaso fosse mais pobre ou menos bem-sucedido não precisava temer a perda de consideração social. Afinal, a infelicidade não consiste em termos pouco, mas em possuirmos menos do que os demais, porque é isso o que nos desperta dúvidas sobre nosso próprio valor. Os habitantes de Roseto desconheciam a sensação de impotência que surge quando vemos o vizinho passar e nos damos conta de que jamais conseguiremos recuperar a vantagem que ele conseguiu em relação a nós.

Por outro lado, cada uma dessas pessoas podia contar incondicionalmente com os parentes e os mais próximos. O apoio da comunidade era tão forte que amenizava os golpes do destino e até as dificuldades trazidas pela velhice. Todas elas viviam com a segurança tranqüilizadora de que, em caso de necessidade, seus vizinhos de Roseto não as deixariam desamparadas.

Era essa calma interior que se refletia nos índices extraordinariamente baixos de doenças cardiovasculares, as quais, em um grande número de casos, são desencadeadas pelo estresse. Por outro lado, a ocorrência de câncer, mal que não tem origem psíquica, era registrada nessa cidade com a mesma freqüência da média nacional.[20]

Há muito se sabe que a solidariedade torna as situações difíceis mais suportáveis. Nesse princípio se baseou o movimento trabalhista do século XIX, com suas confrarias, irmandades e sindicatos. A novidade agora é a descoberta de que uma comunidade bem integrada e que funciona bem influi tanto na condição física e psíquica de seus membros que até a sua saúde é beneficiada. Foi o que vimos no capítulo 10, na parte referente ao valor das amizades. Pessoas com uma sólida rede de vínculos sociais vivem mais e melhor. A relação entre bem-estar, expectativa de vida e coesão social foi confirmada de modo eloqüente por numerosos trabalhos depois da inovação que os estudos sobre Roseto introduziram nas ciências sociais.[21]

Para que se estabeleçam relações estáveis entre os membros de uma sociedade, é fundamental que os estilos de vida nao apresentem diferenças pronunciadas e que as pessoas possuam interesses semelhantes. Quando os contrastes são muito grandes, o tecido social se desintegra e têm início os conflitos. Como pobres e ricos vivem em mundos completamente distintos, esses dois grupos procuram evitar seus respectivos universos.

Um bom exemplo em grande escala é a Holanda, cujos habitantes se defrontam há séculos com a constante ameaça de inundação do país pelo Mar do Norte. Assim, formou-se uma sociedade igualitária em que até a rainha anda de bicicleta. Quando os diques precisam ser reparados por causa dos temporais, ela se deixa fotografar por toda parte calçando botas de borracha.[22] Até hoje, as diferenças de renda na Holanda são relativamente pequenas e o índice de satisfação com a vida é muito alto.

O compromisso egoísta

O grande número de informações científicas quanto aos benéficos efeitos da solidariedade rebatem uma das ideologias mais populares atualmente: a do "Eu, Comigo e para Mim, Sociedade Limitada", cuja proposta é de que o indivíduo administre a si mesmo como se fosse uma empresa que precisa impor o seu lugar no mercado. Alguns livros de auto-ajuda recomendam as técnicas e a retórica típicas dos consultores empresariais. Uma dessas obras aconselha a converter o próprio eu em uma marca inconfundível por meio do *branding*, isto é, pela adoção de uma etiqueta, ou selo de qualidade. Além disso, se necessário, a pessoa deve se reconverter através do *re-engineering* (reengenharia), tomando todo o cuidado de se comparar sempre com os melhores e mais bem-sucedidos, como ensina o *benchmarking* (a fixação de pontos de referência). A sociedade do "Eu, Comigo e para Mim", portanto, propõe um modelo antagônico ao de Roseto. De forma coerente com a sua teoria, os manuais nessa linha citam o lema do empresário e bilionário nova-iorquino Ron Perleman: "A felicidade está em um fluxo de caixa positivo."[23] No entanto, por mais que nos sugiram tal "visão gerencial", não é provável que essas estratégias tenham muito futuro, pois representam um estresse quase desumano para qualquer um que tente segui-las.

Para a maioria das pessoas, o confinamento em uma vida individualista equivale a optar pela renúncia à felicidade – e não só porque isso as faz negar solidariedade a si mesmas, mas porque assim transformam sua residência, seu bairro e sua cidade em lugares menos acolhedores do que poderiam ser. Quem se coloca a serviço dos demais obtém uma grande satisfação com a atividade que realiza, como demonstrou um estudo do psicólogo social inglês Michael Argyle sobre a utilização das horas de lazer. A maior parte dos entrevistados disse que nada se compara à felicidade proporcionada por uma ocupação voluntária. Apenas a dança recebeu uma pontuação maior em uma escala que aferia a satisfação produzida por diferentes atividades de lazer. Os que realizavam trabalhos voluntários exaltavam especialmente a oportunidade de conhecerem outros indivíduos com idéias parecidas com as suas e de diversificarem suas experiências.[24] Participar – seja de um grupo de teatro amador, seja de uma associação de proteção à natureza – é altamente recomendável, e não só pelo ponto de vista moral, mas pelos benefícios que proporciona à própria pessoa.

A confiança mútua é a base da cidadania

Qualquer atividade, inclusive as menos pomposas, como cantar em um coral, tem repercussões bem mais abrangentes do que a mera satisfação de quem a desenvolve. Essa foi a conclusão do cientista político norte-americano Robert Putnam, da Universidade de Harvard, que tomou a Itália como modelo para descobrir o que é um bom governo. Ele constatou que algumas administrações regionais, como a da Emilia-Romagna, no norte do país, funcionam de modo exemplar, enquanto em outras localidades há corrupção, má administração e caos. Segundo o pesquisador, a explicação para o êxito das primeiras e o fracasso das outras encontra-se no tecido social dos vilarejos e das cidades. Nos locais em que os habitantes se unem de boa vontade em torno de objetivos comuns, geralmente as administrações funcionam bem. Na maioria das vezes, a integração desses cidadãos se dá em associações comunitárias apolíticas, como clubes de futebol e de rotarianos, bem como em grupos musicais e de canto coral.

A tese de Putnam é a de que a participação voluntária alia interesses. Quando a sociedade civil tem uma vida ativa, é difícil agir às escondidas. É por esse motivo que em tais circunstâncias os políticos são mais honestos desde o primeiro momento, pois sabem que nenhum abuso seu será tolerado.

Nas sociedades menos articuladas, contudo, a corrupção prospera, pois o indivíduo sente-se impotente diante do grande poder dos grupos familiares e de outras associações que agem em interesse próprio. Para que ninguém fique atrás, todos roubam o quanto podem, o que serve de pretexto para que os poderosos também se locupletem nos cargos.[25]

A longo prazo, a má administração e a arbitrariedade só germinam onde a população não tem outra alternativa a não ser suportá-las, pois não foram criados mecanismos de contrapeso ao poder. Cidadania pressupõe confiança mútua, mas a recíproca também é verdadeira: quanto mais as pessoas estão dispostas a fazer algo pelos outros, mais conseguem evitar o abuso da confiança. Líderes íntegros, leis eficazes e instituições que funcionam são importantes, no entanto nada disso surte bons efeitos sem uma sociedade civil ativa, que integre o maior número possível de pessoas. O espírito de cidadania é o fundamento da democracia.

Nas regiões em que o sentido de cidadania é expressivo costuma haver menos diferenças de renda, e vice-versa. Putnam encontrou essas mesmas condições em seu país: nos estados norte-americanos em que há melhor distribuição da riqueza, existe uma rede social mais densa de associações, movimentos e clubes. A participação nas urnas também é maior e os cidadãos têm mais confiança mútua e maior probabilidade de viverem mais tempo.[26] Justiça, cidadania e expectativa de vida, portanto, estão interligadas. Onde o tecido social é mais íntegro, geralmente há pessoas mais felizes.

Uma vida em câmara lenta

O desemprego em massa também rompe o tecido social. Pesquisas sobre o grau de felicidade com a vida em diferentes regiões levaram o cientista suíço Bruno Frey à conclusão de que o desemprego tem efeitos negativos sobre o bem-estar de todos os membros de uma sociedade, incluindo os que estão empregados.[27] Essas pessoas temem perder seus postos de trabalho e também se ressentem da falta de solidariedade. Portanto, os mais bem colocados são igualmente prejudicados pela deterioração social. Como exemplo dos sofrimentos resultantes da inatividade forçada, podemos citar uma situação ocorrida na Áustria.

Marienthal, uma pequena cidade ao sul de Viena, foi próspera até que o principal empregador local, uma fábrica têxtil, entrou em dificuldades. Depois de lutar durante meses para se manter, a fábrica fechou. Isso aconteceu durante a Grande Depressão de 1929, quando a perda de um emprego era algo definitivo.

Ninguém sofreu muitas privações, porque a relativa assistência social da época cobria ao menos as necessidades básicas. Mesmo assim, a inatividade revelou-se desastrosa para trabalhadores antes tão orgulhosos de sua atividade. Todo esse processo foi minuciosamente documentado pelos sociólogos austríacos Marie Jahoda e Paul Larzarsfeld durante os quatro meses que passaram nessa localidade para estudar o problema.

Marienthal mergulhou na agonia. Sem perspectiva de se refazerem por seu próprio esforço, as pessoas se resignaram e mostraram todos os sintomas do desamparo adquirido. Em um ano desapareceu quase toda a vida social da população, que antes era muito ativa. O parque da cidade, criado por iniciativa dos próprios moradores, ficou cheio de mato, mas não porque faltasse tempo para o serviço de manutenção. O fato é que os desempregados haviam se fechado em si mesmos e não manifestavam iniciativa a não ser para administrar pequenas questões domésticas. "A minha vontade de sair é cada vez menor", queixou-se um deles. Deprimidos, não conseguiam usar o tempo ocioso nem mesmo para ler. Na biblioteca pública municipal, a procura por livros caiu pela metade. As assinaturas de jornais também diminuíram bastante. Um funcionário do partido socialista, grande ativista em outros tempos, disse: "Antes eu sabia o jornal do partido de cor, agora só passo os olhos na primeira página e o jogo no lixo."

Os desempregados de Marienthal perderam a noção do tempo. Nos diários que alguns deles escreveram a pedido dos sociólogos, havia indicações como: "Das 16h às 17h: saio para comprar leite. Das 17h às 18h: volto para casa." Uma hora para percorrer cem metros, o que antes a pessoa fazia em cinco minutos! Para entender isso, Jahoda e Larzarsfeld posicionaram-se em uma janela na rua principal para medir a velocidade da marcha dos pedestres. Chegaram à conclusão de que a velocidade apresentada pelos desempregados era inferior a três quilômetros por hora, o correspondente a menos da metade do desempenho de uma pessoa que se locomove num bom ritmo. E quanto mais tempo esses indivíduos passavam desocupados, mais passivos e desanimados se tornavam.

A inatividade que prejudica a saúde

Hoje em dia, nos países mais desenvolvidos, a assistência durante o desemprego é bem mais completa do que naquela época, e a atividade econômica está longe de sofrer uma crise como a dos anos 1930. Mas pouca coisa mudou quanto às conseqüências desastrosas da inatividade forçada.

Por maior que seja o seu empenho, muitas pessoas que estão desempregadas há bastante tempo não conseguem encontrar uma ocupação, sobretudo se têm mais de cinqüenta anos. Seu índice de satisfação com a vida é significativamente inferior à média registrada entre os que possuem um trabalho, como revelam diversos estudos sociopsicológicos. Algumas análises concluem que a perda do emprego é mais prejudicial para o bem-estar subjetivo do que a morte do marido ou da esposa.[28] Os desempregados estão mais sujeitos a apresentar transtornos psíquicos e doenças relacionadas ao estresse, como infartos. Portanto, sua expectativa de vida também é menor.[29]

O desempregado pode ficar na cama até mais tarde, mas essa liberdade tem pouco valor, porque não foi ele que a escolheu. Assim como ocorreu com os trabalhadores de Marienthal, o risco dessa situação é levar a pessoa à depressão e ao abandono. O desemprego é um dos exemplos mais alarmantes do desastre que o desamparo adquirido pode significar para um ser humano.

Na Alemanha, os responsáveis pelo bem-estar social tendem mais a administrar a vida dos cidadãos do que a lhes fornecer meios para que caminhem com suas próprias pernas. Por outro lado, a Grã-Bretanha e a Holanda têm demonstrado como é possível fazer com que muitos desempregados se reintegrem ao mundo do trabalho, prestando-lhes a assessoria adequada e eliminando a sua sensação de desamparo.[30]

A bênção de ter o controle da própria vida

Em termos sociais, a chave para a felicidade consiste em cada pessoa ser dona da sua própria vida. "A necessidade de se submeter a algo ou a alguém pode ser uma experiência desoladora", diz o nova-iorquino Bruce McEwen, especialista em estresse.[31] Não importa se estamos submetidos ao destino (como os desempregados de Marienthal) ou à vontade alheia: a experiência de não estarmos no comando da nossa vida é sempre um estresse que causa danos ao bem-estar e à saúde.

Todos nós conhecemos o estresse gerado pelo desamparo, que pode nos afetar até mesmo em situações relativamente banais – por exemplo, no aeroporto quando ouvimos repetidos avisos de que o vôo está atrasado. Em princípio, sabemos que a nossa felicidade não depende dessa demora e que não adianta ficarmos irritados porque não há nada que possamos fazer para regularizar o horário da decolagem. Mas o problema está precisamente nessa impotência.

A reação de estresse à falta de controle sobre o próprio destino é uma herança ancestral da evolução. O especialista em estresse Robert Sapolsky, ao estudar babuínos da região do Serengueti, na Tanzânia, descobriu como os machos que ocupam níveis mais baixos na hierarquia do bando sofrem pelo fato de terem de se submeter à vontade do líder. Embora a oferta de alimentos nesse parque natural seja mais do que suficiente, o estado de saúde desses animais é visivelmente pior do que o do macho alfa. Quanto mais baixa sua posição na hierarquia, mais hormônios de estresse circulam em seu sangue, e por esse motivo esses macacos adoecem com mais freqüência e morrem mais cedo.[32]

Entre nós, até mesmo formas mais sutis de submissão (que são também as mais rotineiras) vão corroendo o bem-estar e a saúde a longo prazo. Os exemplos a seguir mostram como isso ocorre.

- Na antiga Alemanha Oriental, a margem de escolha dos cidadãos era muito menor do que a dos alemães ocidentais. O medo do grande poder do Estado era disseminado. Os sentimentos de desamparo refletiam-se inclusive na linguagem corporal das pessoas, como demonstrou um estudo sobre gestualidade realizado em 1986 pela psicóloga Gabriele Oettingen. Ela comparou os gestos de freqüentadores de bares em bairros operários nos setores oriental e ocidental de Berlim. Na parte ocidental da cidade, três em cada quatro rostos sorriam de vez em quando, enquanto no lado oriental apenas um em cada quatro semblantes mostrava um sorriso. Mais expressivo ainda era o contraste das posturas corporais, que, segundo Oettingen, podem expressar autoconfiança ou depressão. Nos bares da Berlim ocidental, um em cada dois clientes caminhava e se sentava com a coluna ereta; no setor oriental, porém, isso acontecia somente com uma em cada vinte pessoas ou mais![33]
- No local de trabalho, quanto mais baixa a posição que o funcionário ocupa na hierarquia da empresa, menor o controle que ele tem de suas próprias atividades. Isso prejudica a saúde, como revelou um estudo realizado sob encomenda do governo britânico com mais de dez mil funcionários. Os resultados são comparáveis aos obtidos por Sapolsky em suas pesquisas com os babuínos africanos. Havia diferenças significativas entre os gerentes e os diretores de departamentos. Os funcionários das categorias inferiores adoeciam três vezes mais do que os seus supervisores e também apresentavam, ainda que pareça incrível, uma taxa de mortalidade três vezes mais alta. No entanto, as diferenças salariais dos servidores da Coroa britânica são relativamente pequenas, e todos os funcionários contam com a assistência do mesmo serviço de saúde. Os habituais fatores físicos de risco, como alimentação inadequada, falta de atividade física e consumo de tabaco, não explicam a dimensão desse contraste. O único motivo é o desnível hierárquico, que concede aos funcionários um maior ou menor grau de decisão sobre o seu trabalho – ou quase nenhum nas categorias inferiores. Quanto mais baixa a posição na hierarquia, mais freqüentes são as queixas sobre a falta de autonomia, expressas em frases como "há outros acima de mim e são eles que decidem sobre esse assunto" ou "não posso nem mesmo determinar quando fazer uma pausa."[34]
- Um pequeno aumento da capacidade de determinar a própria vida pode proporcionar uma satisfação muito grande. Os beneficiados tornam-se mais felizes e vivem mais. Foi o que constataram médicos de diversos asilos para idosos nos Estados Unidos quando implementaram uma reorganiza-

ção que permitia aos residentes tomar decisões sobre detalhes de seu cotidiano.[35] Uma das mudanças foi permitir que os idosos escolhessem o prato de sua preferência em um cardápio, em vez de terem que a aceitar a comida imposta pela instituição. Além disso, a atribuição de molhar as plantas, que antes era dos funcionários dos asilos, passou ao encargo dos internos que as tivessem em seus quartos. Ainda que essas mudanças pareçam nulidades, seus efeitos foram milagrosos: os idosos começaram a assumir cada vez mais responsabilidades, a dialogar com mais freqüência, a sofrer menos indisposições físicas e a se declarar muito mais satisfeitos com a vida. E o mais importante: a taxa de mortalidade anual caiu à metade.

O estado de saúde dessas pessoas melhorava sempre que elas eram encorajadas pelos enfermeiros a assumir o controle de suas próprias vidas. Por outro lado, sua saúde piorava sempre que lhes negavam essa possibilidade. Até mesmo os detalhes eram relevantes: quando foram organizadas visitas de estudantes aos asilos, o estado de saúde dos residentes melhorou, e isso ocorreu de modo mais significativo com os idosos que haviam sido autorizados a determinar as datas e os horários das visitas.[36]

A democracia traz felicidade

Os europeus mais felizes são os suíços. E isso não se deve apenas à inegável beleza de suas paisagens nem ao idioma em que se expressam. Independentemente de falarem alemão, francês ou italiano, os suíços podem se declarar mais felizes do que seus vizinhos alemães, franceses e italianos. Tampouco se acredita que sua prosperidade econômica e seu notável sentido de higiene sejam os elementos decisivos dessa satisfação.

No que se refere ao bem-estar dos que vivem entre o lago de Constança e o lago Leman, o mais importante é o sistema peculiar pelo qual eles regem a sua convivência social – um modelo que não tem paralelo em nenhum outro lugar do mundo. Isso foi demonstrado por pesquisas realizadas pelos economistas Alois Stutzer e Bruno Frey, de Zurique.[37] Na Suíça, coexistem vários sistemas políticos, pois muitas decisões importantes nessa esfera não são tomadas em Berna, a capital, e sim em cada um dos 26 cantões. Ali, os instrumentos utilizados são os da democracia direta. Por meio de plebiscitos e referendos, os cidadãos podem mudar a Constituição, promulgar ou vetar leis e controlar o orçamento do Estado.

Mas o grau de participação permitido aos cidadãos difere bastante de um cantão para outro. Em alguns deles, como a Basiléia, sempre que um gasto público pode exceder determinado valor, o governo é obrigado a realizar um plebiscito. Além disso, quando os cidadãos desejam incluir um assunto na agenda política, basta que consigam algumas assinaturas. Por causa de facilidades como essas, nesses cantões a cidadania é muito mais estimulada e também mais presente na vida política. Em outros cantões, como Genebra, os impedimentos são mais expressivos e o sistema político se assemelha mais a uma democracia parlamentarista, como a alemã.

Stutzer e Frey entrevistaram 6.100 suíços e compararam o índice de satisfação subjetiva com as possibilidades de participação política. A correlação mostrou-se direta e seu efeito tão expressivo estatisticamente que uma mudança de Genebra para Basiléia, por exemplo, aumenta mais o nível de satisfação do que saltar do segmento populacional que tem a renda mais baixa para o que apresenta a renda mais alta. A capacidade de participação política, portanto, proporciona mais bem-estar do que a saúde da conta bancária. A democracia nos faz felizes.

Será que isso ocorre porque as escolas, os hospitais e as piscinas públicas funcionam melhor nos cantões em que o controle dos cidadãos é maior? Ou será que a satisfação provém diretamente do poder de decisão que essas pessoas têm no que se refere à comunidade e à região em que vivem? Stutzer e Frey afirmam que a segunda explicação é a resposta correta. Os estrangeiros residentes nesses cantões também se beneficiam dos frutos de uma administração melhor, mas não têm direito a voto e por isso eles não manifestam o mesmo grau de satisfação proporcionado pela democracia direta. Portanto, um país feliz é aquele em que o cidadão é mais do que um mero espectador da política.[38]

O triângulo mágico do bem-estar

Cidadania, equilíbrio social e controle sobre a própria vida constituem o triângulo mágico do bem-estar em uma sociedade. Quanto mais esses três critérios forem satisfeitos, mais contentes com a vida se mostrarão seus cidadãos. Mas esses fatores não podem ser considerados isoladamente, pois eles se condicionam e se determinam entre si.

É o que mostram os exemplos deste capítulo. Em Marienthal, o sentido de cidadania desapareceu porque as pessoas perderam o controle sobre suas vidas. Os mesmos trabalhadores que haviam criado o parque deixaram que o mato tomasse conta dele porque se sentiram desamparados e excluídos da comunidade dos que tinham emprego.

Em Roseto, por outro lado, havia tanta solidariedade que ninguém precisava temer os golpes do destino. Mas o fundamento dessa união era o equilíbrio social: se houvesse disparidades de renda, elas não eram ostentadas. Quando as desigualdades entre a população começaram a crescer, Roseto deixou de ser uma coletividade unida.

Por fim, na Suíça, os cidadãos controlam o destino de seu cantão. Isso cria as condições para que as pessoas se unam e se comprometam com o desenvolvimento da região em que vivem. É por isso que os suíços se declaram mais satisfeitos do que todos os outros europeus.

Cidadania, equilíbrio social e controle sobre a própria vida aumentam o bem-estar porque reduzem o estresse ao qual estamos expostos pela necessidade que temos de conviver. Ao mesmo tempo, nos dão mais liberdade de desenvolver nossos talentos e de nos realizar na vida.

Em uma sociedade feliz, o indivíduo tem o direito de decidir sobre o maior número possível de questões, tanto grandes quanto pequenas. Isso contribui para que cada pessoa possa concretizar os seus projetos e as suas expectativas. O economista indiano Amartya Sen, ganhador do Prêmio Nobel de Economia, que realizou uma pesquisa minuciosa do estado de Kerala, foi ainda mais longe nessa tese. Ele assegura que o objetivo de todo desenvolvimento econômico é ampliar o número de opções oferecidas aos cidadãos e que as demais metas, incluindo a prosperidade econômica, são secundárias.[39]

Mas para desfrutarmos a liberdade também devemos assumir responsabilidades. Ao contrário do que costumamos pensar, esse compromisso representa mais um prazer do que uma carga, como confirma a comparação entre os cantões suíços. Dessa forma, ao mesmo tempo que usufruímos as vantagens de uma sociedade feliz, admitimos a obrigação de nos engajar em seu funcionamento. Afinal, os governos não têm condições de acompanhar cada um de nós na busca pela felicidade.

As três pontas do triângulo mágico podem ser deslocadas, mas nem todas com a mesma facilidade. No que se refere ao equilíbrio social, a ação individual não tem tanta influência. Essa é uma meta da qual a sociedade vai se aproximando aos poucos, em geral à medida que melhora o nível de instrução de um grande número de pessoas e a sua cultura começa a se modificar lentamente.[40] O vértice sobre o qual temos mais poder é o controle da nossa própria vida, mesmo que muitas vezes sejam necessárias certas mudanças na organização do Estado ou das empresas que talvez levem anos para serem feitas. Mas, ocasionalmente, conquistamos liberdade graças a iniciativas bem mais simples – por exemplo, quando creches e escolas adotam horários flexíveis para que os pais possam conciliá-los com as atividades cotidianas.

A cidadania é o caminho que permite a qualquer indivíduo impulsionar tais transformações. Ela requer compromisso, e esse tipo de dedicação em favor do que nos interessa nos dá sensação de estarmos fazendo algo por determinação própria. Quando opinamos sobre o ensino das crianças nas reuniões de pais, sempre que participamos das iniciativas para que se melhorem as condições de trabalho na empresa ou quando criticamos o presidente do clube de futebol porque o nosso time não vem alcançando uma boa classificação, desfrutamos de uma soma de poderes que, embora pequena, nos faz muito bem. Assim, o exercício da cidadania aumenta o nosso bem-estar de duas formas: por meio dos resultados da ação que realizamos e do próprio prazer que sentimos em executá-la.

A ociosidade e a sensação de desamparo são os dois inimigos da felicidade. Essa constatação perpassa vários capítulos deste livro. A atividade, no entanto, é a chave para os sentimentos positivos. Isso diz respeito não só à felicidade individual mas principalmente à felicidade coletiva. Uma vida feliz não é um presente do destino. Temos que conquistá-la.

EPÍLOGO
Seis bilhões de caminhos para a felicidade

O desejo de viver é inato. Sentir a gostosa tensão da expectativa e desfrutar o êxtase do prazer e o calor da simpatia estão entre as capacidades cerebrais básicas, além de serem indispensáveis para a sobrevivência.

Podemos ser felizes em quase todas as situações. As circunstâncias têm muito menos influência sobre o nosso bem-estar do que pensamos. Estudos realizados em grande escala mostram que a alegria de viver não é questão de idade nem de sexo. Não depende do QI, do número de filhos nem da conta bancária. Um artesão de Bangladesh comparado a outro trabalhador de qualquer país não tem menos alegrias, e sim alegrias diferentes. Tanto para eles quanto para nós, tudo é uma questão de sabermos aproveitá-las.

Segundo o filósofo francês Voltaire, muitas pessoas procuram a felicidade "como o bêbado que procura a sua casa e não a encontra, embora saiba que ela existe". Portanto, se os sentimentos positivos estão presentes no cérebro e as circunstâncias externas exercem pouca influência no bem-estar (muitos estudos falam em menos de 10%), só há uma explicação possível para essa contradição: ao buscarmos a felicidade, tropeçamos nas próprias pernas.

Neste livro, ofereço algumas estratégias para alcançarmos mais bem-estar, mostrando como e por que elas funcionam. Essas sugestões são originais, pois não se baseiam na experiência ou na sabedoria tradicional, e sim nas mais recentes descobertas realizadas pela pesquisa do cérebro e do sistema nervoso. Entre elas, a mais importante diz respeito à plasticidade do cérebro, isto é, à sua capacidade de continuar a evoluir mesmo na fase adulta. Por esse motivo, temos a possibilidade de treinar a forma como lidamos com os nossos sentimentos. Também foi demonstrado cientificamente que a felicidade é muito mais do que a ausência de infelicidade. Em nossa cabeça, há circuitos específicos para os sentimentos agradáveis. Dessa forma, as alegrias e os prazeres fazem frente às emoções negativas assim como o vento dissipa as nuvens.

Esses dois princípios fundamentais nos dão a possibilidade de tornar a vida mais prazerosa. Temos condições de fortalecer os circuitos que geram os sentimentos positivos por meio de exercícios dirigidos. E podemos nos colocar em situações que nos despertem alegria e prazer.

Vamos recapitular os principais conceitos que vimos ao longo do livro:

- O bem-estar do corpo e o bem-estar da mente estão indissoluvelmente ligados. As emoções nascem no corpo. Está provado que o exercício físico e o sexo são os meios mais garantidos de elevarmos o estado de ânimo.
- A atividade nos torna mais felizes do que o ócio. É um equívoco aconselharmos pessoas deprimidas a tirar férias. Os comandos dos pensamentos, das intenções e dos sentimentos estão estreitamente ligados no cérebro. É por isso que as preocupações se instalam com facilidade quando esse órgão fica ocioso. Por outro lado, o circuito de expectativa desencadeia o prazer preliminar assim que estabelecemos um objetivo e gera a sensação de vitória quando o alcançamos. Isso explica por que a atividade produz sentimentos positivos de modo quase automático.
- A mente desperta nos ajuda a ter mais bem-estar até mesmo quando estamos apenas observando. Com freqüência, a percepção concentrada é prazerosa: trata-se de um êxtase menor, parecido com o prazer preliminar, e, como este, é produzida pelo circuito de expectativa. Também podemos treinar para desfrutar o prazer que ela proporciona.
- Emoções negativas, como a raiva e a tristeza, não desaparecem quando as extravasamos; pelo contrário, ficam mais fortes. O conselho de que é conveniente "soltarmos a pressão" é equivocado e se baseia numa teoria ultrapassada. O que é possível – e bem melhor para o equilíbrio psicológico – é controlar conscientemente essas emoções.
- O gosto está na variedade. O circuito de expectativa se cansa rapidamente de estímulos agradáveis, e assim tem origem um círculo vicioso de desejo e recompensa. Variando nossos prazeres, rompemos a tirania do hábito. Além disso, precisamos aprender a apreciar o encanto com o imprevisto e a olhar para o que nos é conhecido e familiar a partir de novas perspectivas.
- Em caso de dúvida, vale mais a liberdade que temos para decidir do que a obtenção de tudo o que possamos desejar. Para a maioria de nós, o controle do próprio destino é uma condição prévia imprescindível para a felicida-

de e a satisfação. O sentimento de desamparo é um dos mais insuportáveis e fonte de transtornos tanto para nós quanto para os animais. Se algo que desejamos só pode ser alcançado em troca de submissão, agimos melhor optando pela liberdade.

O mais importante para o bem-estar são as relações que mantemos com as outras pessoas. Não exagera quem equipara a felicidade ao amor e à amizade. A atenção que dedicamos aos que nos são próximos beneficia a nós mesmos.

Esses princípios fundamentais valem para todos nós, porque as emoções e muitos tipos de comportamento são heranças da evolução. Mesmo assim, cada indivíduo preenche esse molde à sua maneira, pois tem suas próprias necessidades e preferências. Por isso, as recomendações contidas neste livro – ainda que se baseiem em dados obtidos por meio dos mais avançados métodos científicos e em informações de milhares de pessoas – devem ser entendidas como sugestões. As escolhas são individuais.

Por tudo isso, o exercício mais importante que devemos fazer na busca da felicidade é o do autoconhecimento. Não é necessária nenhuma condição especial. Basta observarmos com atenção como reagimos aos estímulos cotidianos e fazer algumas experiências com nossos hábitos. Dessa forma, passaremos a conhecer melhor o que nos agrada, e cada um de nós descobrirá suas próprias respostas. Existem seis bilhões de seres humanos e seis bilhões de caminhos que conduzem à felicidade.

AGRADECIMENTOS

Tive a sorte de conhecer muitos dos principais cientistas que estão na vanguarda da pesquisa do cérebro e das emoções. Eles me presentearam com o seu tempo e com a revelação dos resultados de suas pesquisas. Nesse sentido, agradeço a Nancy Adler, Ralph Adolphs, Patricia Churchland, Antonio Damasio, Richard Davidson, Raymond Dolan, Paul Ekman, Chris Frith, Fritz Henn, Steven Hyman, Tom Insel, Ravi Kapur, Charles O'Brien, Detlev Ploog, Jaak Panksepp, Signe Preuschoft, V. S. Ramachandran, Carol Ryff, Wolfram Schultz, Terrence Sejnowski, Alexander Shulgin, Frans de Waal e Walter Zieglgänsberger.

Sinto-me especialmente grato aos cientistas que, além de me concederem entrevistas, também leram total ou parcialmente o original deste livro: Udo Becker e Isabella Heuser, da Clínica Psiquiátrica Benjamin Franklin da Universidade Livre de Berlim; Volker Gerhardt, da Faculdade de Filosofia da Universidade Humboldt de Berlim; Rainer Landgraf, do Instituto Max-Planck de Psiquiatria de Munique; Norbert Schwarz, da Universidade de Michigan, em Ann Arbor; e Rainer Spanagel, do Instituto Central para Saúde Psíquica de Mannheim. Suas construtivas críticas me estimularam a alcançar o objetivo de escrever com a máxima clareza e objetividade. Naturalmente, cabe a mim a responsabilidade por todos os eventuais erros.

Meus pesquisadores Jana Binder, Christoph Leischwitz, Martina Kienow literalmente juntaram e analisaram toneladas de documentos. Sem eles, jamais teria conseguido concluir a etapa preliminar da elaboração deste livro em tão pouco tempo. Monika Klein realizou pesquisas minuciosas para mim na Internet e passou horas na biblioteca, além de ter revisado as provas e colaborado na compilação da bibliografia.

Meus amigos Joerg Altekruse, Ulrich Bahnsen, Stefan Bauer, Hildegard Diehl-Bode, Volker Foertsch, Margitta Holler e Wolfgang Schneider revisaram várias vezes o projeto e analisaram o conceito geral do livro pela perspectiva do futuro leitor. Seus elogios e suas críticas foram estimulantes e úteis e me impediram de sentir a solidão da qual todos os escritores se queixam

Uwe Naumann, meu editor, esteve sempre atento às minhas solicitações e solucionou muitas das minhas dúvidas. Ursula Nussbaum encarregou-se do trabalho de relações públicas com grande método e dedicação. Eva Ninnemann e Elektra Rigos criaram um site maravilhoso (www.gluecksformel.de). E o meu agente Matthias Landwehr desde o início mostrou entusiasmo pelo meu projeto e o seu profissionalismo para representá-lo.

Minha mulher Alexandra Rigos acompanhou todas as fases da criação deste livro, da primeira idéia à impressão. Devo infinitos agradecimentos à sua acuidade, à sua sensibilidade e ao seu grande conhecimento do idioma. Não posso imaginar nada mais adequado do que dedicar a ela um livro sobre a felicidade.

NOTAS

Obs.: A bibliografia completa a que se referem estas notas está disponível no site www.sextante.com.br na página do livro *A fórmula da felicidade*. Se preferir, ligue 0800-22-6306 e solicite uma cópia impressa.

INTRODUÇÃO Podemos aprender a ser felizes

1. Ramachandran descreve suas pesquisas no seu excelente livro *Fantasmas no cérebro*, Record, 2004.
2. Essa pesquisa foi realizada pelo psicólogo americano Paul Rozin. Ele utilizou o cânon indiano Natyasarata. Essa obra, escrita há mais de dois mil anos, contém o tratado mais antigo de que se tem notícia sobre a mímica e a expressão dos sentimentos. Embora as sensações negativas descritas no Natyasastra correspondam em grande medida às nossas, esse texto indica uma variedade muito maior de sensações de felicidade do que a que nós conhecemos. Ver: Hejmadi, Davidson e Rozin, 2000.
3. Wittchen, 2000.
4. O número de suicídios é mais reduzido na América do Sul, na África e em alguns países asiáticos. Por exemplo, na Argentina a taxa de suicídios corresponde à metade do índice registrado na Alemanha. Em determinados países, como o Egito, os suicídios são praticamente desconhecidos. Ver: *Statistical Demographic Yearbook of the United Nations*, edições de 1981 a 1997.
5. Por exemplo, para os nascidos em Paris entre 1945 e 1954, o risco de adoecer de depressão grave até os 25 anos de idade era de apenas 4%. Na década seguinte, essa taxa subiu para 12%. Em todos os países do chamado "primeiro mundo" se registram percentuais similares. Ver: *Cross-National Collaborative Group. The changing rate of major depression*. JAMA, 268, v. 21, 1992, pp. 3.098-3.108.
6. São desconhecidos os fatores que impulsionam o impressionante aumento desse mal psíquico. A vida urbana pode ter contribuído bastante, assim como as difíceis condições dos mercados de trabalho, as taxas de divórcio e a diminuição do número de ocupações que exigem esforço físico. De qualquer modo, a freqüência alarmante dos casos de depressão não pode ser justificada simplesmente pelo fato de que hoje dispomos de registros mais precisos do número de pessoas que recorrem à assistência médica para tratamento desse distúrbio.
7. Atualmente, a depressão grave (*major unipolar depression*) ocupa o quarto lugar na lista mundial de causas patológicas da Organização Mundial da Saúde. Ver Murray e Lopez, 1997.
8. Isen, 1987; Isen e Daubmann, 1984; Murray e outros, 1990; Frederickson, 1998.
9. Isen, 2001; Basso, 1996; Baron, 1987; Myers, 1987.

PARTE 1
O que é a felicidade?

Capítulo 1 O mistério do sorriso

1. Bons resumos dos trabalhos de Ekman em "Facial expressions", 1999, e "Facial expression and emotion", 1993.
2. Charles Darwin, *A expressão das emoções no homem e nos animais.*
3. Ito e Cacioppo, 2000.

4. Ekman e outros, 1990.
5. Duchenne, 1991.
6. Birnbaumer e Schmidt, 1999.
7. Damasio, 1995.
8. Bechara e outros, 1997.
9. Pascal, *Pensamentos*, 2001.
10. Em Damasio, *O mistério da consciência*, 2000, há uma discussão detalhada sobre a diferença entre emoções e sentimentos.
11. Damasio e outros, "Subcortical and...", 2000.
12. Damasio, *O mistério da consciência*, 2000.
13. Critchley, Mathias e Dolan, 2001; Damasio e outros, "Subcortical and...", 2000.
14. Tatarkiewicz, 1976.
15. Ekman e Davidson, 1993.

Capítulo 2 Os sentimentos positivos como bússola

1. Damasio, *O erro de Descartes*, 2001.
2. Bechara e outros, 1994
3. Ito e outros, 1998; Crites e outros, 1995.
4. Aristóteles, *Ética a Nicômaco*, 1991.

Capítulo 3 O sistema da felicidade

1. Birnbaumer e Schmidt, 1999.
2. Ramachandran, 2004.
3. Neurônios do hemisfério direito, que respondem a estímulos desagradáveis: Kawasaki e outros, 2001. Sobre os neurônios do hemisfério esquerdo, ver Damasio, "A neurobiology...", 2001.
4. Davidson e outros, 2000.
5. Fox e Davidson, 1984.
6. Damasio, *O erro de Descartes*, 2001.
7. Ekman e outros, 1990.
8. Ver Zieglgänsberger e Spanagel, 1999.
9. Ver Horn, 1998; Russell, 2001.
10. Imagens de PET (tomografia por emissão de pósitrons) e de tomografia por ressonância magnética nuclear revelaram que a atividade do lado direito do cérebro está ligada à atividade da amígdala do cerebelo de forma inversamente proporcional. Quando a atividade do lado esquerdo do cérebro aumenta, o estímulo na amígdala do cerebelo se reduz, e vice-versa. Ver Abercrombie e outros, 1996.
11. Jackson e outros, 2000.
12. Mallick e McCandless, 1966; Travis, 1989.
13. Wheeler, Davidson e Tomarken, 1993.
14. Davidson, R., comunicação pessoal ao autor; Davidson e outros, 1999.
15. Davidson e Fox, 1989.
16. Lykken e Tellegen, 1996.
17. Lykken, 1999.
18. Francis D. e outros, 1999.
19. Davidson, R., comunicação pessoal ao autor.

Capítulo 4 O cérebro pode ser moldado

1. Naj, 1995.
2. Ver resumo em: Rozin, 1990; Bayens e outros, 1996; Stevenson e Yeomans, 1995.
3. Rozin, 1990.
4. Kleist, 1985.
5. Klein, 2000.
6. Citação segundo Horn, 1998.

7. Horn, 1998.
8. O'Craven e Kanwisher, 2000.
9. Ovídio, *Metamorfoses*, XV.
10. Bonhoeffer utilizou um microscópio fluorescente de dois fótons para observar as alterações nos neurônios de forma tridimensional e em tempo real.
11. Engert e Bonhoeffer, 1999.
12. Embora essa seja uma explicação simplificada, ela está correta. Em primeiro lugar, o que se modifica não é o vínculo direto entre o estímulo e a reação emocional, mas principalmente a comunicação entre as regiões subcorticais, que desencadeiam as emoções, e o córtex pré-frontal, que reprime exatamente o surgimento de emoções fortes.
13. Há boas razões pelas quais a plasticidade das áreas do córtex responsáveis pela percepção e pela motricidade vem sendo a mais bem pesquisada. O chamado córtex somatossensorial (*soma* em grego antigo significa "corpo") ocupa a parte exterior da região parietal, por isso sua investigação com sondas e tomógrafos é mais fácil. Contudo, é provável que processos semelhantes de neuroplasticidade – denominação que os cientistas dão à reprogramação das células cinzentas – também aconteçam em outras regiões. Mas esses trabalhos vêm sendo desenvolvidos há pouco tempo – o estudo da capacidade que o cérebro tem de se modificar é relativamente recente.
14. Pascual-Leone e Torres, 1993; Pascual-Leone e outros, 1995.
15. Foram realizadas observações similares com violoncelistas. As áreas do cérebro correspondentes aos dedos da mão esquerda (que se posicionam sobre as cordas) são visivelmente maiores do que as áreas correspondentes à mão direita. Pesquisas neurológicas com cérebros de secretárias e de mecânicos de alta precisão revelaram diversos prolongamentos dendríticos responsáveis pelo tato e pela mobilidade dos dedos. Elbert e outros, 1995; Scheibel e outros, 1990.
16. Maguire e outros, 2000.
17. Ver a descrição detalhada dos processos moleculares do fortalecimento a curto e longo prazos em Kandel, Schwartz e Jessell, 2003.
18. Cohen-Cory e Fraser, 1995; McAllister e outros, 1995.
19. Duman, Heninger e Nestler, 1997.
20. Bailey e Chen, 1983.
21. Em outro grupo que não passou pelo tratamento não foi constatada alteração de comportamento. Baxter e outros, 1992; Schwartz e outros, 1996.
22. Brody e outros, 2001.
23. Bench e outros, 1995.
24. Kandel, Schwartz e Jessell, 2003.
25. Wurtz e Goldberg, 1989.
26. Radhakrishnan, 2000.
27. Thich Nhat Hanh, 1992.
28. Dalai Lama e Cutler, 2000.

PARTE 2
As paixões

Capítulo 5 Nossa origem no reino animal

1. LeDoux, 1998.
2. De Waal, 1997.
3. Nesse e Berridge, 1997.
4. Pedersen e outros, 1982.
5. Blaffer Hrdy, 2001.
6. Descartes, *As paixões da alma*, 1998.

Capítulo 6 O desejo

1. Todas as citações em Sacks, 1997. Ele fez um relato pormenorizado da história da doença de "Leonard".

2. Para ser mais exato, o L-Dopa é a substância precursora que o próprio cérebro, de forma natural, transforma em dopamina. Não teria sentido a administração direta de dopamina a um paciente, porque essa substância não ultrapassa a barreira entre a circulação sangüínea e o cérebro e, assim, não chega aos neurônios.
3. Os destinatários do fluxo de dopamina são os centros no córtex cerebral que se encarregam da perseverança com que buscamos determinados objetivos e que também controlam a musculatura voluntária. Outros fluxos secundários de dopamina alcançam o *nucleus accumbens* da região frontal, que contribui para o armazenamento das lembranças positivas, e a amígdala do cerebelo, que desencadeia as emoções e as guarda na memória. O que mais chama a atenção nessa relação é o grande número de centros receptores de dopamina, o que explica a forte influência dessa substância no funcionamento do cérebro (portanto, em nossa maneira de pensar, de sentir, de ver o mundo e de nos movimentarmos).
4. Pacientes de Parkinson, que também sofrem de falta de dopamina, hoje recebem esse medicamento regularmente e sem maiores problemas. No entanto, o levodopa não cura essa doença, e sua eficácia vai diminuindo com o tempo à medida que se deterioram as células da *substantia nigra*. A eficácia dessa droga se reduz com o tempo, porque cada vez mais células da *substantia nigra* degeneram.
5. Levar em conta que a dopamina pode ter um efeito inibidor sobre determinados neurônios. Ver Zieglgänsberger, Spanagel, 1999.
6. Schultz, Apicella e Ljungberg, 1992 e 1993; Schultz, Dayan e Montague, 1997; Wickelgren, 1997.
7. Schultz, 2000.
8. Montague, Dayan, Person e Sejowski, 1995.
9. Esse processo foi observado em cérebros vivos de ratos. Após dez minutos, a dopamina começa a modificar a sinapse no diencéfalo que comandam as ações. Ver capítulo 8 e Reynolds, 2001.
10. Isso não significa que as abelhas experimentem sentimentos parecidos com os nossos quando encontram uma flor especialmente rica em néctar. Uma abelha não precisa de sentimentos, pois estes servem para guiar seres mais complexos diante das difíceis situações da vida. Esse inseto, no entanto, vive apenas no presente. Não pode especular intelectualmente com todas as possibilidades que o futuro lhe possa oferecer e se perguntar, por exemplo, se seria melhor não coletar o néctar em determinada situação.
11. Elliott, Friston e Dolan, 2000.
12. Koepp e outros, 1998.
13. Fiorino, Coury e Phillips, 1997.
14. Rodriguez-Manzo e Fernandez-Guasti, 1994, 1995.
15. Rolls, 1999; Hamer, 1998.
16. Baker, R. e Bellis, 1995.
17. Marina Maria Morosini, filha de uma das famílias mais nobres de Veneza, aparece no livro de memórias de Casanova sob as iniciais M. M. Mas não existem dúvidas sobre a sua identidade. Ver Casanova, 1997.
18. Vincent, 1992.
19. Aristóteles, 1995.
20. É bastante difícil "desligar" a curiosidade, pois isso requer intervenções mais radicais. Em pacientes com esquizofrenia é possível obter esse efeito temporariamente com a administração do haloperidol, medicamento que inibe a ação natural da dopamina. Às vezes é a única maneira de proteger os doentes de suas próprias fantasias durante as crises. O haloperidol ameniza o delírio, mas também reduz os movimentos e, com eles, o desejo e a curiosidade. É triste ver essas pessoas andando com os músculos enrijecidos como se fossem robôs e sem a capacidade de se interessar pelas coisas.
21. Determinados traços de personalidade, como a tendência ao medo ou à raiva, impõem diferentes tipos de reações às circunstâncias. Portanto, geralmente não se justifica classificar alguém de medroso ou colérico. Por outro lado, é certo que existem pessoas naturalmente mais curiosas do que outras. Ver Spielberger, 1975; Panksepp, 1998.
22. Blum, 1996.
23. Na edição berlinense de 1964.
24. Isen, nota pessoal e Isen e outros, 1991.
25. Ashby e outros, 2001; Ashby e outros, 1999.
26. A influência da dopamina sobre o chamado *gyrus cinguli* tem uma função especial. Doentes de Parkinson que apresentam deficiência de dopamina têm dificuldade de reter novas impressões e de concentrar a atenção.
27. Sobre dopamina e esquizofrenia, ver Feldman e outros, 1997.

Capítulo 7 O prazer

1. Publicado em 2000 em www.stern.de.
2. Breiter realizou seus estudos com base em um exemplo especialmente drástico – o consumo de cocaína por dependentes. Ver Breiter e outros, 1997.
3. Baudelaire, 1869, tradução livre.
4. Murphy e outros, 1990.
5. Pfeiffer, 1986.
6. Cromwell e Berridge, 1993.
7. Cooper e Kirkham, 1993.
8. Isso foi demonstrado com ratas em cujos cérebros foram injetados opióides artificialmente. Elas adotaram filhotes desconhecidos. Ver Thompson e Kristal, 1996.
9. Lewin, 1964.
10. Loomis e outros, citados por Panksepp, 1998.
11. Em carta a Theodor Storm, citada por Randow, 2001.
12. Montmayer e outros, 2001; Max e outros, 2001.
13. Vincent, 1998.
14. Kurihara e Kashiwayanagi, 1998; Rolls, 1999.
15. Kerverne e outros, 1989.
16. Panksepp e outros, 1980.
17. Pansksepp, 1998.
18. Herz e Spanagel, 1995.
19. Nunez e outros, 1998.
20. Sapolsky, 1998.
21. Isso acontece concretamente no hipotálamo e no *striatum*, dois centros situados sob o córtex cerebral responsáveis pela excitação, pelos movimentos e pelo desejo. Ver Persky, 1987; Panksepp, 1998.
22. Eclesiastes 2: 11, 17.

Capítulo 8 O lado sombrio do prazer

1. Olds e Milner 1954; Olds, 1977.
2. Reynolds e outros, 2001.
3. Ibidem.
4. Smith, 1971.
5. Breiter e outros, 2001.
6. Zieglgänsberger e Spanagel, 1999.
7. Sell e outros, 1999.
8. Isso diz respeito principalmente à dependência de álcool e nicotina, que são as mais disseminadas. A cocaína e a heroína, por outro lado, agradam a muita gente (e aparentemente também a muitos animais de laboratório) na primeira vez.
9. Linsky e outros, 1985.
10. Grinspoon e Bakalar, 1986.
11. Marlatt e outros, 1975.
12. O'Brien, C., Universidade da Pensilvânia, Pittsburgh, comunicação pessoal ao autor.
13. Piazza e outros, 1989.
14. Thanos e outros, 2001.
15. Wecker, 1998.
16. Die Kokain-Gesellschat ("A sociedade cocainômana"). Em *Der Spiegel*, 44, 2000.

Capítulo 9 O amor

1. Moss, 1978; Vincent, 1998.
2. Ferguson e outros, 2000, 2001.
3. Young e outros, 1999.
4. Insel e Young, 2000,
5. Idem, 2001.
6. Imperato-McGinley, 1974.

7. Kandel, Schwartz e Jessell, 2003.
8. Carter, 1998.
9. Oomura e outros, 1988.
10. Esses mecanismos do prazer sexual também utilizam os sistemas múltiplos para o desejo, como vimos nos capítulos 6 e 8: em experimentos com animais, quando o efeito da dopamina é bloqueado, desaparece também o desejo sexual.
11. LeVay, 1993.
12. Idem, 1991.
13. Kandel, 2003.
14. Murphy e outros, 1987.
15. Landgraf e outros, 1992.
16. Isso ficou demonstrado em uma espécie de rato que tem carência de vasopressina causada por um defeito genético. Panksepp, 1998.
17. Sodersten e outros, 1983.
18. Caramichael e outros, 1994.
19. Goldfoot e outros, 1980.
20. Bartels e Zeki, 2001.
21. Panksepp, 1998.
22. Krican e outros, 1995.
23. Lorberbaum e outros, 1999.
24. McCarthy, 1990.
25. Insel e Young, 2000.
26. Uvnäs-Mosberg e outros, 1990.
27. Argyle, 1987.
28. Kobrin e Hendershot, 1977.
29. Revista *Psychologie Heute*, 03/2001.

Capítulo 10 A amizade

1. Sapolsky e outros, 1997.
2. Sapolsky, 2004.
3. Argyle e Lu, 1990; Okune outros, 1984.
4. House e outros, 1988; Argyle, 2000.
5. Spiegel e outros, 1989; Spiegel, 1991.
6. Berkman, 1983; House e outros, 1988.
7. Sapolsky, 2000.
8. Kielcolt-Glaser e outros, 1984.
9. Coe e outros, 1989.
10. Riley, 1981.
11. Rosengren e outros, 1993.
12. Panksepp, 1998.
13. Ibidem.
14. Field e outros, 1986.
15. Historiador Salimbene, citado por Montagu, 1988.
16. Winslow e Insel, 1991.
17. Curiosamente, os alucinógenos reprimem a fobia da solidão de forma mais eficiente do que os tranqüilizantes comuns, que normalmente são indicados para os estados de angústia. Para Panksepp, isso é mais um indício a favor de sua tese de que possuímos um comando cerebral à parte que, nas situações de solidão, provoca a sensação de pânico e nos faz procurar companhia. Valium e outros benzodiazepínicos são mais eficientes no combate a outras fobias (como as relacionadas a aranhas ou elevadores), mas a angústia da solidão é tratada com mais eficácia por opiáceos. Portanto, esses dois tipos de medo devem obedecer a mecanismos completamente diferentes e se estabelecer por caminhos distintos. Ver Panksepp, 1998.
18. Cocteau, 1985.
19. Sobre ecstasy e dopamina, ver Liechti e Vollenweider, 2000; Obradovic e outros, 1996.

20. Shulgin, A., comunicação pessoal ao autor. Essa citação não deve ser vista como recomendação para o uso do ecstasy. Embora essa droga não cause dependência química, há indicações de que seu uso reiterado prejudica o cérebro. Além disso, quase nunca os comprimidos oferecidos são ecstasy puro (o MDMA), mas uma mistura com outras substâncias que oferece mais riscos para o usuário. Apesar de todos os perigos do abuso de drogas, a ciência deve valiosas descobertas ao efeito dessas substâncias.
21. De Waal, 1997.
22. De Waal e Berger, 2000.
23. De Waal, 1997.
24. Damasio, *O mistério da consciência*, 2000.

Capítulo 11 Pequeno manual das paixões

1. Ver outros detalhes no capítulo 14.
2. Biddle e Mutrie, 1991.
3. Scully e outros, 1998.
4. Biddle e Mutrie, 1991.
5. Moses e outros, 1989.
6. Rolls, 1999; O'Doherty e outros, 2000.
7. Tagore, 1997.
8. Zajonc, 1968; Frederick e Loewenstein, 2000.
9. Naipaul, 1991.
10. Kiecolt-Glaser e outros, 1987; Kiecolt-Glaser e outros, 1994.
11. Goleman, D., *The New York Times*, edição de 14.12.1992.
12. Montaigne, 2000.
13. Nesse contexto, valem ser citados os experimentos com ratos jovens realizados por Panksepp. O contato social entre esses animais costuma ocorrer na forma de disputas lúdicas. Quando se dá uma pequena dose de morfina a um dos ratos, ele vence o jogo. Evidentemente, essa substância deve reforçar a vitalidade do animal e o incitar a se impor em relação aos demais. Ver Panksepp e outros, 1985.
14. Myers, 1992.
15. Robins, L. e Rieger, 1991.
16. House e outros, 1988. Até as taxas de mortalidade revelam essas diferenças: em todas as faixas etárias, a expectativa de vida de pessoas que moram sozinhas é menor do que a de quem vive com um parceiro ou com a família. Ver Stroebe e Stroebe, 1991.
17. Argyle, 2000. Ter um relacionamento é um fator de estabilidade, o que parece explicar por que as pessoas que têm companhia vivem melhor. Felicidade e saúde exigem autodisciplina, mesmo que às vezes isso nos cause um certo incômodo. Na vida de casal, um estimula o outro, ou melhor, vigiam-se mutuamente. A pequena falta de liberdade em um relacionamento fixo também tem seus aspectos positivos.
18. Panksepp, 1998.

PARTE 3
As estratégias conscientes

Capítulo 12 Vitória sobre a escuridão

1. Segundo os chamados critérios DSM-IV, internacionalmente conhecidos, há suspeita de depressão grave quando alguém no intervalo de duas semanas, diariamente ou quase todos os dias, apresenta no mínimo cinco dos seguintes sintomas: desânimo; forte desinteresse por todas ou quase todas as atividades e ausência de satisfação com elas; perda ou ganho evidente de peso (ou apetite reduzido ou aumentado); insônia ou sono excessivo; inquietação física; cansaço ou perda de energia; falta de amor-próprio ou sentimentos de culpa; pensamentos recorrentes de morte ou suicídio. Outras informações e endereços úteis podem ser encontrados em alemão, na página, administrada por um consórcio de clínicas universitárias alemãs, ou no Institute of Mental Health (www.nimh.nih.gov).
2. Lindner, 1968.
3. Hiroto, 1974.

4. Benche e outros, 1995. Ver uma relação de vários estudos sobre a depressão efetuados com tomógrafo em Rogers e outros, 1998.
5. Henriques e Davidson, 2000.
6. Baker, S. e outros, 1997.
7. Wenzlaff, 1993.
8. Matt e outros, 1992.
9. Sapolsky, 1998.
10. Há um depoimento impressionante, acompanhado de resultados e bibliografia em Solomon, 2001.
11. Rogers e outros, 1998.
12. Vogel, 2000.
13. Rajkowska, 2000.
14. O psiquiatra Wayne Drevets, da Universidade de Pittsburgh, também verificou que certas partes do lobo frontal eram até 40% mais reduzidas em vítimas de suicídio por depressão. Nesses casos, não apenas os neurônios degeneram como também as chamadas células gliais, que têm uma função de apoio e de suporte em relação às células nervosas. A evidência de que a depressão influencia a estrutura do cérebro é relativamente nova, por isso ainda é polêmica. Mas já se observou que, entre humanos, macacos e ratos, esse mal altera a estrutura do cérebro. Ver Duman e outros, 2000.
15. Vogel, 2000.
16. Lopez e outros, 1999; idem, 1998.
17. Malberg e outros, 2000.
18. Duman, Heninger e Nestler, 1997.
19. Baker, S. e outros, 1997.
20. Davidson, R., comunicação pessoal ao autor; Robbins, 2000.
21. Kempermann e outros, 1997.
22. Chaouloff, 1997.
23. Blumenthal e outros, 1999; Babyake e outros, 2000; Steptoe e outros, 1996.
24. Elkin e outros, 1989.
25. Comer, 2001.
26. Berk e Efran, 1983; Svartberg e Stiles, 1991.
27. Manuais indicados sobre esse método: Seligman, 1992; Schwartz, 1998.

Capítulo 13 A força da perspectiva

1. Brickman, Coates e Janoff-Bulman, 1978. Entre os entrevistados havia 11 paraplégicos, 10 tetraplégicos e 22 ganhadores de um jogo lotérico. Entrevistas posteriores com mais de 100 pacientes revelaram os mesmos resultados.
2. Frederick e Lowenstein, 2000.
3. Schwarz, N., comunicação pessoal ao autor.
4. Kahneman, 2000.
5. Medvec e outros, 1995.
6. Parducci, 1968.
7. Ver mais detalhes em Seligman, 1992.
8. Smith, Diener e Garonzik, 1990.
9. Montaigne, 2000.
10. Schwarz e outros, 1988.
11. Strack e outros, 1990.
12. Russell, 2003.
13. Brown, 1978.
14. Epicteto, 2000.
15. Billig, 1994; estudo da Shell com jovens, 1997.
16. Diener, 1985.
17. Löwer, 2000.
18. Diener e outros, 1993; Haring e outros, 1984.
19. Brickman e Campbell, 1971.
20. Schmuck e outros, 2000; Kasser e Ryan, 1996; idem, 1993; Ryan e outros, 1999.

21. Os efeitos eram parecidos com os de uma terapia comportamental cognitiva tradicional; Fava, 1999; Fava e outros, 1998.

Capítulo 14 Momentos de êxtase

1. Luxemburgo, 2000.
2. Mateus 14: 28-31.
3. Rees e outros, 1997.
4. Embora a primatologista Jane Goodall tenha relatado cenas de chimpanzés dançando de alegria embaixo de cascatas na selva, outros especialistas duvidam seriamente de que o motivo da alegria fosse o fato de que os animais conhecessem as propriedades revigorantes da água. É bem mais provável que estivessem se divertindo com um jogo.
5. Konsalik e Goetsche, 1998.
6. Czikszentmihalyi, 1992.
7. Lavie, 1995.
8. Caplan e outros, 1975.
9. Para confirmar essa teoria, seriam necessárias mais pesquisas (caras, porém executáveis) com os métodos disponíveis atualmente. Por exemplo, seria preciso ministrar a uma pessoa ocupada com uma atividade intelectual medicamentos que bloqueassem determinados circuitos neurotransmissores ou então observar sua atividade cerebral por meio de tomografia.
10. Durstewitz e outros, 1999.
11. Wallace e Benson, 1972.
12. Atos dos Apóstolos 9, 4.
13. Sobre experiências místicas de personalidades históricas, ver Engel, 1989; LaPlante, 1993.
14. Newberg e outros, 2001; Saver e Rabin, 1997.
15. Os relatos foram citados em Begley, 2001.
16. Esses resultados de Newberg estão de acordo com outros estudos. Ver Lazar e outros, 2000.
17. Cook e Persinger, 1997.

PARTE 4
Uma sociedade feliz

Capítulo 15 O triângulo mágico

1. Pesquisa de marketing da IRES-Marketingforschung, Düsseldorf, 1998.
2. Os números exatos são 68% x 49%. Pesquisa do Instituto Allensbach, da Alemanha, citado pela agência DPA, em 21.1.1998.
3. Os "felizes" fazem parte do grupo dos "satisfeitos de forma geral". Fonte: Allensbacher Archiv, IFD-Umfragen (pesquisas) 078-6.020 e 1.019-5.069.
4. Os salários multiplicaram-se por oito desde os anos 1950, enquanto o poder aquisitivo triplicou. A diferença entre esses dois números explica-se pela inflação.
5. Assim como na Alemanha, o poder aquisitivo médio nos Estados Unidos aumentou significativamente nos últimos cinqüenta anos. A proporção das pessoas que se consideram felizes, no entanto, manteve-se em cerca de um terço. Ver Myers e Diener, 1995.
6. Essa relação continua válida mesmo se não forem considerados os países do antigo bloco comunista, que sofreram uma transição especialmente crítica.
7. Diener e Sukh, 2000.
8. Dados do Instituto Brasileiro de Geografia e Estatística (IBGE), 2003.
9. Sen, 2004.
10. Wilkinson, 1996.
11. Adler, 2001.
12. Fonte: OECD – Organização Européia para a Cooperação e o Desenvolvimento, OECD-Dokument DEELSA/ELSA/WD, (2000), 3.
13. Kawachi e outros, 1997; Kaplan e outros, 1996.
14. Medido pela participação na renda total, da qual dispõem os 20% mais pobres da população. Fonte: Economic Policy Institute/Center on Budget and Policy Priorities. Há outros indicadores para a distribuição

da renda, mas a relação entre a concentração da renda e a mortalidade se mantém independentemente do indicador escolhido. Ver Kennedy, Kawachi e Prothrow-Stith, 1996; Kawachi e Kennedy, 1997.

15. Wilkinson, 1996.
16. Ver uma boa sinopse do Banco Mundial em http://www.worldbank.org/poverty/inequality/intro.htm.
17. Kopp, 2000; Kopp e outros, 2000; Organização Mundial da Saúde, Escritório Regional para a Europa: *Atlas of Mortality in Europe 1980/81 and 1990/91* (WHO Regional Publications, European Series, n.º 75, Copenhague, 1997).
18. Medido pelo chamado índice de Gini, que retrata a distribuição de renda entre os segmentos da população. Esse índice tem sido criticado ultimamente por subestimar a influência das rendas mais altas, que nos últimos anos aumentaram muito. Os dados relativos à Alemanha baseiam-se em um estudo da OECD, de 1998. Ver OECD-Dokument DEELSA/ELSA/WD, (2000), 3.
19. Egolf e outros, 1992; Bruhn e Wolf, 1979.
20. Sobre câncer e psiquismo, ver capítulo 10 e a nota n.º 6.
21. Uma das primeiras e melhores pesquisas é o chamado estudo de Almeda, em que sociólogos passaram uma década acompanhando minuciosamente a vida dos habitantes dessa comunidade californiana. Ver Berkman e Syme, 1979. Uma análise da evolução da expectativa de vida na Inglaterra entre as duas guerras mundiais mostra a grande importância do sentimento de solidariedade, da existência de interesses comuns em uma sociedade e da distribuição mais justa da riqueza. Do operário até o lorde, todos tinham direito a uma ração igual de alimentação, que foi diminuindo paralelamente à redução da atividade econômica. Mesmo assim, a expectativa de vida aumentou mais entre 1914 e 1918 e de 1940 a 1945 do que nas décadas anteriores e posteriores a esses dois períodos. Ver Wilkinson, 1996; Sen, 2004.
22. O inglês Simon Shama, especialista em história natural, é o autor da tese de que a sociedade igualitária na Holanda está relacionada à ameaça constante de inundações do Mar do Norte. Comparar Shermer, 2000.
23. Citações, incluindo a de Perleman, foram extraídas de Ratgeberbuch Blomberg, 2001.
24. Argyle, 1996.
25. Putnam, 1996.
26. Idem, 2000; Kawachi e outros, 1997; Kawachi e Kenedey, 1997; Kaplan e outros, 1996.
27. Frey, 2001.
28. Clark e Oswald, 2002.
29. Argyle, 2000; Frey, 2001; Argyle, 1989; Ingelhart, 1990; Lahelma, 1989.
30. B. McEwen: "Stress and health", palestra no congresso anual da American Association for the Advancement of Science, em 12.2.2001, em São Francisco.
31. Kahlweit, 2004.
32. Sapolsky, 2000; idem, 1998; idem, 1993.
33. Oettingen e Seligman, 1990.
34. Os cientistas encontraram uma resistência maior à insulina e mais fatores de coagulação do sangue nos funcionários que ocupavam os cargos mais baixos na hierarquia. A resistência à insulina pode causar obesidade e problemas cardiovasculares, enquanto o excesso de fatores coagulantes eleva o risco de um acidente vascular cerebral. Nos dois casos, os riscos aumentam quando o indivíduo se encontra em situação de estresse permanente. Ver Marmot e outros, 1997; Brunner, 1997; Marmot e outros, 1991.
35. Sapolsky, 1998.
36. Rodin, 1986; Rowe e Kahn, 1987.
37. Frey e Stutzer, 2002; Frey, 2001.
38. Como constatou o psicólogo social Ed Diener, todos os países que detêm os melhores indicadores no que se refere à satisfação dos cidadãos desfrutam tradições democráticas antigas e arraigadas – têm eleições livres pelo menos desde 1920, além de liberdade de imprensa e Estado de direito, salvo talvez durante um breve período de ocupação alemã. De forma inversa, em todas as nações industrializadas que estabeleceram a democracia depois da Segunda Guerra Mundial (ou até mesmo mais tarde), a cidadania ainda não se concretizou de modo satisfatório, segundo declaram. Isso leva a crer que a cidadania se desenvolva no decurso de várias gerações. Assim, é essencial que a democracia se infiltre na mentalidade social.
39. Sen, 2004; Sen, 1982.
40. Idem, 2004. Sobre a relação entre educação e bem-estar, ver Frey, 2001; Ostrove e outros, 2000.

Informações sobre os Próximos Lançamentos

Para receber informações sobre os próximos lançamentos da Editora Sextante, basta enviar um e-mail para atendimento@sextante.com.br ou cadastrar-se diretamente no site www.sextante.com.br

Para saber mais sobre nossos títulos e autores, e enviar seus comentários sobre este livro, visite o nosso site: www.sextante.com.br

Editora Sextante
Rua Voluntários da Pátria, 45 – Gr. 1.404 – Botafogo
22270-000 – Rio de Janeiro – RJ
Tel.: (21) 2286-9944 – Fax: (21) 2286-9244
E-mail: atendimento@esextante.com.br